住房和城乡建设部"十四五"规划教材
高等学校房地产开发与管理和物业管理学科专业指导委员会规划推荐教材

土地利用与管理

吕 萍 主编
张书海 牟 燕 崔永亮 副主编

U0330806

中国建筑工业出版社

图书在版编目（CIP）数据

土地利用与管理／吕萍主编；张书海，牟燕，崔永亮副主编. — 北京：中国建筑工业出版社，2022.7

住房和城乡建设部"十四五"规划教材 高等学校房地产开发与管理和物业管理学科专业指导委员会规划推荐教材

ISBN 978-7-112-27605-9

Ⅰ．①土… Ⅱ．①吕… ②张… ③牟… ④崔… Ⅲ.①土地利用–高等学校–教材②土地管理–高等学校–教材 Ⅳ．①F321.1

中国版本图书馆 CIP 数据核字（2022）第 119585 号

本书为住房和城乡建设部"十四五"规划教材、高等学校房地产开发与管理和物业管理学科专业指导委员会规划推荐教材。全书共有 10 章，包括土地利用与管理现状与问题、国土规划、计划和利用管理、地籍产权管理、土地市场管理、土地行政管理体制以及土地利用与管理展望等内容。

本书既可作为高等学校房地产开发与管理、土地资源管理等专业的教材使用，也可作为相关经济管理领域的研究人员、政府决策部门等实务操作的参考用书。

为更好地支持相应课程的教学，我们向采用本书作为教材的教师提供教学课件，有需要者可与出版社联系，邮箱：jckj@ cabp.com.cn，电话：（010）58337285，建工书院 http://edu.cablink.com。

责任编辑：牟琳琳　张　晶　王　跃
责任校对：张惠雯

住房和城乡建设部"十四五"规划教材
高等学校房地产开发与管理和物业管理学科专业指导委员会规划推荐教材
土地利用与管理
吕　萍　主　编
张书海　牟　燕　崔永亮　副主编

*

中国建筑工业出版社出版、发行（北京海淀三里河路 9 号）
各地新华书店、建筑书店经销
北京红光制版公司制版
天津安泰印刷有限公司印刷

*

开本：787 毫米×1092 毫米　1/16　印张：14½　字数：306 千字
2022 年 9 月第一版　　2022 年 9 月第一次印刷
定价：**39.00** 元（赠教师课件）
ISBN 978-7-112-27605-9
（39790）

版权所有　翻印必究
如有印装质量问题，可寄本社图书出版中心退换
（邮政编码 100037）

出版说明

党和国家高度重视教材建设。2016 年，中办国办印发了《关于加强和改进新形势下大中小学教材建设的意见》，提出要健全国家教材制度。2019 年 12 月，教育部牵头制定了《普通高等学校教材管理办法》和《职业院校教材管理办法》，旨在全面加强党的领导，切实提高教材建设的科学化水平，打造精品教材。住房和城乡建设部历来重视土建类学科专业教材建设，从"九五"开始组织部级规划教材立项工作，经过近 30 年的不断建设，规划教材提升了住房和城乡建设行业教材质量和认可度，出版了一系列精品教材，有效促进了行业部门引导专业教育，推动了行业高质量发展。

为进一步加强高等教育、职业教育住房和城乡建设领域学科专业教材建设工作，提高住房和城乡建设行业人才培养质量，2020 年 12 月，住房和城乡建设部办公厅印发《关于申报高等教育职业教育住房和城乡建设领域学科专业"十四五"规划教材的通知》（建办人函〔2020〕656 号），开展了住房和城乡建设部"十四五"规划教材选题的申报工作。经过专家评审和部人事司审核，512 项选题列入住房和城乡建设领域学科专业"十四五"规划教材（简称规划教材）。2021 年 9 月，住房和城乡建设部印发了《高等教育职业教育住房和城乡建设领域学科专业"十四五"规划教材选题的通知》（建人函〔2021〕36 号）。为做好"十四五"规划教材的编写、审核、出版等工作，《通知》要求：（1）规划教材的编著者应依据《住房和城乡建设领域学科专业"十四五"规划教材申请书》（简称《申请书》）中的立项目标、申报依据、工作安排及进度，按时编写出高质量的教材；（2）规划教材编著者所在单位应履行《申请书》中的学校保证计划实施的主要条件，支持编著者按计划完成书稿编写工作；（3）高等学校土建类专业课程教材与教学资源专家委员会、全国住房和城乡建设职业教育教学指导委员会、住房和城乡建设部中等职业教育专业指导委员会应做好规划教材的指导、协调和审稿等工作，保证编写质量；（4）规划教材出版单位应积极配合，做好编辑、出版、发行等工作；（5）规划教材封面和书脊应标注"住房和城乡建设部'十四五'规划教材"字样和统一标识；（6）规划教材应在"十四五"期间完成出版，逾期不能完成的，不再作为《住房和城乡建设领域学科专业"十四五"规划教材》。

住房和城乡建设领域学科专业"十四五"规划教材的特点，一是重点以修订教育部、住房和城乡建设部"十二五""十三五"规划教材为主；二是严格按照专业标准规范要求编写，体现新发展理念；三是系列教材具有明显特点，满足不同层次和类型的学校专业教学要求；四是配备了数字资源，适应现代化教学的要求。规划教材的出版凝聚了作者、主审及编辑的心血，得到了有关院校、出版单位的大力支持，教材建设管理过程有严格保障。希望广大院校及各专业师生在选用、使用过程中，对规划教材的编写、出版质量进行反馈，以促进规划教材建设质量不断提高。

住房和城乡建设部"十四五"规划教材办公室

2021 年 11 月

序 言

随着国家改革开放，尤其是住房制度和土地使用制度改革的逐步深化，房地产业从无到有，在改善城镇居民住房条件、改变城市面貌、促进经济增长和社会发展等方面做出了重要贡献，同时也迅速成为对国民经济稳定和社会可持续发展有着举足轻重影响的重要产业。相对而言，房地产专业本科教育的发展历程颇多曲折：先是从1993年开始国内高校适应社会需要相继开设房地产经营管理专业，然后1998年被并入工程管理专业成为该专业的一个专业方向，2012年又被教育部单独列入本科专业目录。经过最近六年左右时间的努力，房地产开发与管理本科专业建设取得了初步成效，编制出版了《高等学校房地产开发与管理本科指导性专业规范》（以下简称《专业规范》）等基础性专业建设指导文件。但从2018年开始，越来越多的高校开始按学科大类招生，给建设中的房地产开发与管理专业提出了新的挑战。

应对面临的挑战，一是看这个专业的毕业生是不是有广泛持久的社会需求，这个答案是肯定的。土地和房屋空间的开发建设具有长期性和周期性，预计未来20年，城镇地区仍然有稳定的新建需求，包括重建和改建在内的房屋和社区更新需求呈不断增加趋势；随着房地产业形态的变革和创新，房地产业活动将从以开发建设为主，向房屋空间运行管理、资产管理、金融投资方向拓展；房地产企业服务将从主要服务于居民家庭居住，向服务于居民家庭美好生活相关的社区和城市综合服务方向拓展，成为城市综合服务提供商；房地产领域应用大数据、互联网、人工智能等新技术所推动的家居、建筑、社区、城市的智慧化发展等。

确认了广泛持久的社会需求，应对挑战的另一个维度，就是要做好这个专业的基础设施建设，包括教材建设、师资队伍建设、学术研究能力与学术交流环境建设、产业界协作与协同等，有了优良的基础设施和清晰的职业生涯发展路径，就会吸引越来越多的优秀学生参与。很显然，教材建设，是可以跨越学校、需要学校间协同的最重要的基础设施建设。

为了支持房地产专业的建设和发展，住房和城乡建设部2016年12月20日公布的《高等教育土建类学科专业"十三五"规划教材选题》中，将17本教材纳入房地产开发与管理专业项下的选题，且其中的房地产开发与管理专业导论、房地产投资分析、房地产金融、房地产市场分析、房地产经济学、房地产合同管理、房地产项目策划与营销、土地利用与管理、房地产估价、房地产开发项目管理、房地产法律制度、物业与资产管理12本教材，被专家审定为房地产开发与管理专业核心课程。也就是说，高质量地建设好这12门课程，并将其与各高校的教育理念、办学特色、专业优势结合，就可以实现厚基础、宽口径、通专融合的房地产本科专业培养目标。纳入选题的另外 5 本教材，包括房地产开发与经营、房地产估价与资产定价、房地产投资分析、房地产产品设计与研发原理和房地产项目策划。这 5 本教材所对应的课程，虽然没有进入专业核心课程，但各高校也可以将其作为备选，或结合自身的情况选用。

为保证教材编写质量，出版社邀请相关领域的专家对每本教材进行审稿，严格贯彻了《专业规范》的有关要求，融入房地产行业多年的理论与实践发展成果，内容充实、系统性强、应用性广，对房地产本科专业的建设发展和人才培养将起到有力的推动作用。

本套教材已入选住房城乡建设部土建类学科专业"十三五"规划教材，在编写过程中，得到了住房和城乡建设部人事司及参编人员所在学校和单位的大力支持和帮助，在此一并表示感谢。望广大读者和单位在使用过程中，提出宝贵意见和建议，促使我们不断提高该套系列教材的重印再版质量。

刘洪玉

2019 年 2 月 12 日于清华大学

前　言

改革开放不仅带来了我国社会经济的全面发展和改变，也极大促进了城乡土地制度的变革。随着对土地及其属性的认识不断改变，土地的经济价值和综合价值不断提升，土地利用中产生的矛盾不断增加，对土地管理的要求也越来越高。如何认识和理解土地与经济、土地与社会及土地与生态环境的关系，如何全面和系统展示土地利用与管理巨变，如何学习认识和把握这一规律，正是本教材编写的目的。

全书共有 10 章，其中第 1 章、第 2 章主要围绕土地利用和管理现状与问题讨论；第 3 章、第 4 章、第 5 章主要围绕规划、计划和利用管理讨论；第 6 章、第 7 章主要讨论地籍产权管理；第 8 章主要讨论土地市场管理；第 9 章为土地行政管理体制；第 10 章是土地利用与管理展望。

全书的分工如下：中国人民大学吕萍负责全书统筹，并负责第 1 章，中国人民大学郭珊负责第 2 章，中国人民大学张书海负责第 3 章、第 6 章和第 10 章，成都理工大学崔永亮负责第 4 章、第 5 章，山东管理学院朱庄瑞负责第 7 章，东北财经大学牟燕负责第 8 章、第 9 章。

教材整理过程中，除了注重把握制度和政策的变动，也重点查阅和学习相关的教材和文献，力争做到问题全面展示、精准界定和相对独立认知，为学与教提供更可靠和完整的参考。编写过程中，也注意兼顾理论与实际、基础与创新以及历史与现状的结合，为不同程度学习者提供适合的学习工具。

教材的编写是一个比较漫长和枯燥的过程，目前成果的成就得益于中国建筑工业出版社领导和编辑的支持帮助，更是有赖于团队各位专家的辛苦付出以及收集整理资料同学的默默奉献。希望我们的努力得到大家的认可，也希望存在的不足能得到批评和指正。

2022 年 5 月

目 录

1

土地利用与管理概述

【本章要点和学习目标】

　　了解和掌握土地利用、土地管理及其相关的概念内涵、演化和变迁，并能够进行正确辨识；学习和了解土地利用与管理的法律、法规和机构，学习和认识土地利用与管理的理论和技术，为后续学习奠定基础和做好储备。

1.1 土地利用

1.1.1 土地利用的概念

1. 土地利用

土地利用的研究一直以来都受到学术界的重视。土地利用作为经济学研究的重要组成部分，从威廉配第、亚当·斯密、李嘉图再到马克思，国内外许多学者从不同的角度对这一命题作了多方位的全面阐述，目前学术界对土地利用概念的代表性观点有：

有学者从生产关系和土地功能的视角认识土地利用。如周诚把土地利用定义为："把作为物质资料的土地分别投入生产和生活及其他用途，从微观和宏观上满足人们的不同需求而涉及的各个方面和全部过程"，由生产力的组织和生产关系的协调两大方面组成[①]。

王万茂则认为：土地利用就是决定土地的具体功能。土地功能的确定就必须既要满足人类社会经济发展对土地的需求，同时也要充分发挥土地本身的质量特性。因此，土地利用可以定义为土地质量和人为干预所决定的土地功能[②]，土地利用是指由土地质量特性和社会土地需求协调所决定的土地功能过程[③]。

更多的学者认为土地利用是人类为达到一定目的的系列活动。毕宝德指出土地利用是人类通过与土地结合获得物质产品和服务的经济活动过程[④]。他认为，土地利用首先是个技术问题，土地是多种自然因素的综合体，土地利用实际上就是对这些因素的利用；同时，土地利用又是一个经济问题，土地作为一种最基本的生产要素与其他生产因素相结合后，才能进入生产过程。土地和其他生产要素一样，在利用中必须服从一定的经济规律才能取得良好经济效益。因此，确切地说，土地利用是人类通过与土地结合获得物质产品和服务的经济活动过程，这一过程是人类与土地进行的物质、能量和价值、信息的交流、转换过程[⑤]。

Vink认为土地利用属于一种永久性或周期性的人类干预活动，由于土地支持着整个生态系统，因此土地利用是人类为了从土地中获取相关利益，用一种相对系统性的方式，对生态系统中的关键因素进行人为控制的应用。

刘艳中和陈勇认为土地利用是指人类劳动与土地结合获得物质产品和服务的经济活动，这一活动表现为人类与土地进行的物质、能量和价值、信息的交流、

---

① 周诚. 土地经济研究 [M]. 北京：中国大地出版社，1996.
② 王万茂. 土地利用规划学 [M]. 北京：中国大地出版社，1996.
③ 王万茂，韩桐魁. 土地利用规划学 [M]. 北京：中国农业出版社，2002.
④ 毕宝德. 土地经济学 [M]. 4版. 北京：中国人民大学出版社，2001.
⑤ 毕宝德. 土地经济学 [M]. 北京：中国人民大学出版社，1991.

转换。土地利用包括生产性利用和非生产性利用两种①。

综合以上观点，我们认为土地利用指的是人类为了实现自身的生存与发展，从微观和宏观上满足人们的不同需求，依据土地自然属性及其规律，对土地进行使用、保护和改造，获取物质产品和服务的经济活动过程。土地利用不仅受到人类社会需求驱动，也受到自然环境的制约，是一个由土地自然生态系统与土地社会经济系统相互作用、相互交织、相互渗透构成的具有一定结构和功能的统一整体。土地利用可分为生产性利用和非生产性利用，土地的生产性利用是指土地作为主要的生产资料，以生产产品为主要目的的利用，如种植农作物、植树造林、放牧牲畜和养殖水产、开采矿产等；土地的非生产性利用是指不以生产产品为主要目的，而是利用土地的空间和承载力，把土地作为活动场所和建筑基地，如建造住宅、学校、公园或旅游景点等。合理的土地利用，就是寻求和选择土地资源的最佳利用目的和途径，以发挥资源的优势和最大结构功能。

（1）城市土地利用

城市土地是城市功能的基础。所谓城市土地，可以通称是城市规划区范围内的陆地和水域及其地上、地下的空间②。相对农业用地来说，其下列特点更为突出。

1）城市土地在利用方向和用途上具有多样性。城市土地利用很少考虑土地的生育功能，更多情况下是考虑土地的承载功能；

2）城市土地资源和资产的合一性。土地在城市里不仅是重要稀缺的资源，同时又是十分重要的资产，具有商品属性，城市土地开发利用程度高、经济价值大、经济收益多；

3）城市土地位置具有相当的重要性。城市土地质量的差别主要表现在其位置的级差上，城市土地的利用和配置十分重视空间区位的选择；

4）城市土地对交通运输业具有强烈的依赖性。交通条件和运输工具的便利与否可以引起人流及物流的集中与分散，并且对土地的集约利用及提高用地价值和收益也十分必要；

5）城市用地的集约性。城市土地可以向地下和空间开发，可以通过加大高层建筑、提高土地容积率和增加建筑密度等集约用地的途径，来实现土地的"立体集约利用"，以弥补城市土地经济供给稀缺的限制；

6）城市土地改变其用途的限制性。城市土地多为建设用地，兴建一座现代化的建筑需要消耗大量的资金，在征地、规划各业用地时立足长远。

因此，城市土地利用是人类通过一定的劳动，以城市土地为劳动对象，利用其特性来满足自身需求的过程，具体是指城市土地在不同的经济部门之间、各个项目之间的合理配置和使用的过程。其中，城市土地的合理配置是城市土地合理

---

① 刘艳中，陈勇. 土地利用总体规划 [M]. 北京：中国地质大学出版社，2014：4.

② 宋戈. 中国城镇化过程中土地利用问题研究 [D]. 哈尔滨：东北农业大学，2004.

利用的前提和基础，其实质是对城市土地利用方向进行合理分配，确定土地的各种不同经济用途，使城市土地利用达到各方效益的均衡和统一，城市土地的合理配置是利用的核心和关键。城市土地的使用则是城市土地经过合理配置以后，土地的所有者或使用者根据一定的经济目的，以及已配置土地的特征和功能对土地进行开发、经营和管理的过程，是城市土地利用的经济效益、社会效益和生态效益的具体实施过程。

（2）农村土地利用

《中华人民共和国农村土地承包法》（简称《农村土地承包法》）对农村土地的定义是："指农民集体所有和国家所有依法由农民集体使用的耕地、林地、草地，以及依法用于农业的土地。"《中华人民共和国土地管理法》（简称《土地管理法》）第四条中定义农用地为："指直接用于农业生产的土地，包括耕地、林地、草地、农田水利用地、养殖水面等。"

农村土地具有以下特征：

1）土地生产力取决于土壤的肥沃程度。农村土地是农业生产活动的基本生产资料，土地的生产力与土壤的肥沃程度密切相关；

2）土壤的肥沃程度可以通过投入而得到改变。土地不是劳动成果，而是自然产物，土壤的肥沃程度也是自然长期作用形成的。但是，当人们掌握了土壤的发展和运行规律后，可以通过科学手段改变土壤的条件；

3）土地利用具有可持续性。农村土地生产力是一种可再生资源，合理利用土地，农村土地生产力不仅不会减退，还有可能会提高，须合理利用并保护土地，不断提高土地生产力，保持土地可持续利用；

4）土地利用的多效益性。农村土地利用的经济效益显而易见，是人们从土地获取的最高利益，农村土地利用美化乡村景观、改善生态环境，其生态效益逐渐显现，土地资源还有提供劳动力就业、保障粮食安全和社会稳定等社会效益。①

因此，农村土地利用是人类按照特定目的，采取一系列改造手段，把原有土地的自然生态系统变为人工生态系统，进行长期或周期性的经营管理和治理改造的活动，在一定条件下，农村土地具有永续利用功能，农村土地位置的固定性、供给的有限性、功能的永续性和复原的困难性等特点，决定了人类在开发利用农村土地中取得价值最大化的同时，还必须考虑农村土地开发利用的合理性与可持续利用性。

2. 土地集约利用

土地集约利用一般可以理解为是为了提升土地的利用效率，通过增加对土地的投入，提高土地报酬或者产出的过程。对于土地的集约利用分为城市土地和农村土地两种集约利用来认识。

---

① 孙源. 云南农村土地利用与乡村旅游联动研究［D］. 昆明：云南财经大学，2012.

（1）城市土地集约利用

相对农用地来说，城市土地因为需要综合考虑城市用地布局、生活空间、环境保护等诸多因素，因此它不能单靠追加单位面积投入来增加产出。由于城市土地利用有自身的特殊性，引起了中外学者对于城市土地集约利用的概念和内涵的广泛研究，关于城市土地集约利用的几种代表性的观点如下：

一种观点认为土地集约利用可以通过增加投入实现。美国土地经济学家伊利指出对现在已利用的土地增加劳力和资本，这个方法叫作土地利用的集约[1]。

雷利·巴洛维指出人们把在单位土地上使用高比率的资本和劳动投入的土地利用类型称作集约利用，土地利用集约度是指生产过程中与单位面积结合的资本和劳动的相对量[2]。丘金峰指出城市土地利用的集约程度指单位面积城市土地上的投资和使用状况。衡量城市土地利用集约程度的指标有：资金集约度，即单位面积城市土地上的土地投资额，表现为土地上的土地投资占土地面积之比；技术集约度，即土地之上建筑物或设施在施工中和落成后所应用的先进技术程度，这往往可通过资金集约度反映；人口集约度等[3]。

另一种观点则是认为土地集约利用不仅是追求土地最佳利用，也是使土地得到全方位的开发利用。

刘卫东认为城市土地集约利用是指整个城市土地的最佳利用，它要求加强对城市土地开发利用的宏观控制，使整个城市建成区土地单位面积土地利用效益得到提高，能够使经济效益、社会效益和生态效益相互协调统一[4]。

周诚认为城市土地集约利用的主要内容是：避免土地的空闲所造成的"时间性浪费"；慎重确定一切用地项目，避免项目不当，建成后利用率低甚至长期空置而无法利用或不予利用，造成土地与土地附属物投资的双重性、长期性浪费；合理确定一切建筑物、用地项目的占地标准；强化土地立体利用向空中、地下扩展土地实际利用范围，把一平方米土地当作几平方米来加以利用[5]。

毕宝德指出所谓集约利用，它是相对粗放利用而言的，是指在单位面积的土地上，追加更多的人力、物力或财力和技术、经营管理，以取得更多的产出[6]。

夏明文则认为集约用地主要是如何更有效合理地拓展土地的三维空间问题，它主要表现在宏观和中观两个层面上[7]。

综上所述，本书认为城市土地集约利用是在特定时段中、特定区域内的一个动态的、相对的概念，即以合理布局、优化用地结构和可持续发展的思想为依

① 理查得.T. 伊利，爱德华.W. 莫尔豪斯. 土地经济学原理 [M]. 腾维藻，译. 北京：商务印书馆，1982：66.
② 雷利·巴洛维. 土地资源经济学 [M]. 北京：农业大学出版社，1989.
③ 丘金峰. 房地产法辞典 [M]. 北京：法律出版社，1902：61.
④ 刘卫东. 土地资源学 [M]. 北京：百家出版社，1994：254-258.
⑤ 周诚. 土地经济学原理 [M]. 北京：商务印书馆，2003：113-123.
⑥ 毕宝德. 土地经济学 [M]. 北京：中国人民大学出版社，1991：131-141.
⑦ 夏明文. 土地与经济发展理论分析与中国实证 [M]. 上海：复旦大学出版社，2000：522-525.

据，加强对城市土地利用的宏观控制，合理确定一切建筑物、用地项目的占地标准，多维拓展和利用城市土地的立体空间，强化土地立体利用向空中、地下扩展土地实际利用范围，以达到城市土地的最佳利用，不断提高使城市的土地使用效率和土地利用效益，使得经济效益、社会效益和生态效益相互协调统一。

（2）农村土地集约利用

农村土地集约利用基本含义是指针对一种农业土地利用用途，通过在土地上增加投入（资本、劳动），以获得土地的最高报酬。一般用单位面积土地上的资本和劳动投入量来衡量土地与资本、劳动的结合程度，即土地利用的集约度，农业用地的集约边际定义为某块土地在耕种所达到的临界点，在该点所用的资本和劳动仅为长期成本。由于土地利用报酬递减规律的作用，土地利用集约度的提高是有限度的，理论上，当对土地连续投入资本和劳动力达到经济上的报酬递减点，即边际收益等于边际产出时，经营者将不会追加投入，达到了集约边界的土地利用称之为理论上的集约利用，反之，未达到集约边界的土地利用称之为理论上的粗放利用。

1.1.2　土地合理利用的意义

1. 土地合理利用的理论意义

习近平总书记的"两山"理论是理解土地合理利用的理论精髓。"两山"理论强调"既要绿水青山，也要金山银山""绿水青山和金山银山绝不是对立的""绿水青山就是金山银山"三个层次，从不同角度诠释了经济发展与环境保护之间的辩证统一关系，为建设美丽中国提供了科学指南。具体到土地利用理论意义可以从人地关系理论、可持续发展理论、生态经济学理论等多个方面理解。

（1）人地关系理论

土地是人类社会生存与发展的基础。土地是万物也包括人类的生存基地和生育的源泉，各种生产力的根本。人地关系理论的提出及其具体含义，是随着时代背景的不同而不尽相同的，它有一个由比较简单到比较复杂的发展的过程。这种不同反映了在不同的历史时期，人们对土地需求以及人们认识和改造自然能力的不相同。把握人地关系的关键是处理好发展与保护的关系，在土地利用中保护土地，在保护中合理利用土地。

（2）可持续发展理论

可持续发展要求"协调"。人地系统所呈现的危机正是由于人地系统内部各方面存在矛盾或不协调。人们希望通过动态的、适当的平衡过程，协调社会、经济、资源和环境之间的一种积极、正面的、平衡的相互作用，使每一要素都维持良好的状态，以达到最佳的综合效益，从而使社会经济持续、健康、快速发展。实现土地可持续利用，要兼顾土地利用的短期和长期、局部和整体以及经济和非经济关系，树立科学发展理念，合理有效利用土地。

（3）生态经济学理论

生态经济理论在土地资源利用中的运用较为广泛和深入，土地生态—社会经济系统观点的建立就是典型例证。土地资源既是劳动的对象，又是基本的生产资料，因而，对土地开发利用，必须立足于生产系统，运用生态经济学原理，把生态中的自然生态、社会经济、技术等因素融为一体，进行综合性利用。土地生态社会经济系统中的生产过程是自然、社会和技术的综合。在这个系统中，生态系统再生产和经济系统的再生产相互交织，它们之间存在着物质和能量的交换。生态系统通过自然再生产过程使物质和能量发生转化后，将各种再生产品输入经济系统再生产，成为经济系统的输入，而经济系统则输出劳动、技术和物质产品等，成为生态系统的输入，如此循环往复形成的最终的社会产品又作为物质、能量输入，进入社会进步系统。坚持"绿水青山就是金山银山"的理念，是实现土地生态系统良性循环的关键。

2. 土地合理利用的现实意义

（1）保障粮食生产和粮食安全，维系民族生存和独立

"民以食为天"这一千年古训告诉我们"无农不稳"，粮食生产是社会发展的头等大事，是国泰民安的基础，是任何时候都不能忽视的问题。我们是一个有十几亿人口的大国，提高粮食供给能力，保持粮食供求平衡，任务相当艰巨。粮食生产的基础是土地，确保国家粮食安全，稳定粮食综合生产能力必须以足够数量和质量的耕地作保障。作为一个对世界局势具有举足轻重影响的大国，中国必须在全球事务中保持应有的独立自主地位，在参与国际竞争、寻求更进一步发展的道路上，中国不能因粮食问题而受制于人。因此，保护耕地将粮食供给立足于国内已有或潜在的生产能力，以中国的土地养活中国人，就能使中国在复杂多变的国际局势中赢得主动，保证民族独立自主。只有保持稳定的耕地面积和质量才能保护农业生产持续稳定发展，这对发展大局乃至中华民族子孙后代的生存与发展大计都将产生深远的影响。

（2）促进经济社会稳定可持续发展

可持续发展是既满足当代人需求，又不对后代人满足需求的能力构成危害的发展。实现可持续发展战略的核心是谋求社会经济的发展与人口、资源、环境的综合协调，以实现经济和社会的长期稳定、持续发展。土地是人类赖以生存和发展的生产资料和物质基础，它为人类提供充足的生活资料以及合适的生产和生活空间，土地作为稀缺的自然资源，作为三大生产要素之一，在我国经济社会可持续发展战略中起着基础性、决定性的作用，是生存的源泉、发展的基石，是立国富民之本。目前国家正在把土地作为参与宏观调控的重要手段，提倡节约和集约利用土地，建立节约型社会，中国经济社会稳定可持续发展有赖于土地资源的可持续利用。

（3）实现经济增长方式根本转变

与国际先进水平相比，我国仍存在资源消耗高、浪费大、环境污染严重等问

题，粗放型的经济增长方式尚未得到根本转变，随着经济的快速增长和人口的不断增加，我国资源矛盾更加突出，环境压力日益增大。土地作为主要的自然资源之一，是人类生产的必备物质基础，也是其他自然资源的基本物质载体，土地利用水平是资源利用水平的重要标志，是衡量一个国家、一个地区经济增长方式的重要尺度。因此，实现城市土地的合理利用，对整个经济增长方式的转变具有极为重要的意义。

（4）推动产业转型升级和结构调整

产业结构不合理已经成为制约我国经济发展的重要因素，新的产业要获得发展，必须有相应的土地作为支撑。土地利用是在国民经济各产业、各部门间分配有限的土地资源，协调不同区域、不同时空下的土地供给与需求量，寻求既符合区域特点，又能在土地利用效率最大化的约束下达到最佳或最满意的土地利用决策方案。土地合理利用可以使各用地部门根据相互联系、相互协作的关系在用地上形成合理的用地比例，可以形成合理的等级规模。通过优化土地利用能够保证土地利用效率最大化的约束下，推动我国产业转型升级和结构更新换代。

1.1.3 土地利用与相关概念的关系

1. 土地利用与国土空间

2019 年《中共中央 国务院关于建立国土空间规划体系并监督实施的若干意见》（中发〔2019〕18 号）指出：国土空间规划是国家空间发展的指南、可持续发展的空间蓝图，是各类开发保护建设活动的基本依据。建立国土空间规划体系并监督实施，将主体功能区规划、土地利用规划、城乡规划等空间规划融合为统一的国土空间规划，实现"多规合一"，强化国土空间规划对各专项规划的指导约束作用，是党中央、国务院作出的重大部署。

国土空间的概念出自《全国主体功能区规划》，是指"国家主权与主权权利管辖下的地域空间"，是国民生存的场所和环境，包括陆地、陆上水域、内水、领海、领空等①。国土空间可以理解为是一个立体的、涉及地上和地下的多维度空间范围，统筹和优化国土空间规划和利用是随着社会经济矛盾和土地利用关系的复杂化和多样化而提出的。优化国土空间开发格局，迫切需要掌握国土空间结构演变规律。因此，在新时代"美丽中国"建设和乡村振兴战略实施的关键时期，监测国家尺度土地利用时空格局变化特征，开展国土空间格局状态检测，揭示国土空间宏观结构配置合理性，辨识国土空间开发中的关键问题，以实现国土空间开发资源的集约高效利用和集中统一管理，对于当今和未来国家可持续发展

---

① 林坚，等. 新时代国土空间规划与用途管制 [M]. 北京：中国大地出版社，2021.

以及建成和谐美丽的社会主义现代化强国愿景目标，具有重要的战略意义[①]。

土地利用是国土空间的实体表现形态和核心主体，国土空间承载着多样化的人类需求，通过不同的土地利用方式加以实现，从而形成多种土地利用功能，这些功能与土地自身特性和土地利用过程相关联，最终服务于实现国土空间的可持续发展。根据国土规划管理需要，国土空间开发保护以用途管制为主要手段，农业空间、城镇空间和生态空间构成国土空间的整体，不同空间保障区域发展的目标不同，主导土地用途亦存在差异，由此形成不同类型的土地利用功能[②]。

2. 土地利用与资源利用

（1）土地利用与水资源利用

土地利用变化是水文变化的主要驱动要素之一。由于社会经济发展，人类活动改变了水循环自然变化的空间格局和过程，加剧了水资源形成与变化的复杂性。土地利用对水资源的影响包括水量、水质和水源空间分布的变化[③]。

土地利用对水资源量的影响。在其他类型保持不变，水田改作旱地、非耕地，产水量会增加；水面改为水田或旱地，产水量会减小。森林的破坏将使更多的土壤暴露在降雨之下，水分下渗会因裸露土壤的板结而减少，发生暴雨时会加剧流域的产流，地下水的补给量也比植被覆盖状态良好的情况下少。同时森林面积减少还引起水土流失，导致湖泊沉积量的增加，蓄水能力下降，草地、草原等牧业用地的变化也有以上类似的效果。此外，建设用地增加了不透水层的面积，使地表径流系数增大，径流量增加，其面积增加会增加流域的产水量。

土地利用变化对水资源水质的影响。随着农业生产的发展，土地利用结构发生了很大的变化，在耕地内部调整过程中，流域内水系遭到破坏，部分河流被填埋，丧失或改变了原有的生态功能，影响了水系之间的正常水体和养分交换，降低了水环境容量和对污染物的稀释吸纳能力，间接地导致了水环境的恶化。

更为严峻的是，随着工业化和城市化的快速发展，引起城市居民数量的急剧膨胀，土地利用结构发生了很大的变化，大量的土地转化为城市建设用地。城市化导致的城市用地快速扩展是中国近年来土地利用变化的主要方式。由城镇化引起的土地利用变化所产生的城市污水已造成了水污染。如在长江中下游地区，由于工业化、城市化迅速发展和人口的剧增，排入湖泊的营养物质大量增加，使湖泊生态系统结构改变，功能下降，富营养化进程加速，引起一系列严重的环境问题。

土地利用变化对水资源空间分布的影响。土地利用变化会导致流域上下游水

---

① 匡文慧. 新时代国土空间格局变化和美丽愿景规划实施的若干问题探讨 [J]. 资源科学，2019，41（1）：23-32.

② 范业婷，金晓斌，项晓敏，等. 江苏省土地利用功能变化及其空间格局特征 [J]. 地理研究，2019，38（2）：383-398.

③ 李昌峰，高俊峰，曹慧. 土地利用变化对水资源影响研究的现状和趋势 [J]. 土壤，2002（4）：191-196，205.

量空间分布和产流持续时间的变化。如植被的破坏，使水量在河流的上下游或干支流上的分配趋向于极端化，产流主要集中在暴雨过后的几天内，导致上游或支流水量减少，而下游或干流则水量过大或者发生洪涝灾害。土地利用及其管理的表现形式，通过加强或者通过抑制渗透过程，会对水文过程产生显著影响，从而减少或者加快暴雨量的产生，造成水资源量空间分布上的变化。土地利用通过影响洪水流量流速的变化，进而影响点源污染和面源污染的扩散规律，减缓或者放大了污染的扩散，影响了水资源的空间分布。

（2）土地利用与矿产资源利用

矿产、土地资源是在空间位置上密不可分、利用时间上首尾相接的自然资源综合体，它们利用时空上的联系决定了两种资源在经济、法律关系上的密切联系，而这些联系决定了两种资源资产之间的物质和资本流动规律。时空联系决定矿产与土地的物质循环就具体的采矿过程而言，矿产资源的利用是一个"土地使用权取得—采矿、土地受损—恢复土地利用状态—交还土地"的不可更新资源与可更新资源利用的交替过程，矿产资源的开采往往是以开采期内土地资源生产力的全部或部分占用为代价。

矿产资源与土地资源在空间上构成了紧密的联系，在范围上此消彼长，表现为可采矿床的占地范围越大、土地成分的范围就越小。在形态上相互紧密结合，矿产资源的上缘和侧缘往往处在土地成分的紧密包围之中，在外观上难以区分，有些矿产资源与土地的普通构成成分之间的区别极为微小。两种资源之间形成"此消彼长、兼容互渗"的局面。矿产资源与土地资源这种复杂的自然时空关系使其相互之间的利用影响和利益分配关系也变得复杂起来，形成矿产与土地资源的法律、经济联系。

矿产资源开发是建立在对土地资源进行利用的基础上的。以矿产资源开发为目的的土地资源利用方式与工商业开发、农业耕作最大的不同在于，矿产资源开发是一种对土地的物质成分和利用结构改变最剧烈的一种利用方式，如果利用方式不当，将造成土地可持续利用功能的暂时或长期消失。矿产资源开发对土地利用主要存在以下影响[①]：

不同类型矿产资源的开发利用影响土地利用状态。基于勘探作业的特点，油气勘探用地多为临时使用，作业完成经复垦后归还原用地部门，占用时间短，环境影响小。煤炭开采方式分露天开采和井工开采两种，露天开采大型煤矿对土地的影响主要表现在挖损、压占、污染和占用，井工开采煤矿的生态影响主要体现在地表沉陷对生态环境的影响，以及永久占地对生态环境的影响，尤其是排矸场对周围生态系统的干扰作用。金属矿产资源开采，井下开采方式一般情况下对地表地形、地貌不产生大的影响，对地表植被不产生直接影响。露天开采直接影响矿区地表土层和植被，剥采比一般在 1:5 ~ 1:10 之间，造成地形地貌的剧烈改

---

① 余星涤. 矿产、土地资源复合循环利用机理研究 [D]. 北京：中国地质大学，2007.

变，排土场、尾矿库大量占用土地，造成矿区原有生态系统的破坏。

3. 土地利用与土地保护

土地利用与土地保护相辅相成。土地保护是在土地利用过程中提出的，是针对土地利用过程中过度开发或者掠夺式利用而提出的。如果土地利用更强调经济效益，可以认为土地保护则是强调社会效益和环境效益。所以，应该坚持在土地利用中注重保护，在保护中合理有效利用土地的科学理念。

社会经济系统与区域土地系统、生态系统彼此影响，通过土地的开发利用与保护等活动形成相互制约、相互促进的动态关联的耦合关系。有学者认为土地合理开发利用主要表现为在需求和承载力前提下的用地扩张，随着土地投入边际效益递增，土地集约利用水平提高，发展需求不断满足；土地有效保护主要表现在对区域进行合理规划和政策调控，保护耕地和生态环境，控制建设用地指标，维护区域粮食安全和生态安全土地保护应建立在人类生产实践的土地利用基础之上[①]。

也有学者提出，维持土地健康是土地保护的目标，土地健康既是人地关系共荣的表现，而土地保护又要在土地利用过程的基础上得到实现，变被动保护为主动保护。并指出土地健康的维持表现为开发、利用、整治、保护的相互结合，表现为生态效益、经济效益、社会效益的相互统一，并且是土地永续利用的基本前提[②]。

处理土地利用和土地保护的关系，不仅要处理好土地利用的短期目标和长期目标，也要协调好土地的经济、社会和环境等多重目标，实现土地的可持续利用，也达到土地保护的目的。

4. 土地利用与生态环境

随着人类对土地资源开发利用强度的逐渐增大和不合理利用行为的日益频繁，由于土地利用导致的区域生态环境问题已成为主要问题。这不仅导致区域生态平衡的失调、经济发展与生态环境破坏的恶性循环，而且严重地阻碍区域可持续发展[③]。土地利用导致的生态环境问题主要包含以下六种：

（1）土地退化

土地退化是指土地生产力的降低。土地退化的表现是农田产量的下降或作物品质的降低、牧场产草量的下降和优质草种的减少，从而导致载畜量的下降，而在一般的林地、草原或自然保护区则是生物多样性的减少。引起土地退化的人类活动主要包括移走植被、过度利用、过度放牧、农业活动和生物工业活动五种类型，这些活动都是人类不合理利用土地的表现。

（2）土地荒漠化

---

① 孟祥旭，梅昀. 基于耦合关系原理的土地利用功能分区 [J]. 中国土地科学，2010，24（6）：26-31.
② 陈美球，赵小敏. 土地健康与土地保护 [J]. 中国土地科学，1998（4）：19-21，33.
③ 李边疆. 土地利用与生态环境关系研究 [D]. 南京：南京农业大学，2007.

土地荒漠化是土地退化的一种，其特殊性在于在脆弱生态环境下由人为活动过度主导的、人为和自然双重作用协同下导致的土地质量全面退化和有效经济用地数量减少的过程。土地荒漠化主要包括：风蚀和水蚀致使土壤物质流失；土壤的物理、化学和生物特性或经济特性退化；自然生产力丧失。

（3）林地和草地面积锐减

森林、草地等生态用地面积的锐减是目前全球生态环境问题中最为严峻的问题，它不仅影响到全球自然资产的存量，而且也会给全球可持续发展带来致命的伤害。森林对大气中的粉尘能起到阻滞、过滤作用，并能吸收各种低浓度的有毒气体，使空气净化。此外，森林还有涵养水源、保持水土、防风固沙、美化环境、调节气候等多方面环境功能，但森林的大面积砍伐却使这一重要的生命资源得到前所未有的威胁。此外，草地与湿地等重要生态用地的减少也日益严重。它们作为自然生态环境的一个重要组成部分，不仅具有巨大的生产力和经济价值，而且有更重要的生态意义，如涵养水源、保护土地、净化大气、美化环境等。然而，这些生态用地却由于不合理开垦、过度放牧、重用轻养等不合理的使用，造成严重的破坏，这在很大程度上危害了地球的有生资产，也间接地导致了其他生态环境问题。

（4）土地污染严重

土地污染问题是指各种有机物、污染物通过不同方式进入土地并在土壤中积淀，从而破坏土壤生物群体组成，破坏土壤结构，当其数量日渐增多，超过土地自我调节值，便使土地生态平衡被破坏，土地生产力下降。土地污染大致可以分为矿业污染、重金属污染、农药和有机物污染、放射性污染、病原菌污染、酸雨、核污染等多种类型。土地污染最为不利的影响是会使污染物在植物体中积累，并通过食物链富集到人体和动物体中，危害人畜健康，引发癌症和其他疾病等。其次，土地污染导致其他环境问题。如土地受到污染后，含重金属浓度较高的污染表土容易在风力和水力的作用下分别进入大气和水体中，导致大气污染、地表水污染、地下水污染和生态系统退化等其他次生生态环境问题。

（5）生物多样性快速丧失

生物多样性是指在一定时间内，一定地区所有生物植物、动物和微生物物种及其变异和其生态系统组成的复杂性。人类依靠地球这一得天独厚的生物多样性资源，才得以产生、存在和发展，直至形成今日这个五彩缤纷的世界。但是，人口的剧烈增长和不合理的土地利用正在迅速破坏生物赖以生存的生境，使众多生物物种灭绝，生物多样性正在以前所未有的速度消失。

（6）城市生态环境问题突出

城市高度密集的人口与产业与集约的土地利用方式，难免会给脆弱的生态环境带来严重的冲击，使其成为生态环境问题最为集中的地区。城市生态环境问题与城市发展几乎是同时产生的。随着都市化、工业化的发展，城市作为一个运动着的客体，其活动频率和活动容量都在随时间不断地增加，其自身的生态环境问题也日益突出。主要包括人口与产业积聚导致的水土资源紧张，工业三废与生活垃圾导致的生态环境污染严重，以及建设用地高强度积聚导致的生态破坏与其他生态环境问题。

在土地利用中要秉承"绿水青山就是金山银山""宁要绿水青山，不要金山银山"的理论，全面、系统和整体设置土地利用目标，在保护生态环境的前提下，合理有效利用土地。

5. 土地利用与城乡二元土地制度

（1）城乡二元土地制度

城市建设用地的来源主要有两个方面：第一就是存量建设用地，第二是将农村的土地以公共利益的名义征收为国有，并且给予被征收农民一定的补偿费，形成增量建设用地。城市土地的取得方式主要有两种：出让和划拨。以出让方式流转的城市土地使用权大部分都是依照市场化的招标、拍卖、挂牌交易的方式进行，城市中存在着政府主导、市场调控的国有城市建设用地使用权市场。

农村土地按照用途来分类，主要就是耕地、宅基地和农村集体建设用地三大类。然而，由于中国历史和政策的特殊原因，而农村的土地受严格的用途管制和流转限制。

城乡土地二元体制已成为乡村振兴和城乡融合发展解决的直接障碍，成为社会矛盾的一个焦点，政府和集体、政府和农民、集体和集体、集体和农民之间都因为城乡土地二元体制的存在而进行着利益博弈。

（2）城乡二元土地制度对土地利用的影响

城乡二元土地制度造成了城乡二元经济结构的形成和演化，城乡土地市场分割对土地利用可持续发展产生一定影响。一方面，造成农村土地利用效率低，以宅基地为主的农村居民点用地，不仅没有随着城镇化的加快而减少，反而不断增加，其直接后果就是农村空心化和宅基地闲置。在农村耕地方面，由于农地流转缺乏平台、农地抵押市场不健全，导致农地难以充分流转，更为长期稳定且集中连片的农地经营权的实现困难导致现代农业发展的滞后。另一方面，城市是人类聚落形态演化的必然趋势，城市土地需求量不断扩大，城市土地面积的向外扩张仍然不可避免，城市拥堵、污染问题不断恶化，城中村和城乡接合部的治理问题也尤为凸显。

1.2 土地管理

1.2.1 土地管理的概念

1. 土地管理

土地管理是随着社会经济的发展、土地矛盾增加以及经济体制改革和市场经济的建立而产生的，对土地管理的内涵和外延的认识也是随着发展而不断改变和调整的。

对于土地管理的理解多是强调由一系列管理手段和措施组成。王印才认为，土地管理是对土地的保护、利用、开发、整治的系统工程，对土地进行依法、统一、全面、科学管理的综合措施，是以土地权属管理为核心，包括对土地的调查（数量、质量、分布等）以及登记、统计、核发权属证书等科学管理体系与制度的一项系统工程；是对土地资产管理体系与制度的系统工程；是土地的有关法制建设与执法监督管理体系与制度建设的系统工程[1]。

陆红声和王秀兰认为土地管理是国家在一定的环境条件下，综合运用行政、经济、法律、技术等方法，为提高土地利用生态、经济、社会效益，维护在社会中占统治地位的土地所有制，调整土地关系，监督土地利用，而进行的计划、组织、控制等综合性活动[2]。

对于土地管理的理解和认识也逐渐强调权益和财产关系。朱道林指出土地管理是运用行政手段对全国城乡土地资源及其利用过程、权属、利益关系进行计划、组织、协调和控制等方面的行政管理活动[3]。龙花楼认为土地管理是国家通过运用法律和行政手段对土地财产制度和土地资源的合理利用实施各种管理措施，其本质是国家在一定的环境条件下综合运用行政、经济、法律和技术手段，为提高土地利用生态、经济和社会效应，维护在社会中占统治地位的土地所有制，调整土地关系、监督土地利用而进行的决策、计划、组织、协调和控制等综合性活动[4]。

综上所述，本书认为土地管理是指国家在一定的环境条件下，对土地进行保护、利用、开发、整治的系统工程，通过综合运用法律、行政、经济和技术手段，为提高土地利用生态、经济、社会效益，维护在社会中占统治地位的土地所有制，以土地权属管理为核心，调整土地关系，监督土地利用，而进行的计划、决策、组织、协调和控制等综合性活动。

2. 土地管理目的

土地管理的目的不仅要促进土地的合理有序利用，也要有利于实现经济的发展、社会和谐以及生态环境良性循环等目标。对土地管理目的的认识和理解是不断深化的和调整的。

一些专家认为土地利用结构和土地效率问题是土地管理的基本命题。未来一段时间内，我国土地管理的重点在于以科学发展观为指导，以减少或消除农地过度性损失，特别是过度性损失为主要目标，建立起"产权明晰、管制有效、市

① 王印才. 对土地管理中几个基础理论的探讨 [C]. 中国土地科学二十年——庆祝中国土地学会二十周年论文集，2000.
② 陆红声，王秀兰. 土地管理学 [M]. 北京：中国经济出版社，2000.
③ 朱道林. 土地管理学 [M]. 北京：中国农业科技出版社，2000：9.
④ 龙花楼. 论土地利用转型与土地资源管理 [J]. 地理研究，2015，34（9）：1607-1618.

场配置、调控有序"的土地管理机制，切实提高土地资源配置效率①。

也有专家指出土地管理的基本任务是维护在社会中占统治地位的土地所有制、调整土地关系和监督土地利用。目标是不断提高土地利用的生态效益、经济效益和社会效益，以满足社会日益增长的需求②。

本书认为土地管理的根本性目的在于通过建立"产权明晰、管制有效、市场配置、调控有序"的土地管理体制机制，提高土地资源配置效率，促进土地利用的生态效益、经济效益和社会效益，实现土地利用的可持续发展，以满足社会日益增长的需求。

3. 土地管理手段

土地管理的手段与方法是综合运用行政、经济、法律及工程技术等。有效组合手段，充分发挥政府对土地利用系统调控的能动性③。关于土地管理的手段，不同学者主要在制度层面、经济层面④和资源层面⑤进行了研究和阐释。

首先，在制度层面，土地管理的手段主要是指土地制度和土地政策，土地制度是土地政策的基础，中国的土地制度有耕地保护制度、土地用途管制制度、土地征收征用制度、节约集约用地制度等。土地政策是土地制度得以实行的措施体系或行为准则，是土地制度的操作细则。

其次，在经济层面，土地管理的手段主要是指按照客观经济发展规律，引导土地合理利用，以实现管理职能的方法手段。经济手段包含的主要方式有地租、地价、税和财政拨款等。地租和地价是经济手段中最为常用的两种，是国家直接掌握的宏观经济调控杠杆。此外，国家通过不同的税种税率，指导土地利用开发，如耕地占用税这一经济杠杆来控制非农建设占用耕地，控制耕地向非农建设用地的转变。国家还通过财政拨款来体现对土地利用的宏观控制，例如金融机构通过银行信贷向用地单位提供贷款，刺激用地单位对土地的投资。

最后，在资源层面，土地管理手段主要是对土地价值保值、增值的管理，侧重于土地潜在的、能够通过改善投资环境、加大投资力度、改变土地利用方式等途径使土地增值的过程，实现优化配置。这种手段源于土地的资源属性，主要涉及农用地和建设用地子系统，是对土地实物产出能力的管理，不仅包括作为第一产业的农业产出，还包括土地作为建设用地所承载的第二、第三产业的产出。

1.2.2 土地管理的意义

1. 土地管理的理论意义
（1）认识土地管理问题的需要

① 曲福田，高艳梅，姜海. 我国土地管理政策：理论命题与机制转变 [J]. 管理世界，2005（4）：40-47.
② 陆红声，王秀兰. 土地管理学 [M]. 北京：中国经济出版社，2000.
③ 卢新海. 土地管理概论 [M]. 上海：复旦大学出版社，2014.
④ 龙花楼. 论土地利用转型与土地资源管理 [J]. 地理研究，2015，34（9）：1607-1618.
⑤ 李伟，郝晋珉. 中国土地利用系统与管理理念特征分析 [J]. 中国土地科学，2008（9）：3-7，26.

土地问题不仅错综复杂，也由于其涉及面广而影响巨大，具有牵一发而动全身的作用。对现实中土地问题的认识，不仅要全面准确，还要具体深刻。这就需要运用经济学、管理学、社会学等理论，进行全面和深入的分析，并从理论高度来认识和解析问题。

（2）建构土地管理理论体系的需要

土地管理学科也是一门新的学科，面临复杂和变化的现实状况，不仅需要运用多学科理论和方法进行研究讨论，也需要基于已有的研究基础，探索和创新构建专门的土地管理理论和方法体系，这样才能适应现实发展的需要。

（3）提升土地管理水平的需要

土地管理的实践性很强，实际中存在的问题很多，对问题的认识和解决不仅需要对策和方法，更需要具有理论层面的认识和解读，这样才能够有利于从深层次把握问题的本质，也利于从整体上系统掌握事务的运行规律，并最终有利于问题的解决。

2. 土地管理的现实意义

（1）土地基本国情的要求

土地资源总量大，人均占用量少，人地矛盾突出；耕地比例小，数量锐减；土地资源地区分布不均衡；土地退化现象严重；土地后备资源不足，管好用好土地，提高土地的利用水平，提升土地的配置效率，是非常艰巨的一项管理任务。

（2）土地可持续利用的要求

土地管理的产生取决于社会经济发展对它的需要。一方面我国土地资源有限，耕地资源缺乏，人口不断增长；另一方面随着社会经济的飞速发展，人们对土地资源的需求有可扩大化的趋势，供求矛盾日益显现出来，加之土地资源的不可再生性和区域性，加强土地管理，以满足可持续利用的要求就尤为必要。

（3）土地矛盾复杂性的要求

土地的特殊性及其重要意义决定了土地问题具有涉及面广、影响范围大等特点。土地的承载作用，影响着人们的生活和生产活动，可以讲是无处不在的以各种方式影响着人们的行为。土地供给的稀缺性，增加了土地的竞争，必然使土地的影响更加激烈、发挥的作用更加巨大。所以，对土地问题的研究，涉及多个学科，不仅要解决好土地与自然环境的矛盾，也要处理好土地利用和管理中人与人之间的利益关系。

1.2.3　土地管理与相关概念的关系

1. 土地管理与土地行政

土地管理包含土地行政，而土地行政只是土地管理的一个方面。两者在行事主体、性质和目的等方面都存在差异。土地管理的主体可以是任何组织和个人，土地行政的主体一般只能是土地行政主管部门；土地管理源于人们的日常活动，而土地行政带有浓厚的土地色彩；土地管理的直接目的是优化土地配置，提高土地效率，而土地行政的直接目的是国家意志的执行和民意的实现①。

土地管理中涉及国家与地方、国家与企业、国家与个人、企业与集体、企业与个人等权益问题，如扩大城市土地范围是指将城市边缘或其他适宜新建城市的土地开发利用，改变一部土地的使用性质，变农业用地为工业、交通或各种市政设施用地。这一过程中必然要解决城市与农村、市地与农地间利益的分配和调整等问题，协调好这一问题，就是土地行政管理的基本任务。

部分学者认为土地行政是指国家行政机关为体现土地利用当前和未来的社会整体利益而对土地事务的组织与管理活动②。土地行政管理是政府组织为了体现现在和未来社会需要和提高土地资源配置效率，对土地的所有、使用、转让等过程进行组织与决策的活动，它主要涉及土地所有、使用、土地登记、土地执法、土地政策等行政措施的实施③。

也有学者将土地行政管理理解为一种政府对土地占用、使用、经营过程中的组织与决策活动或管理行为，是国家行政中专门管理土地事务的部门执行法令、实现土地政策、解决土地问题，是国家土地主管部门对土地事务的组织管理活动④。

2. 土地管理与土地资源管理

土地资源是自然资源的重要组成部分，土地资源的重要性与土地利用后果的外溢性还决定了对土地资源实行社会化管理的必要性。土地资源管理是土地管理的重要组成部分，要管理好土地资源，不仅要处理不同社会中人与人之间的关系问题，在相当大的程度上都要涉及土地关系问题，也要处理好土地资源与生态环境系统的协调关系。随着人口的增加和人均物资消费水平的提高，土地稀缺性日益增强，土地已成为影响人类可持续发展的世界性大问题。没有对土地问题的全面认识和把握，就很难实现土地科学管理的目标⑤。

3. 土地管理与房地产管理

土地需求是引致需求，土地管理决定和影响房地产的开发和供给，有效和合理的土地管理能够保障土地的合理利用和房地产的开发建设。房地产管理涉及房地产的开发、建设和建成后物业的管理等，土地的有效配置和管理影响房地产的一系列活动。同理，房地产管理不仅决定房地产的有序开发和利用，也影响土地的合理利用，是土地最终实现合理和有效利用的重要途径。土地管理与房地产管理各有侧重，但是相辅相成，互相成就，相互影响。

4. 市地管理与农地管理

市地管理是城市土地管理的简称，其主要涉及建设用地合理利用和有效配

① 李元，吕萍. 土地行政学［M］. 北京：中国人民大学出版社，2006.

② 曲福田. 土地行政管理学［M］. 北京：中国农业出版社，2003：10.

③ Futian Qu，Nico Heerink，Wanmao Wang. Land Administration Reform in China［J］. Land Use Policy，1995，12（3）.

④ 同①.

⑤ 吴次芳. 全球土地2015：热点与前沿［M］. 杭州：浙江大学出版社，2015.

置，包括存量建设用地的管理和增量建设用地的管理。存量建设用地主要通过城市更新将建设用地重新调整为更合理的状态，提升土地利用效率，同时保障公共设施建设所需的土地。新增建设用地主要通过农村土地征收获取，并通过市场出让给土地的使用者，一般通过市场调控和供后监管实现稳定市场和提升土地利用效益的目的。

农地管理是农村土地管理的简称，其主要涉及农用土地以及农村建设用地的合理利用和有效配置。耕地保护是国策，也是农用土地管理的核心内容。基本农田保护、高标准农田、永久性基本农田的设置都是落实保护耕地国策的具体措施。保护耕地不仅是要对耕地资源进行保护和合理利用，也是保障粮食安全和基本民生的需要。农村建设用地的管理，不仅要盘活闲置和低效使用的建设用地，也要通过城乡建设用地统一市场的建设，逐渐实现城乡土地同地、同权、同价的发展目标。

1.3　土地利用与管理形成和现状

1.3.1　土地利用与管理历史演变

1. 中华人民共和国成立后的土地利用与管理

中华人民共和国成立初期，土地管理的主要任务是建立新型的社会主义土地所有制和土地使用方式，主要内容包括没收官僚买办和地主的土地，处理城镇房地产权和无主土地，摧毁半封建半殖民地的土地私有制。

（1）土地管理机构建设

1949 年 7 月，内务部地政局成立，统一管理全国土地，同时实行房地统管；1954 年，农业部土地利用总局成立，但城市土地相关的基建及考核归建筑工程部管理；1956 年，农垦部成立，负责荒地开发及国有农场建设，同时城市房地产由城市服务部管理，土地遗留问题及征地划拨归内务部管理。

（2）土地改革推进。

1950 年，全国公布了土地改革法，并结合土改分地，进行了土地清丈、划界、定桩、登记、颁发土地证等。土地改革后，为适应社会主义大生产的客观需要，一方面将个体农户的土地所有制逐步改造成为劳动群众集体的土地所有制；另一方面建立了大规模的国营农业企业。在确立社会主义土地所有制和新型农业的同时，在全国开展土壤普查、土地勘测和土地规划工作。

（3）土地利用管理加强

土地权属明确后，土地管理内容逐步从侧重于土地权属管理，转向土地利用管理方向。1954 年，在黑龙江友谊农场进行了中华人民共和国以来的第一次土地规划，到 1957 年底发展到 5000 多个规划试点。1957—1958 年，农业部先后两次召开了部分省的土地规划工作经验交流会，为建立和健全我国土地管理科学奠定了基础。

随着农企土地规模的不断扩大和农业机械化、水利化，土地规划的内容也在进一步延伸，不仅包括土地使用范围的确定，农村居民点、交通干线的规划，而且包括为农、林、牧、副、渔全面发展而建立合理的土地利用结构。与此同时，全国各主要垦区和流域还开展了区域性和流域性的土地总体规划。

2. 改革开放以后的土地利用与管理

（1）土地管理机构完善

1982年，成立农牧渔业部土地管理局，行使国务院授权归口管理全国土地。1986年，国家土地管理局成立，全国地政的中央、省、市、县、乡五级体系形成。1998年国土资源部成立，实现了全国土地地籍、产权、规划、管理、保护与合理利用的统一管理。

（2）强化土地基础管理工作

1984年，开展第一次土地调查，用了12年的时间基本查清了当时我国的土地利用类型、面积、分布、权属和利用状况，并在此基础上建立了全国土地利用变更调查制度。1989年起正式实行逐年填报土地统计报表，并形成制度，在各项地籍管理工作试点的基础上修订完善了地籍工作的技术规程和规定，使土地管理的手段更加规范化、现代化和科学化。

1986年，我国第一部《土地管理法》正式颁布，标志我国土地管理进入了一个新的阶段。同时，党和国家对土地管理工作采取了重大改革决策，一是中共中央、国务院发出《关于加强土地管理，制止乱占耕地的通知》（中发〔1986〕7号）；二是全国人大常委会通过并颁布了《土地管理法》，使土地管理走上了法制的轨道；三是党中央、国务院成立了国家土地管理局，实现了全国土地和城乡地政的统一管理；四是稳妥积极地进行非农土地使用制度改革实验，实行国有土地有偿使用制度。

（3）建立土地有偿使用制度

1987—1990年，深圳、广州、上海、抚顺等城市探路城市土地的有偿使用，温州苍南县龙港镇探索了乡镇土地的有偿使用。1989—1998年，上海、珠海、海口、广州、福州、厦门等试点城市国有土地使用权有偿出让，深圳、珠海、厦门、汕头、海南五个特区开始建立土地使用权有偿出让、转让制度。

土地利用规划管理逐步完善。1988年，开始编制省级、县级土地利用总体规划试点，全国的土地利用总体规划也进入汇总编制阶段，并把土地开发利用计划正式纳入了国民经济和社会发展计划。随着市场经济的发展和城镇化战略的推进，土地利用总体规划的社会地位和市场经济下的法律约束都没有达到应有的高度，规划缺乏有效的建设用地调控机制和农用地非农化的约束机制，国家对耕地保护调控和乡镇企业的发展调控不力，导致耕地资源的大量流失，因此在市场经济冲击下，建设占用耕地现象越演越烈，至1992、1993年"房地产热""开发区热"浪潮下，耕地减少速度达到高峰①。

（4）加强耕地保护和利用

1994—2000 年，开展以加强耕地保护为关键的土地利用规划。为应对市场经济转型发展进程中建设大量占用耕地的冲击，土地利用规划的指导思想和基本方略也进行了相应的调整，耕地总量动态平衡、非农建设占用耕地的占补平衡成为土地利用总体规划的转折点，保护耕地成为土地利用总体规划需要解决的首要问题。

1997 年，中共中央 11 号文件《关于进一步加强土地管理 切实保护耕地的通知》（中发〔1997〕11 号）颁布，土地利用总体规划开始进入全面修编阶段，着重强调中国实行最严格的耕地保护措施，国家土地管理局相应出台了《县级土地利用总体规划编制规程（试行）》。随着《全国土地利用总体规划纲要（1997—2010 年）》颁布，新一轮以耕地保护为重点的土地利用总体规划在全国蓬勃开展起来。

3. 进入 21 世纪的土地利用与管理

（1）进一步夯实土地管理基础

先后完成了第二次、第三次全国土地调查。2007—2009 年，第二次全国土地调查在全国范围内展开，这对于全面查清全国土地利用状况，掌握真实的土地基础数据，满足经济社会发展、土地宏观调查和国土资源的管理有着极其重要的意义。相对于第一次土地调查，本次调查采用 RS、GPS、GIS 等高新技术手段，为提高这次土地调查的质量和效率奠定了基础。2017 年起开展第三次全国土地调查，目的是全面查清当前全国土地利用状况，掌握真实准确的土地基础数据，健全土地调查、监测和统计制度，强化土地资源信息社会化服务，满足经济社会发展和国土资源管理工作需要。开展第三次全国土地调查，对落实最严格的耕地保护制度和最严格的节约用地制度、推进国家治理体系和治理能力现代化、促进经济社会全面协调可持续发展等，具有重要意义。

（2）开展土地市场和地价监测

城市地价动态监测项目是土地资源调查评价项目，其目标是在以往工作的基础上，开展全国城市地价动态监测，建立国家级城市地价动态系统，发布国家级地价数据和相关指标，为宏观调控提供服务，同时满足社会经济发展及公众信息需求。项目始于 20 世纪 90 年代末，目前已经开展了北京等105 个国家级城市的地价动态年度、季度监测，北京等 18 个重点城市的地价月度监测，辽宁等 6 个省的省级地价监测，北京等 35 个重点城市商品房地价及相关成本监测，以及国家级城市地价动态监测系统建设与运行等工作。这项工程的启动，为土地市场的健康发展和运行，以及土地市场的监管提供了重要的基础。

---

① 林坚，周琳，张叶笑，等. 土地利用规划学30年发展综述［J］. 中国土地科学，2017，31（9）：24-33.

（3）深化土地有偿使用制度改革

2001 年《国务院关于加强国有土地资产管理的通知》（国发〔2001〕15号）、2004 年《国务院关于深化改革严格土地管理的决定》（国发〔2004〕28号）和 2006 年《国务院关于加强土地调控有关问题的通知》（国发〔2006〕31号）的出台，国土资源部相继出台《招标拍卖挂牌出让国有土地使用权规定》《全国工业用地出让最低价标准》等文件，土地市场配套制度相继建立，土地市场也进入了一个大繁荣的阶段。

2003 年《中共中央关于全面深化改革若干重大问题的决定》明确提出：建立城乡统一的建设用地市场。在符合规划和用途管制前提下，允许农村集体经营性建设用地出让、租赁、入股，实行与国有土地同等入市、同权同价。至此，土地市场又进入了一个城乡土地市场共建的新时期。

（4）强调规划管理的重要作用

到 2000 年底，全国各地基本完成五级规划并开始正式实施，自上而下逐级控制、以土地供给制约引导需求的规划编制体系建立起来，奠定了中国现代土地利用总体规划的制度基础。

2000 年至今，以完善土地用途管制为核心的土地利用规划成为土地利用管理的重要内容。土地利用规划在完善耕地保护、生态环境保护和节约集约利用的同时，强化土地用途管制。通过农地限制、技术标准、规划纲要、编制规程和制图规范等文件的调整和约束，形成了基本农田空间管制和建设用地空间管制，加之土地利用规划的实施评价和环境影响评价，使得土地利用规划的科学基础和技术体系更加完备，逐步成为能够实行最严格土地管理制度、落实土地宏观调控和土地用途管制、规范城乡各项建设的依据。与此同时，配合土地用途管制和耕地占用补偿制度的推进，土地开发整理得到高度重视。

多地的探索性政策推动土地用途管制制度的进一步深化落实，从重点针对基本农田保护的空间管理发展成为基本农田管理和城乡建设用地"三界四区"空间管制双管齐下的模式。2008 年，国务院审议并通过《全国土地利用总体规划纲要（2006—2020 年）》，推动了上述土地用途管制空间管理模式的全方位实施。其后，国土资源部相继颁布市县乡三级土地利用总体规划制图规范、编制规程、数据库标准，构建了具有中国特色的土地利用总体规划编制和实施管理的技术体系。

2019 年，中共中央、国务院发布《关于建立国土空间规划体系并监督实施的若干意见》，标志着空间规划体系在我国的正式确立。国土空间规划是国家空间发展的指南、可持续发展的空间蓝图，是各类开发保护建设活动的基本依据。

（5）注重土地利用的生态环境影响

绿水青山和金山银山理论为土地利用和管理明确了正确方向。土地利用不仅要注重经济效益，也要注重生态环境效益，为此要通过多项措施纠正和落实这一重要的理念。建立全国统一、责权清晰、科学高效的国土空间规划体系，整体谋划新时代国土空间开发保护格局，综合考虑人口分布、经济布局、国土利用、生态环境保护等因素，科学布局生产空间、生活空间、生态空间，是加快形成绿色生产方式和生活方式、推进生态文明建设、建设美丽中国的关键举措，是坚持以人民为中心、实现高质量发展和高品质生活、建设美好家园的重要手段，是保障国家战略有效实施、促进国家治理体系和治理能力现代化、实现"两个一百年"奋斗目标和中华民族伟大复兴中国梦的必然要求。

（6）建立城乡土地利用和管理制度

中国共产党第十七届中央委员会第三次全体会议首次提出"逐步建立城乡统一的建设用地市场"，中国共产党第十八届中央委员会第三次全体会议明确提出："在符合规划和用途管制前提下，允许农村集体经营性建设用地出让、租赁、入股，实行与国有土地同等入市、同权同价；缩小征地范围，规范征地程序，完善对被征地农民合理、规范、多元保障机制；扩大国有土地有偿使用范围，减少非公益性用地划拨；建立兼顾国家、集体、个人的土地增值收益分配机制，合理提高个人收益。完善土地租赁、转让、抵押二级市场。"2014 年 12 月，浙江省义乌市等 33 个地区试点"三块地"（即农村土地征收、集体经营性建设用地入市以及农村宅基地）改革；2017 年 1 月，北京市房山区等 34 个市、县试点建设用地使用权转让、出租和抵押。

1.3.2　土地利用与管理规制构成

1. 法律法规

涉及土地利用与管理的法律法规很多，有土地利用和管理的上位法《中华人民共和国宪法》《中华人民共和国民法典》《中华人民共和国农村土地承包法》，还有与土地利用和管理直接相关的《中华人民共和国土地管理法》《中华人民共和国房地产管理法》。《中华人民共和国宪法》（简称《宪法》）对我国土地所有制进行了明确规定，并对国家所有和集体所有土地及其范围做了进一步明确，为后续土地利用和管理奠定了重要基础。新颁布的《中华人民共和国民法典》（简称《民法典》），关于土地使用制度体系的规定更加科学化、系统化，更好地衔接了《土地管理法》，将土地使用的形式逻辑体系与价值体系融合，使得土地使用过程中各种价值相互统一、衔接，对于规范地方立法、统一土地使用、减少冲突、实现全面依法治国有着重要的导向作用。新通过的《中华人民共和国土地管理法》（修正案）（简称《修正案》）适应我国土地制度改革和调整，使土地管理的法律依据更加完备。

（1）《民法典》规定和调整

1）对土地承包经营权进行了明确规定。

《民法典》明文规定，土地经营权享有主体并非土地承包经营权人，而是土地流转的第三方。其独立享有占有、使用、收益的权利。土地经营权是一种新的用益物权，在一定程度上丰富了用益物权的内涵。对于保障农民权益，促进土地流转提供了制度保障。

2）完善建设用地分层使用权制度。

《民法典》承继了《中华人民共和国物权法》（简称《物权法》）关于"建设用地使用权可以在土地的地表、地上或者地下分别设立"的规定，但删除了"新设立的建设用地使用权，不得损害已设立的用益物权"的规定，即是为未来、在后设立的地上、地下用益物权的发展做铺垫。

3）明确住宅建设用地使用权续期费用的标准。

为解决住宅建设用地使用权出让期限届满如何处理的问题，《民法典》在《物权法》规定的自动续期的基础上，明确续期费用的缴纳或者减免，依照法律、行政法规的规定办理。

（2）《土地管理法》改革和调整

1）明确公共利益需要征地的规定范围。

此前的《土地管理法》只是原则地规定国家出于公共利益的需要可以依法征收农村集体土地，但是公共利益只是原则上确定，以致事实上所有城市建设和城市发展需要占用农村集体土地的，都采取了政府征收的方式，将其转变为国有土地，这不仅有违《宪法》所规定的征地原则，而且剥夺了农村集体土地的发展权，使广大农民不能平等分享工业化城市化所带来的土地增值。本次《修正案》列出了具体六种情形。这也是自中华人民共和国成立以来，国家首次对征地范围按照公共利益需要的原则作出了限定。

2）明确按照区片综合地价标准为征地补偿。

新的《修正案》不仅强调征地补偿要"公平合理"，而且具体规定"征收农用地的土地补偿费、安置补助费标准由省、自治区、直辖市通过制定公布区片综合地价确定。制定区片综合地价应当综合考虑土地原用途、土地资源条件、土地产值、土地区位、土地供求关系、人口以及经济社会发展水平等因素，并至少每三年调整或者重新公布一次。"可以预期，经过这次修订，不仅使征地补偿标准的确定更加反映土地市场供求情况，也使广大农民通过土地征收获得的补偿水平将有大幅度的提高，从而使农村集体土地的权益得到更大程度的保护。

3）为农村集体建设用地入市提供可能。

《土地管理法》第六十三条"农民集体所有的土地的使用权，不得出让，转让或者出租用于非农业建设"，修改为"土地利用总体规划、城乡规划确定为工业、商业等经营性用途，并经依法登记的集体建设用地，土地所有权人可以通过出让、出租等方式交由单位或者个人使用"，这一规定不仅打破了政府对建设用地的供应的垄断，使集体成为供地者，也为农村集体建设用地入市提供了制度保障，对于城乡统一的建设用地市场的建设起到积极作用。

2. 管理制度

土地管理制度构成可以从多个角度认识，从土地属地上来看可以区分为城市土地管理制度和农村土地管理制度，从土地管理环节上来区分可以分为土地产权和产籍管理制度、土地利用和保护制度以及土地储备和交易制度。

（1）城市和农村土地管理制度构成

城市土地管理制度主要由产权产籍、土地规划等基础管理制度，土地供地、土地使用和土地交易等市场管理制度以及土地税收、土地金融等财税制度等构成。产权产籍管理制度通过明细土地权益、确定土地数量，为后续土地利用和管理提供基础，同样土地规划通过确定土地用途，保障土地合理和有效利用。土地市场管理制度是实现土地要素有序流动和最佳配置以及实现土地经济和综合价值的重要保障。土地财税管理制度通过对土地利用和流转成果的分配，不仅是实现土地对经济社会的重要体现，也是实现对土地利用和流转的重要调控作用的体现。

农村土地管理制除了包括与城市土地管理相同的之外，主要涉及农村土地利用保护制度、农村土地承包经营制度和农村土地使用和流转制度等。农村土地利用保护制度主要由基本农田保护制度、高标准农田建设和永久基本农田制度等构建，一系列制度的出台彰显了国家对于粮食安全和耕地的重视程度。农地承包经营制度经历了农地所有权和承包权"两权"制和农地所有权、承包权和经营权"三权"制建设，逐步完善，对于促进农地资源有效配置和合理利用发挥重要作用。农村土地使用和流转制度主要由宅基地制度改革、集体经营性建设用地入市制度组成，农村集体建设用地流转制度的建立，对于完善农村建设用地市场、促进城乡统一建设用地市场建设具有重要意义。

（2）城市和农村土地管理制度改革

1）不动产统一登记。2014 年颁布的《不动产登记暂行条例》明确规定：国家实行不动产统一登记制度。国务院国土资源主管部门负责指导、监督全国不动产登记工作。县级以上地方人民政府应当确定一个部门为本行政区域的不动产登记机构，负责不动产登记工作，并接受上级人民政府不动产登记主管部门的指导、监督。这一规定的出台，打破了多年以来土地和住房分别由土地管理部门和住建部门登记的格局，为建立和推动不动产统一登记制度提供了法律依据。

不动产统一登记制度的建立具有意义和影响。一是加强基础性制度建设，建立不动产统一登记制度，以更好地落实《物权法》规定，保障不动产交易安全，从而更加有效地保护不动产权利人的合法财产权。本次方案还提出了通过公民身份证号码和组织机构代码为基础来建立统一社会信用代码，从制度上加强对不动产登记的管理。二是加强我国的行政制度的合法性。完善我国的依法行政的制度，提高制度质量。建立健全科学民主依法决策机制，建立决策后评估和纠错制度。严格依照法定权限和程序履行职责，确保法律、行政法规有效执行。深化政务公开，建立健全各项监督机制，让人民监督权力。三是加强信息管理平台建设。确实不动产市场的发展构建信息平台，实现不动产的审批、登记、交易的依法处理，消除不对称信息，保障不动产权利的准确性，保护财产权利人的合法权益，保障不动产市场中的交易安全，维护社会主义制度下不动产配置的公平和效率。

2）国土空间规划。2013 年《中共中央关于全面深化改革若干重大问题的决定》首次提出要"建立空间规划体系，划定生产、生活、生态开发管制边界，落实用途管制"。2015 年发布的《生态文明体制改革总体方案》则要求，要构建"以空间治理和空间结构优化为主要内容，全国统一、相护衔接、分级管理的空间规划体系"。2018 年 3 月中共中央印发的《深化党和国家机构改革方案》将现行分散在各部门的规划职能一并整合到重新组建的自然资源部，一方面为规划权的统一行使提供了前提，另一方面也为统一的国土空间规划立法奠定了组织和制度基础。

国土空间规划的改革能够充分体现国家意志、提升政府治理能力、坚持永续发展、注重城乡统筹以及适应市场经济的治理方向，是土地利用和管理的重要基础，也是土地利用和管理的重要手段。改革后的国土空间规划的编制能够体现优先生态保护、保障粮食安全、促进建设用地节约集约的国家战略，有利于推进国家治理体系和治理能力现代化，有利于统筹社会经济整体和系统发展、协调城乡发展和最有效发挥政府和市场机制结合的作用。

3）土地征收补偿制度完善。土地征收是指国家为了公共利益需要，依照法律规定的程序和权限将农民集体所有的土地转化为国有土地，并依法给予被征地的农村集体经济组织和被征地农民合理补偿和妥善安置的法律行为。

1982 年，国务院公布施行了《国家建设征用土地条例》，首次提出了征地强制性的特点，第一次明确征用土地的补偿费用包括土地补偿费、青苗补偿费、附着物补偿费和农业人口安置补助费，这些规定一直沿用至今。1998 年修订后的《土地管理法》基于最严格的土地管理制度，在征地制度方面作出了重大的调整，土地征用审批由各级地方政府提升到国务院和省级人民政府，变分级管理为土地用途管制和农用地转用许可，并且将土地补偿费和安置补助费的总和由原来不得超过土地被征用前 3 年平均产值的 20 倍调整到 30 倍。

21 世纪以来，征地制度尤其是补偿制度出现了一些新情况、新问题，2004年，国土资源部发布了《关于完善征地补偿安置制度的指导意见》，就征地补偿标准、安置途径、征地程序和征地监管做出了新的调整。2019 年修订的《土地管理法》明确：征收农用地的土地补偿费、安置补助费标准由省、自治区、直辖市通过制定公布区片综合地价确定。制定区片综合地价应当综合考虑土地原用途、土地资源条件、土地产值、土地区位、土地供求关系、人口以及经济社会发展水平等因素，并至少每三年调整或者重新公布一次。从法律上确定了区片综合地价为征地补偿标准的依据。

4）土地出让制度改革。土地出让是土地使用权出让的简称，一般指国家以土地所有者的身份将国有土地使用权在一定年限内让与土地使用者，并由土地使用者向国家支付土地使用出让金的行为。

按照《土地管理法》，规定"国家依法实行国有土地有偿使用制度"，土地使用权可以依法出让、转让、出租和抵押。进一步的《招标拍卖挂牌出让国有土地使用权规定》，提供了招标拍卖挂牌出让国有土地使用权的具体操作方式，规定经营性用地出让必须实行招标拍卖挂牌交易，禁止以协议方式出让。

土地使用权的出让市场被称为"土地市场中的一级市场"。土地出让制度的建立，不仅为城市发展聚集了大量的资金，也为城市土地市场的建立提供了制度保障。为了控制土地价格不断高涨，促进房地产市场健康稳定发展，各个城市也探索了不同的土地出让方式，包括"限地价、竞房价""限房价、竞地价"以及增加自持比例等多种方式，在实际运行中发挥了一定的作用。

5）农村土地"三权分置"制度。在农村现有法律体制已经承认的农民集体土地所有权、农民家庭土地承包经营权的基础上，新设"土地经营权"，从而形成"所有权、承包经营权、经营权"分置并行的权利结构①。这一制度调整的政策目标在于稳定农户承包权，放活土地经营权，引导土地经营权有序流转②。土地经营权是在土地承包经营权之外创设的具有物权效力的权利，从而发挥土地经营权自由流转的财产性权利。实行农地"三权分置"，可以解除土地对农民身份限制的制约，提升土地社会保障功能的福利效应，并且可以矫治农地流转的负面效应③。2018 年出台的《中共中央 国务院关于实施乡村振兴战略的意见》强调：完善农村承包地"三权分置"制度，在依法保护集体土地所有权和农户承包权前提下，平等保护土地经营权。农村承包土地经营权可以依法向金融机构融资担保、入股从事农业产业化经营。实施新型农业经营主体培育工程，培育发展家庭农场、合作社、龙头企业、社会化服务组织和农业产业化联合体，发展多种形式适度规模经营。

2018 年出台的《中共中央 国务院关于实施乡村振兴战略的意见》也进一步明确：完善农民闲置宅基地和闲置农房政策，探索宅基地所有权、资格权、使用权"三权分置"，落实宅基地集体所有权，保障宅基地农户资格权和农民房屋财产权，适度放活宅基地和农民房屋使用权。初步形成了宅基地的"三权分置"制度。

6）集体建设用地推行"三块地"改革。中共十八届三中全会《中共中央关于全面深化改革若干重大问题的决定》首次提出：要建立城乡统一的建设用地市场。在符合规划和用途管制前提下，允许农村集体经营性建设用地出让、租赁、入股，实行与国有土地同等入市、同权同价；缩小征地范围，规范征地程序，完善对被征地农民合理、规范、多元保障机制；扩大国有土地有偿使用范围，减少非公益性用地划拨；建立兼顾国家、集体、个人的土地增值收益分配机制，合理提高个人收益；完善土地租赁、转让、抵押二级市场。2014 年 12 月 2日召开的中央全面深化改革领导小组第七次会议审议了《关于农村土地征收、集体经营性建设用地入市、宅基地制度改革试点工作的意见》，会议指出，坚持土地公有制性质不改变、耕地红线不突破、农民利益不受损三条底线，在试点基

---

① 刘恒科. "三权分置"下集体土地所有权的功能转向与权能重构 [J]. 南京农业大学学报（社会科学版），2017，（2）：102-112.
② 张旭鹏，卢新海，韩璟. 农地"三权分置"改革的制度背景、政策解读、理论争鸣与体系构建：一个文献评述 [J]. 中国土地科学，2017，31（8）：88-96.
③ 李方方，许佳君. 农村土地"三权分置"政策的法理规制逻辑 [J]. 山东社会科学，2017，（7）：174-179.

础上有序推进。2015 年 1 月，中共中央办公厅和国务院办公厅联合印发了《关于农村土地征收、集体经营性建设用地入市、宅基地制度改革试点工作的意见》，这标志着我国农村土地制度改革即将进入试点阶段。为统筹东、中、西部和东北地区，兼顾不同发展阶段和模式，"三块地"改革坚持小范围试点，在全国范围内选择了 33 个试点县（市、区），其中，3 个土地征收改革试点，15 个集体经营性建设用地入市改革试点，15 个宅基地改革试点。

土地征收制度改革首先从制度约束上严格限制政府征地权，禁止征地权的滥用；其次从经济利益上转变政府征收土地的获利机制，削弱政府对"土地财政"的依赖程度。

集体经营性建设用地入市制度通过对农村集体土地赋权和集体土地市场机制的建立，将集体经营性建设用地纳入国有建设用地交易和监管体系，从而实现与国有建设用地的同地同权同价，平等进入供地市场。

宅基地制度改革在多个试点探索建立宅基地入市流转制度，宅基地抵押担保制度，宅基地有偿退出制度。通过转让、出租、置换等方式，实能够优化配置农村宅基地，提高农民财产性收入，有利于打破城乡二元制度障碍，促进人口流动和新型城镇化建设。

3. 土地管理机构

（1）土地督察制度建立

土地督察制度是指国家土地总督察及设立的督察机构在国务院授权下，代表国务院对省、自治区、直辖市以及计划单列市人民政府土地利用和管理情况进行监督检查的制度。

2004 年，《国务院关于深化改革严格土地管理的决定》（国发〔2004〕28 号）中指出："完善土地执法监察机制，建立国家土地督察制度，设立国家土地总督察，向地方派驻土地督察专员，监督土地执法行为"。此后，国土资源部开始了国家土地督察机构的筹备和组建工作。2006 年，为了使国家土地督察制度从机制、人员上真正落实，国务院办公厅颁布了《关于构建国家土地督察制度若干问题的决议》（国办发〔2006〕50 号），由此国家土地督察制度初步形成。根据 2018 年第十三届全国人民代表大会第一次会议批准的《国务院机构改革方案》，成立自然资源部，设立国家自然资源总督察办公室。根据中央授权，自然资源部向地方派驻国家自然资源督察北京局等 9 个局，承担对所辖区域的自然资源督察工作。

土地督察制度由三个工作机制组成。一是发现机制，通过采用遥感监测等先进技术和运用媒体揭露、群众举报、实地巡查、查阅档案等手段，及时发现督察范围内的土地违法违规情况。二是审核机制，研究确定对建设用地审批事项进行审核的操作程序，对省级和计划单列市人民政府建设用地审批事项的真实性、合法性进行审核。三是纠正机制，对省级和计划单列市人民政府土地违法违规行为，提出纠正整改意见。

国家土地督察制度的建立，是中国土地管理制度的一次重大变革，是推行政管理体制改革的创新举措，是加强土地监管、落实最严格的土地管理制度和改善宏观调控的重大措施。

（2）土地管理机构改革

党的十九大以后，国务院新一轮机构改革背景下组建了自然资源部。将国土资源部的职责，国家发展和改革委员会的组织编制主体功能区规划职责，住房和城乡建设部的城乡规划管理职责，水利部的水资源调查和确权登记管理职责，农业部的草原资源调查和确权登记管理职责，国家林业局的森林、湿地等资源调查和确权登记管理职责，国家海洋局的职责，国家测绘地理信息局的职责整合，组建自然资源部，作为国务院组成部门。自然资源部对外保留国家海洋局牌子。

不再保留国土资源部、国家海洋局、国家测绘地理信息局。将环境保护部的职责，国家发展和改革委员会的应对气候变化和减排职责，国土资源部的监督防止地下水污染职责，水利部的编制水功能区划、排污口设置管理、流域水环境保护职责，农业部的监督指导农业面源污染治理职责，国家海洋局的海洋保护职责，国务院南水北调工程建设委员会办公室的南水北调工程项目区环境保护职责整合，组建生态环境部，作为国务院组成部门。生态环境部对外保留国家核安全局牌子。

1.4 土地利用与管理理论和技术

1.4.1 土地利用与管理理论

1. 经济学理论

（1）概述

经济学是研究人类社会在各个发展阶段上的各种经济活动和各种相应的经济关系及其运行、发展的规律的学科。经济学起源于希腊色诺芬、亚里士多德为代表的早期经济学，经过亚当·斯密、马克思、凯恩斯等经济学家的推动和贡献，经济学理论体系和应用不断完善和发展。随着国民经济的高速发展，经济学研究和应用受到国家和民众的关注越来越高。

（2）主要经济学

城市经济学。城市经济学是对城市地区进行经济研究，包括运用经济分析工具研究诸如犯罪、教育、公共交通、住房及本地政府财政等多种城市问题的学科。1964 年，威廉·阿隆索出版了《区位和土地利用》（*Location and Land Use：Toward a General Theory of Land Use*）一书，标志着城市经济学的诞生。阿隆索在屠能的农业区位论的基础上，将其核心理论即竞租曲线应用于城市空间中，开创了城市内部结构的研究方向[①]。阿隆索的单中心城市理论也成为城市经济学发

---

① 李天健，侯景新. 城市战略规划［M］. 北京：经济科学出版社，2015.

展的重要理论基础。随后，1965年汤普森的《城市经济学导论》一书出版，第一次使用城市经济学这一学术语言，从此城市经济学理论体系开始不断发展。

20世纪60~70年代是城市经济学发展的黄金时期，这一时期，城市经济学开始了"制度化"的过程，成为了经济学的一个严谨的分支，研究领域也有了一定的扩大。

空间经济学。空间经济学是研究经济活动空间配置的学科，是一个由众多与地理因素有关联的学科组成的松散的学科群，这个学科群包括经济地理学、城市经济学、区域经济学、交通经济学乃至国际贸易学等学科。

在作为基础理论的区位论快速发展的同时，区位理论的应用领域也在不断延伸和发展，逐渐覆盖区域经济学、城市经济学、经济地理学等。近年来，空间经济理论的发展主要表现在以下几个方面：第一，空间经济理论强调历史和偶然事件在经济活动的区位决定方面的重要作用。第二，在初始禀赋条件相类似的地方之间，经济活动的分布确实不均衡的，空间经济理论认为这是由于积累循环因果关系和路径依赖所导致的。第三，空间经济理论实体图证明规模报酬、关联效应和贸易成本对维持空间秩序和层次结构的作用[①]。

土地经济学。资本主义社会经济学产生后，古典经济学家开始对土地经济问题进行系统的深入研究。1924年美国经济学家伊利和莫尔豪斯合著的《土地经济学原理》出版，标志着土地经济学作为一门独立学科的诞生。之后，代表性著作纷纷出版，包括道若和辛曼《城市土地经济学》、伊利和魏尔万《土地经济学》、雷纳《土地经济学》、雷·拉特克利夫《城市土地经济学》以及巴洛维《土地资源经济学——不动产经济学》等。土地经济学科也相继在美国、德国、日本等国家建立起来，还催生了生态经济学、生产力经济学、市场经济学等多门分类学科。

（3）经济学在土地利用与管理中的应用

在土地利用研究方面，经济学理论主要通过土地规模经营、土地集约利用以及土地利用规划等措施和手段，约束土地合理有效利用。在土地市场研究方面，主要应用于土地市场供求和价格的经济学分析、农村土地市场的经济学分析以及对城市土地市场及地方政府市场行为的经济学分析。在土地制度研究方面，产权理论等主要用于研究如何建立中国国有土地产权制度、制度变迁理论被应用于研究农村的土地制度变迁研究以及对于城乡土地制度问题进行经济学分析等。

2. 社会学理论

（1）概述

社会学是从变动着的社会系统整体出发，通过人们的社会关系和社会行为来研究社会的结构、功能、发生及发展规律的一门综合性社会学科。它试图对人类

---

① 梁琦，刘厚俊. 空间经济学的渊源与发展［J］. 江苏社会科学，2002（6）：61-66.

自身社会生活中的各种相互关系的发生与运行及其客观机制进行描述、解释、预测与规范[①]。从历史发展上看，社会学作为系统地研究社会行为与人类群体的学科，起源于19世纪30~40年代，是从社会哲学演化而来的一门现代学科。从学科目标上看，社会学旨在共同发展及完善一套有关人类社会结构及活动的知识体系，并以运用这些知识去寻求或改善社会福利为主要目标。从研究范围上看，社会学的研究范围广泛，包括了由微观层级的社会行动或人际互动，至宏观层级的社会系统或结构，因此社会学通常与经济学、政治学、人类学、心理学、历史学等学科并列于社会科学领域之下。

（2）主要理论

结构功能主义理论。结构功能主义是在社会学中有着长期的历史，A·孔德和H·斯宾塞在其著作中都有所论述。迪尔凯姆、A·R·拉德克利夫和B·K·马林诺夫斯基对功能主义也作了较为系统的阐述。而现代社会学中的结构功能主义是在以往的功能主义的思想基础上形成和发展起来的，它由美国社会学家T·帕森斯在20世纪40年代提出。该派学者认为，社会系统是行动系统重要系统之一，且决定了社会整体的稳定性和发展程度。社会系统为了保证自身的维持和存在，就必须满足四种功能条件：适应。确保系统从环境中获得所需资源，并在系统内加以分配；目标达成。制定系统的目标和确定各目标的主次关系，并能调动资源和引导社会成员去实现目标；整合。使系统各部分协调为一个起作用的整体；潜在模式维系。维持社会共同价值观的基本模式，并使其在系统内保持制度化。而执行这四种功能的子系统分别为经济系统、政治系统、社会共同体系统和文化模式托管系统。

默顿也基于此进一步发展了结构功能主义，默顿认为，在功能分析上，应该注意分析社会文化事项对个人、社会群体所造成的客观后果，并提出功能有正负之分，对群体的整合与内聚有贡献的是正功能，而推助群体破裂的则是负功能。当某项社会制度或结构对群体和个体持续产生负功能，社会发展目标便会逐渐与原有社会结构的矛盾激化，出现社会失范状态，导致越轨行为。

社会冲突理论。社会冲突理论是西方社会学的重要理论之一，其理论渊源于马克思的社会冲突思想，而马克思·韦伯对社会分层带来的社会冲突亦从经济、政治和声望上进行了阐释。该理论到了20世纪50年代后得到了众多社会学学者的发展，并开始流行于西欧和美国，着重探讨社会冲突的本质和根源，冲突的类型、预防及其在社会生活中的作用等。当代社会冲突理论重点研究社会冲突的起因、形式、制约因素及影响，是对结构功能主义理论的反思和对立物提出的。最显著的差异是，结构功能主义强调的是社会的稳定和整合，代表社会学的保守派，而社会冲突论则是强调社会冲突对于社会阶层和结构产生的正负作用，代表社会学激进派。

---

① 朱力. 社会学原理［M］. 北京：社会科学文献出版社，2003.

社会冲突理论在长期的发展中也逐渐分为了三派：辩证冲突论，以联邦德国的达伦多夫为代表，认为社会内部权力分配不均是产生冲突的根源，冲突是社会生活中自发的、普遍的、基本上不能消除的因素，它应得到国家和社会的承认，并使其制度化。积极功能冲突论，以美国的科塞代表，认为冲突对社会的组合、保持群体团结、巩固人际关系、控制社会变迁等有重要的积极作用，具有促进相互理解的功能。一般冲突论，以美国的博丁为代表，认为冲突是由财富的匮乏和道德的沦丧引起的，主张克服和限制冲突，并把克服冲突的希望主要寄托于对抗各方的理智、道德和相互谅解上。

社会互动理论。社会互动理论创立于20世纪30年代的美国，20世纪60~70年代曾经盛行一时，到21世纪仍然是有很大影响的社会理论流派。它的主要理论基础，是心理学关系人性和人的"社会性"的相关理论。其中，"社会互动"指社会相互作用，即在一定的社会关系背景下人与人、人与群体、群体与群体等在心理、行为上相互影响、相互作用的动态过程，强调一种动态性。

社会互动理论认为，社会并不是外在于人的某种客观存在的模式或制度体系，社会不过是人们的互动行为模式化了的互动。"模式化"的内容扎根于人的头脑，进而表现为人们"角色互动"的行动。个人与他人结成有多少种互动关系，对个人来说，就有多少种"社会"。因此，在社会互动理论看来，社会是具体的、微观的。社会变迁，是人们的"需求""动机、价值观念"以及人们的社会行为发生变化，导致原有的"互动模式"的内容发生变化。

（3）社会学在土地利用与管理中的应用

在土地与政治方面，社会学研究多存在社会冲突理论的影响，基于这一理论着重对土地行政、土地与政府政治、土地与基层治理进行研究，剖析土地利用与管理中存在的矛盾与冲突，并基于"善治"原则，重新思考与探索土地管理的行政模式与体系。

在土地与社会方面，社会学学者则深受功能主义论与社会冲突论的影响，对于土地的利用与管理问题，多从土地的保障功能及社会稳定角度切入，强调农村土地对农民及其家庭的重要性。这些研究不以经济效用最大化为追求目标，更多以"社会人"为蓝本，考量除了物质方面外，更重视人民对土地产生的心理和社会需求，并在自身构建的社会成本体系中考察社会的土地问题。这也是土地社会学区别于土地经济学的重要标志之一。

在土地与文化方面，社会学者的研究分析明显具有社会互动理论的痕迹，尤其是强调赋予事物文化特质的符号互动论，用以解释中国土地文化的内涵，剖析中国的土地信仰文化的形成因素与其他民间信仰文化的互动关系。同时，部分学者在对土地文化及观念形成普遍性共识的基础上，深入研究农民围绕土地资源展开的争夺行为及包含人情与面子特征的地权表达逻辑。

综上而言，作为重要的社会科学学科，社会学在土地问题的研究中也渐显重要，其以"社会人"为假设的研究前提，对经济学难以解释的土地利用及管理问题进行了科学有力的补充解释，成为众多土地问题研究者使用的理论工具。部分社会学理论也开始与土地科学形成融合之势，发展出与土地经济学、空间经济学相对应的土地社会学。

3. 管理学理论

（1）管理学的基本概念

管理是指在特定的环境下对所拥有的资源进行有效的计划、组织、领导和控制，以实现组织目标的过程。管理总是在内外部环境的约束下展开，管理的对象是组织所拥有的人、财、物、信息、时间等一切资源，管理的目的在于实现组织的既定目标。从管理的要素来看，管理者构成管理主体，人、财、物、信息、时间等管理对象构成管理客体，计划、组织、领导和控制等管理职能构成管理手段。

（2）管理学理论演进和发展

管理学理论是对管理实践中积累的经验进行总结、提炼以后形成的对管理活动的体系化认识。一般认为泰罗的《科学管理原理》的发表标志着西方管理理论的形成，随后管理学理论不断演进和发展，大致可以分为四个阶段：

古典管理理论阶段（20 世纪初～20 世纪 30 年代）。这一阶段侧重于从管理职能、组织方式等方面研究企业的效率问题，将人视作"机器"，很少考虑或不考虑人的因素、需要和行动。代表性理论分别是雷德里克·泰罗的科学管理理论、亨利·法约尔的一般管理理论和马克思·韦伯的行政组织理论。

行为科学管理理论阶段（20 世纪 30 年代～20 世纪 50 年代）。行为科学管理理论是基于对组织中"人"的因素进行研究而发展起来的，研究内容包括个体、团体、组织行为三个层次：一是重视研究个体的心理、行为、需求、激励等因素对管理效率的影响；二是研究团体动力、信息交流、团体和成员的相互关系；三是研究组织变革和发展、领导行为和特质。代表性成果包括：乔治·埃尔顿·梅奥的"霍桑实验"、亚伯拉罕·马斯洛的需求层次理论、赫茨伯格的双因素理论、道格拉斯·麦克雷戈的 X-Y 理论等。

现代管理理论丛林阶段（20 世纪 50 年代～20 世纪 80 年代）。第二次世界大战后，经济、社会、数学、生物等不同领域的专家从不同视角、用不同方法研究管理理论，形成系列学派，哈罗德·孔茨称其为"管理理论的丛林"。主要学派包括：以哈罗德·孔茨为代表的管理过程学派、德鲁克为代表的经验主义学派、亚伯拉罕·马斯洛为代表的人际关系学派、乔治·埃尔顿·梅奥为代表的群体行为学派、切斯特·巴纳德为代表的社会系统学派、赫伯特·西蒙为代表的决策理论学派、弗里蒙特·卡斯特为代表的系统理论学派、卢桑斯为代表的权变理论学派等。

当代管理理论阶段（20 世纪 80 年代至今）。这一阶段管理学理论变化的现实基础主要源于科学技术的飞速发展和市场化、全球化浪潮的全面铺开，主要理论包括托马斯·彼得斯"将人视作管理的关键"的人本管理思想、彼得·圣吉的学习型组织理论、彼得·德鲁克的企业文化理论和知识管理理论等内容。

（3）管理学理论在土地管理学科的应用

土地管理作为土地领域的管理行为，应当以管理学理论和方法为指导，通过土地管理领域的计划、组织、领导和控制，合理利用和保护土地资源，提高土地管理和利用效率，妥善处理人与土地以及人与人之间的关系，从而促进土地可持续利用和社会经济稳定发展。

古典管理理论与土地管理。古典管理理论的核心在于运用科学方法实现管理效率最大化。对于土地管理领域，土地利用效率提高是土地利用管理的目标之一，古典管理理论在土地管理学科的应用集中体现于运用科学的技术、方法和合理的政策手段提高土地管理的效率。

行为科学管理理论与土地管理。行为科学管理理论主要研究个体行为、团体行为与组织行为，其在土地管理领域的应用主要表现为重视土地所有者、使用者、管理者等各类主体在土地管理中的角色和地位，强调以人为中心的管理。

现代管理理论丛林理论与土地管理。现代管理理论丛林涉及一系列不同理论学派，对于土地管理具有重要的指导意义。其中，系统理论认为应该将组织视为有机整体，把各项管理业务看成相互联系的网络，兼顾个人利益和组织利益。土地管理工作作为一项系统工程，必须从社会效益整体出发，追求经济、社会、生态效益的统一。权变理论认为必须关注管理的情境，土地管理也应高度关注不同时期、不同地区管理条件的变化，因时、因地做出不同决策。

当代管理理论与土地管理。随着信息化、全球化的发展，土地管理领域面临着信息系统建设滞后等新的问题，当代管理理论作为管理学理论的最新发展，对土地管理也提出新的要求，必须高度重视大数据等知识技术手段在土地审批、利用、监测等环节的应用，加强土地管理信息化建设，适应新的土地管理环境。

4. 生态学理论

（1）理论概述

生态学研究的主要对象是生态系统内生物与自身生活的自然环境相互作用的学科，而土地生态学综合运用了生态学、社会学、经济学和管理学的知识，国内学者对其概念给出了不同的定义。土地生态系统研究（土地生态学）归结为三个主要方面：土地生态系统形成、演替、结构的研究，土地生态系统功能的研究，土地生态系统最佳生态平衡的研究。土地生态学是在生态学一般原理的基础上阐释土地及其环境间能量与物质循环转化规律，优化土地生态系统对策和措施的科学。也有专家认为土地生态学的定义是"土地生态学是以协调人—自然—土地为核心，按照土地资源可持续利用的要求，对一定区域的土地生态系统进行开发、利用、政治和保护所制定的时间安排和空间部署的科学"[1]。

（2）主要理论

---

① 谢俊奇，吴次芳. 中国土地资源安全问题研究［M］. 北京：中国大地出版社，2004.

土地生态服务价值及外部性理论。生态系统服务（Ecological Services）是指通过生态系统这个复杂的体系直接或间接地为人类生存和生活质量提供支持产品和服务，而土地的生态服务便是通过土地生态系统，直接或间接地为人类生存和生活质量提供各项产品和服务。因此，土地生态服务价值对生态环境保护、生态功能区划、环境经济核算和生态补偿，提供了相应决定和对策的重要的理论依据和实践基础。同时，土地生态服务价值带来的是正外部性影响，属于纯公共物品。

生态资本理论。生态资本属于自然资本的一部分，是指能够带来经济和社会效益的生态资源和生态环境，主要包括自然资源总量、环境质量与自净能力、生态系统的使用价值以及能为未来产出使用价值的潜力等内容。生态资本的价值分为物质性价值和无形服务价值。由于土地资源可以不断地重复使用，所以土地的生态价值可以用实物或货币来具体量化。

区域差异理论。由于不同区域的自然条件和经济社会条件的明显差异，土地利用类型和方式的差异性也因此而越发明显，所以因地制宜地进行土地利用成为了提倡的目标。土地利用类型的差异和区域生态系统类型的差异息息相关，不同地域的不同土地利用方式是使得土地利用对生态系统造成的影响也大不相同的现象产生的一个动因。

土地的可持续利用理论。土地可持续利用是为了实现土地生态与经济、社会、资源环境的协调发展，最终达到符合社会经济发展的长期稳定的目标，从而实现更加优质的经济、社会和资源环境的综合效益。土地可持续利用的认识可以多个方面考虑[1]：从土地利用目标来看，包括了社会层面的接纳程度及公平性，环境资源层面的经济合理程度，以及土地利用层面的稳定与持续程度。土地的可持续利用可以保障土地的平衡稳定，保障土地生态实现可持续。从土地利用方式的角度上看，土地可持续利用是指通过加大投入劳动力，加强物质生产从而从土地上获取更高的报酬。

（3）意义和应用

土地管理与生态系统服务。土地利用政策通过改变土地利用方式、结构等直接或者间接影响生态系统服务供给，因此开展管理决策变化对生态系统服务影响以及生态系统服务对政策变化的反馈机制研究，有利于社会经济可持续发展。同时，权衡利益相关者的权益，协调各类生态服务之间的关系，提高生态系统服务可持续供给能力，达到社会经济和生态环境协调发展目标，促进人类福祉增进是国际重点议题。

土地资源生态安全评价。土地生态系统又是一个复杂的人地复合系统，涉及自然、经济和社会等多个方面，因此土地资源生态安全评价指标体系的确定仍是一项探索性很强的工作，评价指标的选取不仅要满足科学性、系统性、可

---

[1] 倪绍祥，刘彦随，杨子生. 中国土地资源态势与持续利用研究 [M]. 昆明：云南科技出版社，2004.

操作性和可比性的要求，更要能够客观反映区域土地资源生态安全的状态和问题。

土地利用及景观生态。城市是生态系统服务需求量最大的区域，也是影响全球环境剧烈变化的主要区域。目前较多研究将生态系统服务纳入政府决策中，结合热带森林演替、森林破碎化和景观生态学研究等新兴知识，确定不同尺度下演替路径形成的驱动力机制，应用多元模型解释演替，准确计算出次生林作为生物多样性储存库的潜力，有效提升生态系统服务供给量，为生态修复或者生态补偿机制建立提供借鉴。

土地利用变化分析。由于土地利用变化导致生态系统结构、功能和过程发生紊乱，造成环境问题日益恶化，因此探究区域尺度的自然保护区变化特征和驱动机理是该领域的研究热点之一，为资源可持续利用、生态保护与修复提供科学参考。

1.4.2　土地利用与管理技术

1. 地理信息系统　（GIS）

（1）地理信息系统的概念

地理信息系统（Geographic Information System，GIS）是在计算机硬、软件系统支持下，对整个或部分地球表层（包括大气层）空间中的有关地理分布数据进行采集、储存、管理、运算、分析、显示和描述的技术系统。地理信息系统处理或管理的对象是多种类型的地理空间实体数据及其关系，包括空间定位数据（位置和空间关系）、属性数据、遥感图像数据等，其用于分析和处理一定地理区域内分布的各种现象及过程，解决复杂的空间规划、决策和管理问题，属于决策支持系统类型。

（2）地理信息系统的功能

地理信息系统的空间分析能回答和解决以下五类问题：位置问题。解决在特定的位置有什么或是什么的查询问题，位置可表示为绝对位置和相对位置，前者由地理坐标确定，后者由空间关系确定。条件问题。解决符合某些条件的地理实体在哪里空间分析的问题，如选址、选线等问题。变化趋势问题。利用综合数据分析，识别已发生或正在发生的地理事件或现象，或某个地方发生的某个事件随时间变化的过程。模式问题。分析已发生或正在发生事件的相关因素（如原因等）。模拟问题。某个地区如果具备某种条件，会发生什么的问题，主要是通过模型分析，给定模型参数或条件，对已发生或未发生的地理事件、现象、规律进行演变、推演和反演等。

（3）地理信息系统的应用

地理信息系统可以应用于土地管理、公共安全、选址选线等多个领域。就土地管理而言，由于土地资源与地理空间分布有关，所以土地的管理与监测最需要使用地理信息系统技术。由于土地管理业务条线很多，所以土地管理部门需要开发许多不同功能和特点的 GIS 应用系统，包括土地利用监测信息系统、土地规划信息系统、地籍管理信息系统、土地交易信息系统等。以土地利用监测信息系统为例，它是一种基于地理信息系统和遥感图像处理系统之上开发的应用系统。它首先建立土地利用现状数据库，把各种土地利用的类型数据通过 GIS 手段建立土地利用现状数据库，然后，每隔一年或每隔几年采用遥感手段对同一地区进行监测，提取相应的土地利用类型数据，并与以前建立的土地利用现状数据库进行对比分析，发现土地类型变化的区域，以监测土地利用类型的变化，为政府决策和宏观经济管理服务[1]。

2. 大数据

（1）大数据的概念

互联网、云计算、移动和物联网的迅猛发展和无所不在的移动设备、RFID、无线传感器，使得数据充斥着整个世界。数据也成为一种新的资源，亟待人们对其加以合理、高效的利用，使之能够给人们带来更大的效益和价值。正是在这种背景下，大数据概念及其研究孕育而生。大数据，一般是指无法在一定时间范围内用常规软件工具进行捕捉、管理和处理的数据集合，是需要新处理模式才能具有更强的决策力、洞察发现力和流程优化能力的海量、高增长率和多样化的信息资产。

（2）大数据发展历程

大数据从产生到目前风靡全球，大致共经历了以下四个发展阶段：20 世纪末，大数据的萌芽期；2003—2005 年，大数据发展的突破期；2005—2009 年，大数据发展的成熟期；2011 年至今，大数据时代来临。大数据概念开始风靡全球，2020 年数据作为一种新型生产要素写入了《中共中央 国务院关于构建更加完善的要素市场化配置体制机制的意见》，这些都标志着大数据时代已经真正来临。

（3）大数据特征

目前关于大数据的特征还具有一定的争议，目前普遍被接受的是大数据的 4V 特征：数据量大（volume）：非结构化数据的超大规模和增长，导致数据集合的规模不断扩大，数据单位已从 CB 到 TB 再到 PB 级，甚至开始以 EB 和 ZB 来计数。类型繁多（variety）：大数据的类型不仅包括网络日志、音频、视频、图片、地理位置信息等结构化数据，还包括半结构化数据甚至是非结构化数据，具有异构性和多样性的特点。价值密度低（value）：大数据本身存在较大的潜在价值，但由于大数据的数据量过大，其价值往往呈现稀疏性的特点。虽然单位数据的价值密度在不断降低，但是数据的整体价值在提高。速度快、时效高（velocity）：要求大数据的处理速度快，时效性高，需要实时分析而非批量式分析，数据的输入、处理和分析连贯性地处理。

---

[1]　汤国安，杨昕. ArcGIS 地理信息系统空间分析实验教程［M］. 北京：科学出版社，2012.

（4）大数据的应用

目前大数据被广泛应用于公共安全、互联网行业、金融行业，并对行业发展产生了深远的影响。土地资源作为生产要素之一，其涉及范围广、对象多，大数据逐渐应用于土地管理和利用之中，提升了土地管理和利用水平。

2016 年，国土资源部印发《国土资源信息化"十三五"规划》，提出构建以"国土资源云"为核心的信息技术体系，在国土资源"一张图"数据库基础上，采集并整合其他部门、行业和互联网有关数据资源，构建国土资源大数据体系，促进了国土资源决策的科学化、监管的精准化、服务的便利化。

以国土空间规划为例，大数据通过对数据进行一定的处理与分析，从而提炼出有价值的数据，比如通过对城市早高峰道路通行情况的数据进行分析，有利于发现城市交通通行中存在的问题，进而为国土空间规划提供基础性的条件。与此同时，大数据对国土空间规划作业具有一定的支持性作用，面对多种多样的数据格式，大数据可以进一步规范好各类数据的形式和采集要求，产生价值密度较高的数据，为国土空间规划提供科学的依据。[①]

3. 测绘技术

（1）测绘技术的概念

测绘技术就是使用测量仪器和工具，通过测量和计算，得到一系列测量数据，或把地球表面的地形（地物、地貌），按一定比例测绘成地形图的过程。测绘是一门科学，按照研究范围和使用要求，形成了大地测量学、地形测量学、工程测量学、航空摄影。

测绘科学应用很广，在国防建设和进行各项工程建设及对土地的开发利用等方面，都需要应用测量数据和地形图。在科学研究方面，如空间技术的研究、地壳的变形、海洋的变迁以及地震预报的研究等，也都要应用测绘资料。在现代土地管理工作中，为对土地资源及其利用情况进行全面的科学普查及为地籍管理提供科学图件，必须进行测绘工作和应用测绘资料。[②]

（2）测绘技术的发展历程

我国测绘技术经历了三个阶段的发展，即模拟测绘（或称传统测绘）、数字化测绘、信息化测绘，现在正处于数字化测绘向信息化测绘发展的阶段。20 世纪 80 年代是传统测绘体系的改造阶段，20 世纪 90 年代是数字化测绘技术体系的形成阶段，21 世纪初是实现以地图生产为主向地理信息服务为主的转变阶段，即信息化测绘发展的阶段。信息化测绘技术体系是在对地观测技术、计算机信息化技术和现代通信技术等支撑下的有关地理空间数据的获取、处理、管理、更新、共享和应用的所有技术的集合。[③]

① 周苏，冯婵，王硕苹 . 大数据技术与应用［M］. 北京：机械工业出版社，2016.
② 周国树 . 现代测绘技术及应用［M］. 北京：中国水利水电出版社，2009.
③ 焦明连 . 测绘地理信息技术创新与应用［M］. 北京：中国矿业大学出版社，2013.

（3）测绘技术的应用

测绘技术广泛应用于工程建设、国防安全、土地管理等领域。就土地管理工作而言，土地利用管理和地籍管理都是以测绘资料为基础的，如应用的地形图、像片平面图或影像地图等。测绘上述图件的方法，在现阶段一般采用平板仪测量法、航空摄影测量法和编绘法，以及应用现代遥感技术，如彩红外遥感图像和大像幅多光谱航空像片，绘制成现代化的测绘图件。

在实际土地管理工作中，对于测绘方法的选用，应根据地形条件，测区面积大小，土地利用和进行土地调查的要求及具备的技术和物质条件而定。不论采用何种方法测绘和编绘的图件，都必须有较好的现势性和要求达到的应有精度。

1.5　本章小结

本章全面介绍了土地利用、土地管理概念内涵，并通过与相关概念进行对比分析，以及就不同时间不同专家学者的解读进行了介绍和对比分析等，可使学者更为全面和深入地了解土地利用与土地管理内涵的演变。理论结合实际分析了土地利用和土地管理的重要意义，对于理解和认识现实问题，特别是从理论视角认识问题提供了帮助。从土地利用与管理的理论、规制和技术等方面，对土地利用与管理的状况进行了全面的阐述，解释了土地利用与管理的基础，也为后续篇章学习进行了铺垫。

> **思考与练习题**
>
> 1. 如何理解土地利用？城市和农村土地利用的特点是什么？
> 2. 怎样理解土地利用的重要意义？
> 3. 如何认识土地管理？其核心内容是什么？
> 4. 如何理论土地管理的理论基础？其对土地管理的影响和作用是什么？
> 5. 土地管理的技术包括哪些？新型技术应用于土地管理的意义是什么？

参 考 文 献

[1] 周诚. 土地经济研究[M]. 北京：大地出版社，1996.

[2] 王万茂，韩桐魁. 土地利用规划学[M]. 北京：中国农业出版社，2002.

[3] 陆红声，王秀兰. 土地管理学[M]. 北京：中国经济出版社，2000.

[4] 毕宝德. 土地经济学[M]. 北京：中国人民大学出版社，2001.

［5］　严金明. 土地法学［M］. 北京：中国人民大学出版社，2018.

［6］　张占录，张正峰. 土地利用规划学［M］. 北京：中国人民大学出版社，2006.

［7］　李元，吕萍. 土地行政学［M］. 北京：中国人民大学出版社，2006.

［8］　方先知. 土地合理利用及其综合评价研究［D］. 长沙：中南大学，2005.

［9］　谢俊奇，吴次芳. 中国土地资源安全问题研究［M］. 北京：中国大地出版社，2004.

土地利用与
管理现状

【本章要点和学习目标】

　　了解并掌握我国土地资源基础，包括土地资源的类型及利用特点，目前我国的土地利用现状；学习掌握我国土地管理方面的主要制度，并思考新形势下土地管理制度改革的目标和取向。

2.1 土地资源基础

我国地域辽阔，陆地面积约为 960 万 km²，位居世界第三位。其中，耕地面积 1.28 亿 hm²，占世界耕地总面积的 9.5%，位居第四位；林地面积 2.84 亿 hm²，占世界林地总面积的 5.5%，位居第五位；牧草地面积 2.14 亿 hm²，占世界牧草地总面积的 5.5%，位居第三位。大面积的土地资源虽然保证了我国发展所需要的土地空间，但考虑到我国人口众多的实际国情，人均占有的土地面积不高。2018 年我国人均土地面积仅为 0.68hm²，约为世界人均土地面积的 1/3，从该层面而言，我国是土地资源相对紧缺和人地矛盾突出的国家之一。

2.1.1 土地资源的类型

我国土地资源可以分为耕地、园地、林地、牧草地、居民点及工矿用地、交通用地、水域、未利用土地八大类，每类土地资源的概念及内容、分布及利用特征如下：

1. 耕地

耕地是指用于种植农作物并经常进行耕耘的土地。包括：①长年进行耕耘、长年种植农作物的土地，这是耕地的主要部分，占耕地总数的 85% 以上；②当年休耕、休闲或轮歇的土地；③抛荒少于三年的土地；④开荒之后连续使用三年或三年以上的新开荒地以及沿河、沿湖和沿海滩涂；⑤原始耕地，后改作鱼塘、果园、花卉园，以及用来种植桑树、牧草等少于 5 年的田地；⑥以种植农作物为主，附带种植有零星桑树、茶树、果树和其他树木的土地；⑦原始耕地，现在临时用来培育和种植桑苗、果苗以及其他苗木花卉的土地；⑧非牧区用于种植牧草少于 5 年的土地；⑨以种植稻谷为主，养鱼为辅的混合种养水田，以及长年用来种茭白、莲藕等一年生食物类植物的低洼地。

我国耕地分布及利用特点如下：

（1）耕地以平耕地为主

地面坡度大小对耕地的利用有着重要的影响。根据耕地所处地势高低不同，可以按 <6°，6°~25°，>25°将耕地分为平耕地、缓坡耕地和陡坡耕地。15°以下的为耕地适宜坡度，25°以上的则是《中华人民共和国土地管理法》和《中华人民共和国水土保持法》规定的开荒限制坡度。同时耕地坡度对农田水利和农业机械化作业也有影响。

根据第三次全国土地利用调查 2021 年 8 月 25 日公布数据，全国耕地按坡度划分，位于 2°以下坡度（含 2°）的耕地 7919.03 万 hm²（118785.43 万亩），占全国耕地的 61.93%；位于 2~6° 坡度（含 6°）的耕地 1959.32 万 hm²（29389.75 万亩），占 15.32%；位于 6~15°坡度（含 15°）的耕地 1712.64 万 hm²（25689.59 万亩），占 13.40%；位于 15~25°坡度（含 25°）的耕地 772.68

万 hm^2（11590.18 万亩），占 6.04%；位于 25°以上坡度的耕地 422.52 万 hm^2（6337.83 万亩），占 3.31%。

（2）耕地土壤类型众多

耕地土壤是农业，尤其是种植业的主要载体。我国幅员辽阔，土壤类型众多，仅耕地中的土壤类型就有 40 多种。在这些土壤类型中，宜农、宜林、宜牧的土壤均有一定比例，有利于我国农业的综合发展。而且经过我国农民几千年的耕耘和培养，原有自然土壤通过改造而形成的农业土壤类型，如水稻土、灌淤土等，已经对我国农业生产发展起到很大作用，形成了一定面积的高产田、稳产田。

（3）耕地质量不高

耕地质量是决定耕地生产力、农作物产量的基础。在全国耕地中，无限制因素、质量好的一等耕地面积约占耕地总面积的 41.3%；有一定限制因素、质量中等的二等耕地面积约占耕地总面积的 34.55%；有较大限制因素、质量差的三等耕地约占耕地总面积的 20.47%；不宜继续耕种的耕地约占耕地总面积的 3.65%。全国中产耕地占耕地总面积的 30.3%，低产耕地占全国总面积的 41%。影响耕地质量的主要因素既有缺水、盐碱、渍涝、风沙、坡度等自然因素，也有人为导致的土壤次生盐碱化、水土流失、地力衰退和土地污染等因素。据统计，我国耕地中有水源保证和灌溉设施的不到 2/5，受各种因素限制的占 3/5。耕地污染则主要来自工业、城市废弃物和农用化学品，在城市、工矿区周围尤为严重，其主要表现为土壤中有害物质超标，使土壤酸化、碱化、板结和结构破坏，恶化农田生态环境，对农业发展构成严重威胁。

2. 园地

园地是指种植以采集果、叶、茎等为主的集约经营的多年生木本和草本作物，覆盖度大于 50% 或每 0.0667hm^2 株数大于合理株数 70% 的土地[①]。园地中分果园、桑园茶园、橡胶园、其他园地 5 个二级类型。

我国园地分布及利用特点如下：

（1）空间分布特点

由于环境条件的严格限制，园艺用地生产对环境的要求很高，包括气候、土壤、水分、地形地貌等。我国园地资源丰富，分布广泛（占全国土地总面积的 1.1%），经营集约程度高，单位面积效益高；景观用地区域分布不平衡，主要分布在气候适宜的东部沿海地区和西南山区。

（2）面积增长迅速

自中华人民共和国成立以来，我国园地面积有很大增长。1996 年与 1952 年相比，园地面积增长 637.42%。1952—1978 年的 26 年间，园地面积增长

---

① 全国土地分类（试行），由中华人民共和国国土资源部 2001 年 8 月 21 日国土资发（2001）255 号印发，2002 年 1 月 1 日起试行。

148.4%，年均增长率为 5.7%；1978—1996 年的 18 年间，园地面积增长197.1%，年均增长率为 10.9%。其中，各类园地面积均有增长，特别是果园的面积增长最为迅速，占园地增长面积的 64%。

（3）园地产品的产量和质量不断提高

我国的园地作物栽培在长期的生产实践中创造出许多具有地方特色的优良方法，尤其是传统的种茶制茶和栽桑养蚕技艺，更是人类文明宝库的重要组成部分。随着先进生产技术的推广应用和投资力度的加大，我国园地产品的产量和质量也不断提高。近年来各地相继出现许多优良产品，产品结构明显改善，极大丰富了人民生活。

（4）园地发展取决于社会经济条件

园地的发展规模决定于社会经济技术条件，社会经济条件是充分利用自然条件发展园地的保证。十一届三中全会以后，国家采取各类方针政策促进资源、生产要素向园地方面流动，极大地促进了我国园地的发展，使园地面积迅速增加。

3. 林地

林地是指生长乔木、竹木、灌木、沿海红树林等林木的土地（不包括居民绿化用地以及铁路、公路、河流、沟渠的护路、护岸林）。林地分为有林地、灌木林地、疏林地、未成林造林地、迹地和苗圃六个二级地类[①]。

我国林地分布及利用特点如下：

（1）总量较高，但人均较低

虽然我国林地面积在土地总面积中占有较大的比重，但我国人口众多，人均林地仅有 $0.19hm^2$，相当于世界人均水平 $0.72hm^2$ 的 1/4 左右，在 160 个国家和地区中排在第 121 位。其中，人均森林面积 $0.132hm^2$，不到世界平均水平的 1/4，居世界第 134 位。人均森林蓄积量为 $9.421m^2$，不到世界平均水平的 1/6，居世界第 122 位[②]。

（2）林地质量较高，但利用程度低

我国的林木生长无明显限制因素，质量好，在更新和造林时不需要采取改良措施的一等林地约占林地总面积的 65%，主要分布在我国的东北及西南山区；一般适于林木生产，受地形、土壤、水分、盐分等因素的一定限制，质量中等，产量较高，在更新造林时基本不需采取改良措施的二等林地，约占林地总面积的27%，主要分布在西南山区的西藏、云南等地；林木生长有一定困难，受地形、土壤、水分、盐分等因素限制较大，质量差，产量较低，造林时需有一定改良措施的三等林地，约占林地总面积的 8%。

由此可见，中国林地质量属于中等偏上，一等林地相对较多。但是，我国森

---

① 全国土地分类（试行），由中华人民共和国国土资源部 2001 年 8 月 21 日国土资发（2001）255 号印发，2002 年 1 月 1 日起试行。

② 引自第六次全国森林资源清查数据。

林生产力水平较低，单位面积蓄积量较小。我国林地单位面积蓄积量为71.21m³/hm²，相当于世界平均水平99.85m³/hm²的71.3%。按林分生产力比较，我国单位面积林分蓄积量为84.73m³/hm²，约为全球平均水平的84.9%。

（3）森林覆盖率低，区域分布不均

林地主要分布在生态环境较好、气候湿润或半湿润、人口密度相对较低的西南、中南和东北3个地区，其土地总面积占全国的43.5%，占林地总面积的64.6%。

我国林地的利用效率低，在一定程度上造成了森林覆盖率低。我国森林覆盖率仅相当于世界平均水平的61.52%，居世界第130位。各地区森林覆盖率分布极不均衡，东部地区森林覆盖率为34.27%，中部地区为27.12%，西部地区只有12.54%，而占国土面积32.19%的西北五省区森林覆盖率只有5.86%[①]。

（4）林地流失现象严峻

目前，我国林地利用的突出问题是过量采伐，致使森林资源质量下降，削弱了森林改善环境、调节气候的功能，造成一些地区生态环境急剧恶化。根据第六次全国森林资源清查结果，清查间隔期内有1010.68万hm²林地被改变用途或征占改变为非林业用地，全国有林地转变为非林地面积达369.69万hm²，年均达73.94万hm²。

4. 牧草地

牧草地是指以生长草本植物为主，用于畜牧业的土地。牧草地分为天然牧草地、改良草地、人工草地三个地类。

我国牧草地分布及利用特点如下：

（1）总量丰富，空间分布不均

牧草地是我国面积最大的土地利用类型，占世界第二位，为世界牧草地总面积的8.4%，但是人均仅有0.22亩，不到世界人均的1/2。我国牧草地主要分布在年降水量少于400mm的干旱、半干旱地区，如内蒙古、新疆、青海、西藏、甘肃、宁夏和东北三省。

（2）牧草地类型丰富多样

我国草地类型众多，天然草地上的植物资源是世界上最丰富的国家之一，我国天然草地拥有饲用植物6704种，分属于246个科，1545个属，除饲用植物外，草地上还长有丰富的经济植物资源，如药用植物、纤维植物、蜜源植物、芳香植物、淀粉植物等。同时，草地也是我国最重要的野生动物生存栖息地。

（3）牧草地退化严重

近年来，我国牧草地也在逐年减少，而且草地质量在不断变差。水土流失、草地荒漠化和盐渍化导致我国牧草地退化面积迅速扩大。据调查，20世纪80年代中后期，北方11个重点牧区退化草地已占可利用草地的39.7%；20世纪90

---

① 引自第六次全国森林资源清查数据。

年代，北方12省区90%的草地已发生不同程度退化，其中中度以上退化的草地已达1.3亿 hm^2 ；南方草地面积30%正在退化。据统计，我国北方和西部牧草地退化面积已达到7000万 hm^2 ，占牧区草地的30%，并每年以 $2000hm^2$ 的速度递增。草地退化速度每年为0.5%，与人工草地和改良草地建设速度的0.3%形成逆差。

除了自然环境因素外，人为的不合理利用，特别是草地长期超载过牧也是草地退化的重要原因。长期以来，草地资源的地位与作用尚未被人们充分认识，重农轻牧、重牧轻草的思想普遍存在，把草地作为宜农荒地的现象时有发生。例如盲目占用不适宜用作耕种的草地，在草地上大量滥采、滥割，破坏草地植被等。这些不合理的利用方式使原本脆弱的生态环境更加退化，使得我国部分草地失去利用价值。

5. 居民点及工矿用地

居民点及工矿用地是指城市、建制镇、村庄及军民点以外的工矿、国防、名胜古迹等企事业单位用地。居民点及工矿用地分为城镇用地、农村居民用地、独立工矿用地、盐田、特殊用地五个二级地类。

我国居民点及工矿用地分布及利用特点如下：

（1）空间分布不均

居民点及工矿用地分布不均匀，东部沿海几个省市占该地类全国面积的38.1%，西部土地辽阔，省市仅占22.7%。总体上，以华东区和中南区面积最多，共占该类型全国面积的49.4%，其次是华北和东北区，最少的是西北区和西南区。

（2）城镇工矿用地占用耕地过多

据国土资源部调查，2019年末，全国城镇矿用地达到3530.64万 hm^2 （52959.53万亩），新增建设用地中城镇工矿用地比例占到50%以上，部分地区比例更高。不少城市和地区开发强度过高，建设用地面积占土地总面积的比例已超过30%，有的甚至超过40%。此外，根据国土资源部对18个省35个城市196个市区县土地利用动态遥感检测，35个城市新增建设用地45万亩，其中占用耕地是32.5万亩，占72%，也就是说，城市发展有2/3是在占用耕地。这说明城市扩展还是以外延为主，基本上是靠征用城镇近郊的土地，包括大量的粮田和耕地。

（3）农村居民点与工矿用地利用不充分

目前，农村居民点用地规模普遍偏大，土地利用效率不高。宅基地是农村居民点用地中最重要部分，由于缺乏有效管理，有些地方对宅基地控制不严，"一户多宅"的现象十分普遍，造成农村居民点布局分散。这种分散平铺式的农村居民点不利于改善农村生产生活环境，也不利于水、电、路等基础设施配套建设。同时，工矿用地也存在用地粗放、浪费突出的现象。据调查，全国城镇规划范围内共有闲置和批而未供的土地近 $26.67hm^2$ 。

6. 交通用地

交通用地是指居民点以外的各种道路及其附属设施和民用机场用地（包括护路林）。交通用地中分为铁路、公路、农林道路、民用机场、港口码头五个二级地类。

我国交通用地分布及利用特点如下：

（1）空间分布不平衡

交通用地总面积中，农村道路比重最高，其次是公路，再次是铁路，占比最低的是机场和码头用地。交通用地的分布是全国八个一级分类中面积最小的土地利用类型，只占0.6%。我国交通用地分布极不平衡，铁路、公路绝大部分分布在兰州—昆明一线以东地区；交通用地其分布及交通网密度，与地区经济发展水平呈正相关。

（2）交通用地亟待进一步发展

目前已形成的交通运输体系促进了城市和农林牧区的经济发展，但是我国交通用地仍需进一步发展。以交通网密度对比，发达国家的铁路网络密度和公路网络密度是我国的3~10倍；以人均交通线里程对比美国、日本等发达国家人均铁路里程是中国的3~9倍，人均公路里程是我国的4~20倍。以上资料均表明我国交通网络规模仍需继续发展，但我国人多地少的矛盾十分尖锐，严格控制建设用地占用耕地已是当务之急，因此，重视土地利用的合理性和高效性是交通可持续发展的关键。

（3）交通用地占地不合理

改革开放以来，在新建、扩建铁路、公路、机场、港口的过程中占用了大量的耕地，其中大部分是必要的，但也有些由于选线不当、路基两侧留地过多等原因，多占了一些耕地。越是人口、耕地密度高的平原地区，新建交通用地占用耕地的比重就越高。有的设计超前，等级过高，占地面积过大，造成土地、人力、物力的很大浪费；有的资金不到位，土地征而不用，造成部分闲置荒地，同时人们在施工过程中不珍惜土地，只为筑路取土方便，造成大量农田废弃。

7. 水域

水域是指陆地水域和水利设施用地（不包括置洪区和垦殖三年以上的滩地、海涂中的耕地、林地、居民点、道路等）。水域分为河流水面、湖泊水面、水库水面、坑塘水面、苇地、滩涂、沟渠、水工建筑物和冰川及永久积雪九个二级地类。

我国水域分布及利用特点如下：

（1）水域总体分布特点

我国水域辽阔，是世界上水域面积最大的国家之一，全国水域面积占全国面积的3.78%，水域分布不均衡，以黑河、兰州、腾冲一线为界，东部占74%，而且西部水域可利用率低。

（2）水域利用特点

目前，我国水域利用中的水利建设、水上航运、风景旅游等，开发利用程度都取得了重大成就，发挥了很大的利用价值；但是另一方面，水域分布不均衡，总体利用率低，且随着人口增长和工业发展，水体污染日趋严重，亟待国家重视。

8. 未利用土地

未利用土地是指目前还未利用的土地（包括难利用的土地）。未利用土地分为荒草地、盐碱地、沼泽地、沙地、裸土地、裸岩石砾地、田坎和其他八个二级地类。

我国未利用土地空间分布及特点如下：

（1）未利用土地总量大

未利用土地面积占全国总面积比例大，为 25.8%；可利用尚未利用的土地面积约占未利用土地的 24.6%，难利用地占 75.4%。可开发利用的土地质量普遍较差，宜农面积少，宜林、宜牧面积多。未利用土地主要分布在西北区和西南区干旱、半干旱地区和高原、山区，这两大区共占 79.9%。

（2）可利用土地开发难度大

在可开发利用土地中，荒草地的质量相对较好，且具有宜农、宜园、宜林、宜牧等多种适宜用途或多种潜在适宜用途。而可开发利用的土地，多分布在生态环境脆弱地区，存在干旱缺水、低温严寒、溃涝、盐碱、风沙、水土流失等一种或多种限制因素，且限制强度较大，质量普遍较差。如盐碱地、沼泽地、沙地和裸土地等土地质量较差，其中仅有少部分经过重大改良措施才可开发利用。有些风沙地和水土流失严重的坡地，只能植树种草，进行生态保护建设性的开发。开发这些土地难度大，耗资多。如甘肃河西地区的最大限制因素也是水资源不足，开发未利用土地也要解决好灌溉用水，并需营造防风固沙林网，防止风蚀。

2.1.2 土地资源的特征

1. 数量特征

我国土地辽阔，总面积约为 960 万 km^2，土地面积居世界第三位，是土地资源大国。但同时又是土地资源小国，因为 2018 年我国人均土地面积只有 0.68hm^2，不到世界人均值的 1/3。

在我国土地资源面积中，耕地、园地、林地、牧草地面积之和占 66.6%，居主导地位；农业用地中牧草地、林地比重大，耕地次之，园地最少。未利用土地多为难开发利用的沙漠、荒漠、裸岩及石砾地、重盐碱地、沼泽地等，而且大部分分布在西北干旱地区和青藏高原，自然条件恶劣，开发难度大。

2. 质量特征

我国地形错综复杂，地貌类型多样。其中，山地占 33%，高原占 26%，盆地占 19%，丘陵占 10%，平原占 12%。从土地资源的质量状况来看，我国土地资源的光、热、水、土等自然要素组合严重不平衡；从降水来看，我国湿润、半湿润、干旱、半干旱地区面积分别为32.3%、17.8%、30.8%和19.2%。同时，我国耕地资源生产力偏低。据全国农业区域开发总体规划的资料，我国中低产田比例很大，高产稳产田占耕地总面积21.54%，中产田占37.24%，低产田占41.22%，中低产田占总耕地面积的78.46%。

另一方面，我国土地资源退化严重。土地资源退化主要包括水土流失、土地沙漠化、次生盐碱化和沼泽化以及土壤污染等类型。我国水土流失总面积356万km²，其中，水蚀面积达到165万km²，风蚀面积为191万km²[①]。全国荒漠化土地总面积为263.62万km²，占国土总面积的27.46%。近半个世纪以来，全国因荒漠化导致77万多hm²耕地退化，67万hm²粮田和235万hm²草地变成流沙或沙漠。中国荒漠化危害每年造成的直接经济损失达到540亿元[②]。而且，近二三十年来，人口大量增加和粗放的增长方式，导致我国土地资源的退化状况愈趋严重。

3. 区域分布特征

我国的土地资源空间区域分布极其不平衡，东、中、西部三个地带土地资源状况存在较大差异。东部12个省市区，占全国面积的13.9%，人口占全国的41.12%，耕地园地、林地、居民点、交通、水域的比重高于中、西部地区，牧草地占1.6%，低于中、西部地区；人均耕地面积0.074hm²。西部地区气候干旱，水源缺乏，生态脆弱，面积相对较大[③]。

以大兴安岭—长城—兰州—青藏东南边缘为界，东部季风区气候湿润、水源充足、地势平坦、开发条件优越，但人多地少，土地占全国的47.6%，拥有全国90%的耕地和93%的人口；西部干旱、半干旱或高寒区主要分布难利用的沙漠、戈壁、裸岩，交通不便，开发困难，相对人少地多，土地占全国的52.4%，耕地和人口分别只占10%和7%。

区域水土资源匹配错位，以秦岭—淮河—昆仑山—祁连山为界，南方水资源占全国总量的45%，耕地不到全国总耕地面积的2/5，水田面积占全国水田总面积的90%以上；而北方水资源、耕地资源分别占全国总量的1/5和3/5，耕地以旱地居多，占全国总面积的70%以上，且水热条件差，大部分依赖灌溉。耕地资源分布不均衡和水土资源的严重错位，严重影响了我国土地资源利用效率和区域粮食安全。林地资源则主要分布在东北和西南地区，主要包括三大片林区：大小兴安岭和长白山为主的东北林区，以四川、重庆、贵州为主的西南林区以及南方林区。草地主要分布在东北、西北和青藏高原区，即年降水量小于400mm的干旱、半干旱地区，80%以上的草地主要集中在内蒙古、西藏、新疆、青海、甘肃等西北地区。

---

① 引自全国第二次土壤侵蚀遥感调查数据。
② 引自第三次全国荒漠化和沙化监测数据。
③ 陈百明. 土地资源概论［M］. 北京：中国环境科学出版社，1996.

2.2 典型土地类型利用现状

我国土地资源稀缺，人均占有的土地面积不高。近年来，我国城市化和工业化快速发展，城市人口急剧增长，城市用地规模不断扩大，人地矛盾更加突出。

在自然类土地利用方面，我国耕地利用效率不高，同时由于缺水、盐碱、渍涝、风沙、坡度等自然因素，也有人为导致的土壤次生盐碱化、水土流失、地力衰退和土地污染等因素导致耕地退化，无法合理利用耕地；园地方面，国家采取各类方针政策促进资源、生产要素向园地方面流动，极大地促进了我国园地的发展，使园地面积迅速扩展；牧草地方面，自然环境因素、人为的不合理利用，特别是草地长期超载过牧使得草地过度退化。

在城乡土地利用方面，国内一些城市仍然实施"摊大饼"式的发展模式，占用郊区和农村土地，土地浪费严重。某些地方政府为了获取土地增值收益，存在"圈而不用"现象。一些城市征购或者征收后不供地的土地面积占全市新增建设用地的40%~60%，土地闲置十分严重。某些市县的国土部门违法授予园区土地供应审批权，园区用地未批先用、非法占用、违法交易的现象较为严重，造成产业的重复建设，浪费土地。

总体而言，城市土地利用结构不合理，各类用地比例失调，产业用地比例过高，生活用地比例偏少。城市人均用地水平偏高，已有建设用地强度偏低，容积率不高，土地经济效益产出偏低[①]。

2.2.1 耕地

土地是直接关系国计民生的重要生产资料，长期以来，我国的人地关系一直较为紧张，我国人均用地相当于国际平均水平的三分之一。在经济不断发展、各类用地需求不断增长的情况下，原本逐渐增长的人口和存量有限的土地资源之间的张力进一步显著。农业是关系国家粮食安全的基础产业，而耕地则是保证农业稳定生产的核心条件，耕地资源的可持续利用对于保障国家粮食安全、全面建设农村小康社会、实现社会的稳定和谐都具有重要意义。在我国大陆人口突破14亿的当下，继续强化对耕地资源的研究始终是不失潮流、回应时代的重要课题。然而，我国耕地利用现在仍存在以下问题：

一是人均耕地数量少，耕地质量总体不高。作为世界上最大的发展中国家，中国的耕地总量仅占世界的7.5%，但却占世界人口的22%。我国人均占有耕地数量少，人均占有土地仅有世界人均数的29%，是澳大利亚人均土地的1.8%，加拿大的2.4%，俄罗斯的7%，美国的21%，在世界排序中居后。另外，我国耕地总体质量差，从全国范围来讲，优质耕地少，抗自然灾害能力差，耕地中还

---

① 刘彦随. 中国土地资源研究进展与发展趋势［J］. 中国生态农业学报，2013（1）：127-133.

有近亿亩坡度在 25°以上，需逐步退耕。目前，我国的耕地利用以旱地利用和种植粮食作物为主。现有耕地中，旱地占 56.8%，加上望天田和水浇地则占耕地总面积的 76.9%。由于考虑到解决全国人民吃饭问题，尽管粮食和经济作物种植面积占农作物的比例分别由 1952 年的 87.8% 和 8.8% 调整到 1996 年的 73.8% 和 14.2%，但粮食作物仍占主导地位。同时，我国耕地利用程度逐步提高。全国耕地复种指数由 1952 年的 130.9% 提高到 1995 年的 157.8%，南方大部分省区由于水热条件优越，农作物平均复种指数则达到 200% 以上。但是，因生态退耕、经济建设、农业结构调整和灾害毁地流失耕地过多。1949—1996 年全国耕地减少的面积相当于 1949 年耕地面积的 39.5%，平均每年约减少一个青海省的现有耕地面积，而从 1999—2003 年短短 7 年间，我国耕地减少面积高达 1 亿亩。2000—2017 年，我国耕地减少约 13258.14hm²，约为 2017 年北京市建成区面积的 9.17 倍。此外，由于化肥、农药和农用薄膜的过量使用，耕地周围的生态环境更加严重，导致耕地生产能力低，利用效率低。中国 19.4% 的耕地（2327 亿 m²）受到污染，修复这部分耕地至少需要 1163 亿美元。这意味着我国耕地资源的现实储备已处于相当被动的局面，需要严守耕地红线，加以严格保护。

二是耕地资源配置不均衡，地区差异大。首先，我国各省之间的耕地面积存在较大的差异。其中，黑龙江省的耕地面积最大，约为 1584.59 万 hm²，占全国耕地面积的 11.7%；上海市的耕地面积最小，约为 18.82 万 hm²，占全国耕地面积的 0.14%，约为黑龙江省的 1.19%[①]。其次，我国政府应根据不同省份的耕地条件、资源禀赋和经济水平，采取有针对性的措施缓解现有差距。不平衡是中国社会经济发展的一个典型特征，长期以来，提高各生产要素的配置效率一直受到中国政府和学者的高度重视。像河南、安徽、湖北这样的中部地区是我国重要的粮食生产基地，其地理位置和气候条件优于其他地区。但根据耕地利用强度的结果显示，中部地区的平均效率仍然较低。因此对于这些省份来说，应通过加快农村剩余劳动力转移、耕地规模经营、提高耕地质量来提高耕地的利用效率。

三是耕地利用强度不平衡，利用效率低下。土地利用是社会发展的一面镜子，由于耕地是农业生产的重要因素，耕地利用强度实际上反映了中国农业和农村发展的现状。我国耕地利用强度均值为 2.99hm²/百万元。在我国各省份中，耕地利用强度最大的是黑龙江，高达 9.98hm²/百万元，说明耕地利用效率最低；耕地利用强度最小的是上海，为 0.44hm²/百万元，说明耕地利用效率最高。耕地利用强度值较大的地区主要集中在西部大开发地区，主要包括内蒙古自治区、甘肃省、吉林省、西藏自治区，利用强度均高于 5hm²/百万元；耕地利用强度值较小的地区主要分布在京津冀地区、长三角地区和珠三角地区，其中北京市、天津市、广东省和浙江省的耕地利用强度均低于 1hm²/百万元。耕地利用强度与经

①　引自《中国国土资源统计年鉴》（1999—2012）。

济发展呈现一定的相关关系。耕地用地强度低的地区多集中在第三产业发达的东部沿海省份，尽管这些地区人均耕地面积不足，但是却能够通过高效利用的综合管理模式缓解人均短缺的压力。相比之下，耕地利用强度数值较大的省份多集中在地理区域广阔的西部大开发地区和东北振兴地区，尽管耕地面积富裕，但是由于不合理的利用模式导致利用效率低下，其耕地管理和技术水平仍然有待提高。当前，我国正处于社会经济转型的关键时期，耕地资源管理体制也面临着体制性变革。为了实现耕地利用与社会转型的耦合发展，首先，我国政府应制定耕地资源利用和开发的低碳战略。党的十九大报告提出的低碳发展是中国未来发展的重要指导思想。在这种情况下，我国政府在制定耕地利用和农业发展政策时，应更加注重控制农药、化肥等生产资料的不合理使用，加快农业科技创新步伐，加大生物能源的开发和应用，都是实现这些目标的有效途径。

四是在许多地区出现耕地的闲置浪费现象。根据《土地管理法》和《农村宅基地管理办法》，国家明确规定，农村土地闲置3年以上、宅基地闲置2年以上的，将被集体组织收回。根据国家立法规定，只要连续三年以上荒芜，用人单位就有权收回该土地的承包权，防止土地资源的非法使用。

2.2.2 建设用地

我国建设用地发展大致经历了四个阶段，第一阶段是培育城镇建设用地市场发展，抑制农村建设用地市场发展阶段。这一阶段自20世纪80年代末起，一直持续到20世纪90年代末，政府支持城镇国有建设用地市场培育，打击农村集体非农建设用地市场发展。第二阶段是农村集体建设用地流转的试点阶段。这一阶段自1999年起，一直持续到2004年，国土资源部开始尝试在浙江、江苏、广东等地，开展农村集体非农建设用地流转试点。第三阶段是集体建设用地进入市场交易探索阶段，自2005年起，一直持续到2015年，在探索过程中，广东省率先出台《广东省集体建设用地使用权流转管理办法》，随后国家在成渝地区、天津滨海新区等地开展集体建设用地入市试点等。第四阶段是城乡建设用地市场全面建设阶段。2015年，中共中央办公厅联合国务院办公厅，出台了《关于农村土地征收、集体经营性建设用地入市、宅基地制度改革试点工作的意见》，标志着我国正式进入城乡建设用地市场全面建设阶段。

集体建设用地的利用仍存在以下问题：

一是我国集体建设用地交易成本高、风险大。相较于国有建设用地，集体建设用地在市场交易方面缺乏完善的法律规定与统一的交易标准，实际产权不够明晰，整个交易程序不够统一规划，因此在实际交易过程中，往往会面临更大的交易风险，期间还需要开展大量土地产权的确定等工作，部分集体建设用地产权尚未明晰，这也会增加交易成本与风险。

二是集体建设用地市场体系不完善。由于政府与市场失灵的存在，我国目前推行的集体建设用地入市受高成本与高风险影响，在实际入市过程中，由于缺乏对市场干预的有效监管，可能存在虚拟指标交易市场干预过度，以及政府部门腐败寻租的现象，从而对于我国城乡建设用地市场发展带来严重的不良影响。

三是我国农村存在"一户多房"的现象，在地方立法和土地改革中，国家明确强调要严格执行"一房一户"政策。由于农民可以合法拥有一套以上的房屋，并可以确认登记权，农村许多闲置房屋虽然失去了经济价值，但仍然占用着大量土地，导致土地资源的不必要浪费。

国有建设用地的利用主要存在以下问题：

一是国有建设用地利用结构和布局缺乏合理性。居住用地占比明显偏低，工业用地占比明显偏高。2017年我国城镇建设用地中居住用地比例为31.4%，工业用地比例为18.5%，而国际上大部分国家的居住用地比例一般在50%左右，工业用地占比在10%～15%。

二是国有建设用地在地区间配置不均衡，部分城市的人口增长与建设用地供给增长不匹配。与总量较少且增幅较小的三、四线城市相比，常住人口较多且增幅较大的一、二线城市中建设用地和居住用地的增长比例远远不足，导致城市内部建设用地紧张、城市房价泡沫等问题。

2.2.3　生态用地

国土是生态文明建设的空间载体，生态用地建设在生态文明建设中处于基础性地位和先导性地位，近年来，我国生态用地建设取得了长足进展和显著成效：继续推进国土空间优化发展，加强绿地建设高层次设计和分区规划，实现重点功能区建设，积极推进生态保护红线划定和落实；深化科技开发和生态建设，继续加大资源节约和集约力度，有效地促进了自然资源保护和环境管理；统筹山水林田湖草的系统管理，加快形成数量、质量、生态"三位一体"的耕地保护模式；进行高耗能土地整理，继续加强地质灾害防治，加大环境污染治理、监测和执法力度，加快实施海洋环境经济开发和生态保护。同时，国家继续推进海洋经济生态转型，加大海洋环境保护力度，自然资源管理体制逐步完善，建立了一批新的自然资源管理机制，健全了生态用地建设法律制度。但是，在一些领域仍然存在着严峻的挑战，如施工场地利用率低、矿产资源利用率低、自然资源管理体制有待完善等。

按照生态文明建设总体要求，立足我国基本国情和国土资源基本特点，生态国土建设需要从以下几个方面着手：

一是优化国土空间开发格局。中央加快生态文明建设的内容和目标是优化国土空间开发模式，实现空间规划和开发边界界定、利用和保护各类国土空间是优化的重要手段和途径。建立协调统一的国土空间规划体系，中小城市协调发展体系，科学制定不同的保护标准和红线。

二是节约集约利用资源。节约和集约利用资源是保护环境、制止资源破坏、扩大和无序发展的根本战略。要建立和实施严格的节约集约利用制度，加强矿产资源的综合勘探、保护、合理开发利用，节约和广泛利用矿产资源，有效调整和优化能源结构。

三是保护自然资源和恢复环境。协调景观、林、田、湖、草的系统管理，重点保护自然资源和生态恢复。要建立以自然恢复为主、技术处理为辅的陆地生态系统保护与恢复总体机制，加强土地综合治理，保护矿山环境，预防地质灾害。

四是完善自然资源管理体系。建设生态用地需要完善的制度保障。要加快和深化自然资源管理体制改革，统一正确记录自然生态空间，加快提高自然资源有偿使用水平，规范生态自然空间利用。

2.3 土地管理现状

2.3.1 土地管理制度现状

土地管理制度被称为"土地管理"，是对土地所有权进行宏观管理、监督和调控的制度和手段的总称。土地管理对象包括所有土地资源和所有土地使用单位。主要内容包括地籍管理，土地权属管理和土地利用管理。我国的土地管理任务包括六个方面：①摸清土地的数量、质量与分布，并进行综合评价。②制定并贯彻执行国家的土地法规、地方行政机构的土地管理条例，以及企业事业单位各项土地管理办法。③确定和保护土地的所有权和使用权，主要是确定和保护各土地利用单位的土地所有权和使用权。④掌握土地的数量和质量状况及动态变化。⑤对土地的利用、保护和改造进行经常性的监督。⑥建立健全土地管理体制及相应的管理机构[①]。

进入 21 世纪以来，我国经济快速发展，但仍存在土地资源利用不合理的问题，如建设用地违反占用耕地的规定。此外，土地资源破坏严重，存在闲置浪费的现象。根据新形势，国务院和国土资源部高度重视并出台了《国务院关于深化改革严格土地管理的决定》（国发〔2004〕28 号），开始实行省以下垂直管理体制，建立国家土地督察制度，坚持保护耕地和节约集约用地的根本指导方针，严格执行土地管理制度。目前，我国已建立起土地用途管制制度、永久基本农田保护制度和耕地占补平衡等制度。另一方面，国家进一步完善和规范土地市场，建立经营性建设用地和城市土地征收储备招标、拍卖、挂牌出让制度，积极推进土地征收制度和集体建设用地制度改革的研究和试点工作[②]。2008 年 8 月，国务院提出坚持 18 亿亩耕地红线的目标。到 2010 年和 2020 年，我国耕地储量分别为 18. 18 亿亩和 18. 05 亿亩。中国的土地管理制度逐步调整、不断完善，为更加有效地协调土地利用和社会经济发展做出积极贡献。

①　卢新海，黄善林. 土地管理概论 ［M］. 上海：复旦大学出版社，2014.
②　法规应用研究中心. 土地管理法一本通 ［M］. 北京：中国法制出版社，2019.

本节主要从产权和产籍管理制度、保护和利用管理制度以及土地储备和交易管理制度这几个主要制度来介绍我国土地管理的制度设计。

1. 产权和产籍管理制度

（1）土地产权制度

土地产权制度是指一个国家土地产权体系构成及其实施方式的制度规定，是土地财产制度的重要组成部分。土地产权是指一切经济主体对土地的关系，以及由于经济主体对土地的关系而引起的不同经济主体之间的所有经济关系的总称。土地产权制度作为土地制度的核心组成部分，反映了因利用土地而发生的人与人之间、人与地之间的多种社会经济关系。土地产权是有关土地一切排他性权利的总和，不仅代表一个国家或社会土地制度的性质，同时也直接或间接地影响人们对土地资源的利用范围和程度。

土地产权制度建立的根本目的是以人民利益为中心，建立健全社会主义公有制。产权管理制度不仅能够实现土地的专属社会价值，同时在规定产权的内容、本质属性及实践后果的基础上，优化土地资源配置，保障广大人民的土地财产权益。

（2）地籍管理制度

地籍指记载土地位置、界址、数量、权属和用途（地类）等基本情况的图件和簿册。因税收需要而产生的地籍与国家财政密切相关，被称为"立国之本"。现代社会的地籍仍是土地产权的基础与核心，是进行土地改革和土地制度完善的根本性依据。

地籍管理制度是国家为获得土地的位置、界址、权属、数量等地籍信息、科学土地管理而建立和实施的一系列行政、经济、法律和技术措施的管理体系。我国地籍管理的主要内容包括：土地调查、土地登记、土地权属争议调处、土地统计、土地利用动态遥感监测和地籍信息系统。

地籍管理是进行土地利用管理和权属的基础，是维护市场秩序、监督违法占地的手段，为土地管理相关制度落实提供了检查措施。

2. 保护和利用管理制度

（1）土地用途管制制度

1998年通过《土地管理法》，我国正式确立土地用途管制制度。土地用途管制制度是国家为保证土地资源的合理利用和优化配置，促进经济、社会和环境协调发展，通过土地总体规划等国家强制手段，对土地利用进行调控，确定土地利用条件的制度。土地所有者和使用者应当按照规划确定的条件使用土地。

土地用途管制制度包括一系列特定的系统和规则。土地利用分类是控制土地利用的基础；土地利用总体规划是控制土地利用的依据；农用地转为建设用地必须预先审批是关键；保护农用地是国家控制土地利用的目的，其核心是有效保护耕地，保证耕地总量的动态平衡，对基本农田实行特殊保护，防止农业开发转运和破坏土地，进行土地的整理和复垦，加强土地执法，严肃法律责任。

土地用途管制制度的存在具有必要性，具体表现在以下两个方面。①土地用途管制在宏观上对国家经济的安稳和发展是必不可少的，具有重要意义。土地用途管制在不同时期可以服务于不同的国家土地政策，能够帮助国家以统筹安排的形成处理关乎国家命途的资源和行业。土地是农业生产和工业建设甚至生活居住所必不可少的要素，同时，土地的总量有限，因此国家需要针对土地这种关乎民生的稀缺资源和其背后的利益，通过国家之手进行统筹分配。土地关乎整个社会的福祉，关乎全社会的安全和健康发展，土地用途管制作为土地管制的方式，具有目的的合理性和必要性。②解决"三农"问题、保护和发展农业是近年来民生问题的重点，也是党和政府工作的重点，土地用途管制对于保护和发展农业有重要意义，例如，通过保护耕地进而实现粮食安全和发展农业。因此，如果从经济上考虑国家的发展和满足人民的福祉的需要，出于对农业的保护，就必须赋予国家进行土地管制的权利，土地用途管制不可或缺。

（2）永久基本农田保护制度

1994年国务院颁布的《中华人民共和国基本农田保护条例》（简称《基本农田保护条例》）第二条中对基本农田的概念作出界定，基本农田指根据一定时期内人口需求和农产品社会经济发展状况以及土地利用总体规划，不能占用的农用地。1994年国务院发布的《基本农田保护条例》对土地的划定、保护、监测和管理作了详细的说明，以及基本农业的法律责任土地，1998年审议的《土地管理法》进一步明确了国家实行基本农田保护制度，要求将符合条件的农业用地纳入基本农田进行严格管理。2008年党的十七届三中全会提出了永久基本农田，提出要对其实施永久性保护。2018年国土资源部下发《国土资源部关于全面实行永久基本农田特殊保护的通知》（国土资规〔2018〕1号）中明确规定，永久基本农田的保护和管理适用法律中关于基本农田保护和管理的规定。2019年修订的《土地管理法》，强化了对基本农田的保护，将土地管理法相关条款中的"基本农田保护"修改为"永久基本农田"，至此永久基本农田代替基本农田正式成为法律的规定。永久基本农田保护制度应该是以保护我国永久基本农田为目的，以《土地管理法》和《基本农田保护条例》为核心和基础建立的各种与永久基本农田保护相关的法律、法规等制度的总和。

对永久基本农田进行保护就是为了保障耕地的数量和农产品的生产能力，满足在一定时期内，我国人民群众对农产品的需求。因此，对永久基本农田要进行各个方面的保护。不仅是数量保护，更为重要的是质量保护。我国一贯采用行政手段来保持永久基本农田的数量，各级政府在执行永久基本农田保护相关法律法规的时候，都会将永久基本农田数量是否减少作为衡量保护效果的重要指标，这种办法比较容易实施，在实践中的效果较好，而且收效也比较明显。但是当前我国城市化不断进行，城市不仅需要大量的土地进行经济建设，而且产生了大量的工业垃圾和生活垃圾，造成我国的环境污染日益严重，对永久基本农田的质量造成了巨大的破坏。永久基本农田的数量没有显著减少，质量却在不断下降，因此对永久基本农田质量的保护也成为永久基本农田保护制度的一部分。

（3）耕地占补平衡制度

最新的《土地管理法》第三十条明确规定，耕地占补平衡是指非农业建设经批准占用耕地的，需按照"占多少，垦多少"的原则，由占用耕地的单位负责开垦与所占用耕地的数量和质量相当的耕地，没有条件开垦或者开垦的耕地不符合要求的，应当按照省、自治区、直辖市的规定缴纳耕地开垦费，专款用于开垦新的耕地。为了兼顾建设占用和耕地保护双重任务，我国设立了耕地"占一补一"，即"耕地占补平衡"制度。自耕地占补平衡制度设立以来，逐步设立了补充耕地储备和先补后占制度、建设用地项目补充耕地与土地开发整理项目挂钩制度、耕地占补平衡台账制度、补充耕地项目备案和全程监管制度、耕地占补平衡考核制度，以及异地占补和耕作层表土剥离再利用办法等。

我国首次正式提出了耕地占补平衡制度后，经历了从重视补充耕地的数量、轻视补充耕地的质量阶段，到既要重视补充耕地的数量又要补充质量阶段。"三位一体"的耕地占补平衡要求，在有效遏制耕地资源数量的快速减少上起到了应有的作用，维护着我国18亿亩的耕地总量红线。跨区域占补平衡与耕地指标的市场化交易，能够为省域内乃至全国范围内因区域经济发展不平衡而带来的土地需求差异问题提供解决思路。

耕地占补平衡制度作为我国耕地保护制度体系中的重要组成部分，是落实耕地保护目标必须坚守的重要制度之一。自实施以来，占补平衡制度在保障建设用地发展需求的基础上，有效地避免了工业化建设对于耕地的无序占用，在促进存量建设用地利用效率的提升的同时，扩大有效耕地面积，改善农业生产条件，有力保障了我国的粮食安全。

3. 土地储备和交易管理制度

（1）土地储备制度

国土资源部、财政部、中国人民银行、中国银行业监督管理委员会四部门于2018年1月3日联合制定发布了修订后的《土地储备管理办法》，对土地储备主体与工作环节进行了界定，起到了统一规范土地储备工作，完善土地储备制度的作用，以"完善土地储备制度、加强土地调控、规范土地市场运行、促进土地节约集约利用、提高建设用地保障能力"为主要工作内容。

土地储备是指市、县人民政府国土资源管理部门为了实现调控土地市场、促进土地资源合理利用的目标，依法取得土地，进行前期开发、储存以备供应土地的行为。土地储备工作的具体实施由土地储备机构承担。土地储备机构应为市、县人民政府批准成立具有独立法人资格、隶属于国土资源管理部门、承担本行政辖区内土地储备工作的事业单位。

土地储备制度的运作具有一体性。土地储备是一项系统工程，包括土地的收储、整理和流转三个环节。这三个环节与土地使用权流转、前期开发资金投入、土地出让金征收等密切相关。土地储备系统的运作离不开这些环节之间的相互配合。土地储备制度作为具体的实施主体，发挥着协调各环节、保证土地资源在市场上合理配置的作用。土地储备不适当可能导致土地市场供求失衡和市场价格波动。因此，土地储备的开发必须相互配合，形成土地储备、土地整理和土地供应的良性循环机制。

土地储备行为的实施主体具有特定性，土地储备行为必须由法律规定或者政府授权的机构来进行。在《土地储备管理办法》中也规定，市县级的国土资源部门对土地储备进行管理，具体由相应的土地储备机构来负责实施。同时，土地储备机构还必须是注册在土地储备名录中的一级独立法人地位的事业单位。在行政关系上，土地储备机构隶属于国土资源部门。在职能上，土地储备机构统一承担本辖区内的土地储备工作。土地储备涉及不同的环节，土地储备机构以国土资源部门"事务履行人"的身份享有权利，承担职务。

土地储备在调控土地市场运行、推动节约集约用地、保障民生用地等方面发挥着重要作用。我国建立土地储备制度，是为解决土地市场混乱导致的国有资产流失，以及存量土地如何有效利用等问题。

（2）土地出让制度

根据 2020 年 11 月 29 日《国务院关于修改和废止部分行政法规的决定》修订的《中华人民共和国城镇国有土地使用权出让和转让暂行条例》中指出，土地使用权的出让是指国家以土地所有者的身份将土地使用权在一定年限内让与土地使用者，并由土地使用者向国家支付土地使用权出让金的行为。出让方为受国务院委托代表国家的市、县政府，受让方为国内外公司、企事业单位、个人等各类土地需求者，可以采取协议、招标和拍卖三种方式。

土地使用权出让应当签订出让合同，按照平等、资源、有偿的原则，由市、县人民政府土地管理部门与土地使用者签订。出让的最高年限按土地用途确定：居住用地七十年；工业用地五十年；教育、科技、文化、卫生、体育用地五十年；商业、旅游、娱乐用地四十年；综合或者其他用地五十年。

土地出让制度作为我国土地产权制度改革的重要组成部分，是维持土地市场秩序的关键一环。建立土地出让制度不仅能够完善公有制土地市场上的权利界定问题，落实土地用途管制制度，同时也是有效发挥政府对土地出让市场监管作用的重要抓手。

2.3.2　土地管理手段现状

加强土地管理和调控工作，在保护土地资源的基础上提高土地利用效率，是保障经济社会可持续发展的重要战略举措。我国土地管理手段主要可以分为行政手段、经济手段、法律手段和技术手段四类。四类管理手段各具特色，均有各自的优势和局限性。因此要实现土地管理的目标，就必须要综合运用行政、经济、法律及技术四大手段管理利用土地资源。

1. 行政手段

土地行政管理指的是国家土地行政机关在其职权范围内颁布各种行政命令、条例规定和其他行政措施，协调、指挥、组织土地资源的合理利用，从而提高土地资源的利用效率，实现国家土地资源可持续管理的战略目标。而土地管理的行政手段主要是通过土地调查、统计、登记、用地审批、计划以及监督检查等措施组织土地的利用和保护，主要包括不动产登记管理、土地统计管理、土地分区利用管理、土地分类利用管理以及土地产权管理等行政手段，具有权威性、强制性和单一性等特点。随着土地行政管理体制的不断完善和行政管理机构的改革重构，我国土地管理的行政手段内容也不断丰富，管理水平逐渐提升。以不动产登记管理为例，2007 年 3 月全国人大第五次会议通过了《物权法》，首次确立了中国不动产登记的基本结构。到 2014 年 11 月，为了整合不动产登记职责，进一步规范登记行为，根据《物权法》等法律制定了《不动产登记暂行条例》，明确了不动产登记的具体内容、方式、程序以及信息共享和保护等。

2. 经济手段

土地管理的经济手段指的是管理者通过税收、市场机制、实行土地有偿使用制度等调控土地的分配和再分配，进而优化土地资源的优化配置和合理利用。通常来说，土地管理的经济手段相较于法律手段和行政手段具有较强的灵活性和制动性，在一定程度上能够弥补法律手段和行政手段的缺陷。因此，政府可以在实施规划和计划等强制性行政手段的基础上，积极配合以税收、财政、金融、价格等经济杠杆，合理调控土地市场。以土地税收政策为例，中华人民共和国成立后我国的土地税收体制随着经济体制的改革发展不断完善，尤其是改革开放以后实施的一系列利改税政策，充分发挥了税收在土地市场中的杠杆作用。目前，我国土地税体系中包含的税种主要为土地增值税、城镇土地使用税、耕地占用税、房产税和契税等。

3. 法律手段

要落实区域土地管理制度，提高土地利用效率，优化土地资源配置，就必须加强立法，建立完善的土地法律体系。土地管理的法律手段是指土地管理者通过贯彻执行土地的相关法规，调整土地开发、利用、保护和管理过程中发生的各种土地关系，并以此规范人们行为的一种手段。目前，我国土地法律制度内容随着法律制度体系的协调逐步完善，主要由四大部分构成，分别为《宪法》规定的土地公有制和土地使用制两项基本制度；以调整平等主体土地关系为主要内容的土地民事法律制度，例如 2021 年 1 月 1 实施的《民法典》中对于土地使用制度的相关规定；调整国家对土地利用宏观干预关系的土地经济法律制度，例如为规范土地和房地产市场交易秩序，合理调节土地增值收益指定的《中华人民共和国土地增值税暂行条例》；调整行政机关对土地活动实施行政管理所产生社会关系的土地管理法律制度，例如以合理保护、开发和利用土地资源，切实保护耕地为核心原则的《土地管理法》等。

4. 技术手段

土地管理的技术手段是指管理者依据土地的自然、社会和经济规律，运用3S 技术、地理信息系统、数字化处理技术、土地利用规划等技术手段来优化土地资源配置，实现土地资源的高效利用，主要包括土地调查、土地评价、土地信息技术、土地利用规划等，为土地管理提供相应的面积、用途、权属、分布等信息。伴随着现代科学技术的发展，现代化技术工具和设备在土地管理工作中的重要性也日渐提升，例如3S 技术在土地变更调查和全国土地调查的过程中的应用，通过 GIS 软件实现空间数据的高效化管理，利用遥感卫星技术实现对土地资源状况的实时监控等，对于土地利用管理效率的提升，利用规划方向和内容的指定都有重大意义。除此之外，土地利用规划也是核心的土地管理技术手段，在促进土地合理利用和有效保护方面发挥了重要作用。目前，我国各级各类空间规划虽然一应俱全，但仍存在类型过多、内容冲突、审批流程复杂等问题。为此，党中央决定建立国土空间规划体系并监督实施，落实"多规合一"，形成"一本规划、一张蓝图"，实现高质量、高质量、高水平、可持续的国土空间的开发保护。

2.3.3 新形势下土地管理改革

通过土地管理改革形成竞争性的土地资源市场配置方式。中共十八届三中全会做出全面深化改革若干重大问题的决定，其中特别强调要让市场在资源配置中起决定性作用。土地是财富之母，是最重要的经济资源之一，市场决定资源配置，土地资源更不能例外。在中共中央、国务院强调要实行市场化配置的生产要素中，土地被列为五大要素之首，凸显了深化土地制度改革，构建城乡统一的建设用地市场，全面推进土地资源配置市场化的重要性、必要性和迫切性，因此需要在城乡土地产权同权化和资源配置市场化两个方面同时推进土地管理改革[①]。

1. 赋予集体土地产权与国有土地产权同等的权能并给予同等的保护

使土地资源在城乡之间实现自由流动、合理配置，从而为劳动力和资本等生产要素在城乡之间的自由流动提供空间和制度保障。赋予农村与城市享有同等权利，允许普通土地所有人确立建设用地使用权，赋予农村住房和保障用地使用权，使城中村改造为公共土地。取消对特、超大城市人口规模的限制，将原来财政资金、建设资金、用地指标与农业转移人口落户数量挂钩的"三挂钩"政策中新增建设用地的供给，与常住人口的增长挂钩。取消相关部门每年下达的全国城乡建设用地"增减挂钩"周转指标，按照市场决定土地资源配置的要求，由地方政府和农村集体经济组织自行决定和调整"增减挂钩"的规模和地区，允许和鼓励增减挂钩指标跨地区交易。

2. 加快农村承包地和宅基地的流转，推进土地所有制改革

当前中国农业的问题已不是耕地少、粮食产量少、粮食不安全问题，而是土

[①] 蒙吉军. 土地评价与管理［M］. 3 版. 北京：科学出版社，2019.

地经营规模小、劳动生产率低、国际竞争力差。要提高农业劳动生产率，必须加快农村转移人口市民化，以便腾出承包地给农村务农人口使用；要加快和完善农村产权交易市场建设，扩大农地承包经营权流转规模，以便新的承包地经营主体得以扩大经营规模并采用新技术。农村土地的最终所有权属于农村集体农民，农民承包的耕地和宅基地具有可持续使用权，集体土地的价值应当由每个农村家庭共同享有。农村的各种土地都可以出售或出租，以实现可持续利用。农村土地可持续利用权可以在二级市场上在不同的土地需求者之间进行交易或转租。对于永续使用权的交易，政府应当在变更所有权人后确认使用权的转移。推进土地所有制改革，保护、提高耕地质量和保护耕地生态，确保耕地可持续利用。

3. 完善征地制度，保障农民的土地建设权

为缩小征地范围，不得强行征用农村集体建设用地用于非公有制建设。原则上，对农民家庭宅基地的面积和高度没有行政限制。取而代之的是通过价格和税收来控制。在农村和城镇，不宜建几十层楼高的住宅楼，鼓励"一户一建"。随着农民收入和财富的增加，可以升级为别墅。允许进城定居、闲置农村宅基地的家庭，可以将住所卖给农村村民，还鼓励城镇居民购买农村宅基地并进行改造。允许包括城镇居民在内的农村村民在农村以适当价格购买荒地、坡地，建设"一户一房"住房，包括城镇居民合作建设的多层住宅楼。

4. 构建城乡统一的建设用地市场

政府在推进城镇化过程中的任务重点不在于划定城市发展边界，控制城市发展，而在于加快推进农村转移人口市民化，并提高劳动力的技能和素质；在于优化城镇用地的供给，调整城市土地利用结构，均衡配置产业用地、居住用地、公共服务和基础设施用地和生态用地，集约高效地利用城市土地，并设置土地利用管制规则，消除土地利用的负外部性。为此，必须放宽对大城市（包括特大和超大城市）落户的限制，以满足城镇发展对各类人才和服务业人口的需求；必须建立一个城乡统一、开放竞争的建设用地市场，灵活及时地为城镇发展供应土地，并消化处理那些闲置地和僵尸企业所退出的土地。

最后，要想实现对土地管理的良好改革，其根本之处在于加强对土地管理改革的认识，充分了解相关土地制度，进而实现土地改革工作的良好开展。而在进行土地改革工作的过程中，建立健全相关土地改革制度需要通过各个部门之间的沟通交流来对现有的制度不断进行完善，确保其工作的有效开展。为此，需要明确和协调土地管理改革目标，正确处理好耕地与生态环境之间的关系：在进行土地改革的过程中明确土地改革的目标，即为了更好地保护生态环境，实现人与自然的共同成长，而非顾此失彼，在进行土地管理改革的过程中应适当渗透相关环境保护理念，正确处理好耕地与生态环境之间的关系，避免出现大面积的开垦农田导致生态环境遭到破坏的局面，要深入探究两者之间的关系，实现对其的良好平衡，进而实现土地管理的良好改革。

2.4 本章小结

本章主要介绍了耕地、园地、林地、牧草地、居民点及工矿用地、交通用地、水域、未利用土地这几种类型的土地利用特点及当前利用形势，同时结合对当前的生态国土建设和利用过程中的闲置浪费现象进行了分析。另外，从土地用途管制制度、永久基本农田保护制度、耕地占补平衡制度、土地储备制度、地籍管理制度、土地行政管理制度和土地产权制度这几个层面介绍了我国土地管理的制度设计，并概述了新时代下我国土地管理改革的目标和取向。

思考与练习题

1. 我国的土地资源有哪几种主要类型？
2. 我国土地资源的三个基本特征是什么？
3. 我国的耕地资源有什么特点？目前的利用形势如何？
4. 我国的土地产权制度包括哪两种类型？
5. 新形势下我国土地制度改革的目标和取向分别有哪些？谈谈你的看法。

参 考 文 献

[1] 陈百明. 土地资源学概论[M]. 北京：中国环境科学出版社，1996.
[2] 法规应用研究中心. 土地管理法一本通[M]. 北京：中国法制出版社，2019.
[3] 刘彦随. 中国土地资源研究进展与发展趋势[J]. 中国生态农业学报，2013（1）：127-133.
[4] 陆红生. 土地管理学总论[M]. 6版. 北京：中国农业出版社，2016.
[5] 卢新海，黄善林. 土地管理概论[M]. 上海：复旦大学出版社，2014.
[6] 蒙吉军. 土地评价与管理[M]. 3版. 北京：科学出版社，2019.
[7] 谭术魁. 土地资源学[M]. 4版. 上海：复旦大学出版社，2019.
[8] 吴次芳，宋戈. 土地利用学[M]. 北京：科学出版社，2016.
[9] 张正峰. 土地资源管理学[M]. 北京：中国人民大学出版社，2008.

土地规划管理

【 本章要点和学习目标 】

　　本章旨在通过对我国国土空间规划的全面阐述， 使读者掌握我国土地规划管理的依据、 内容和主要特征。 学习要点包括国土空间规划的概念、 理论基础； 国土空间规划体系和主要内容； 国土空间总体规划、 详细规划、 专项规划的内容和特点等。

3.1 土地利用规划管理与国土空间规划

3.1.1 用途管制与土地利用规划管理

为了保障国土空间的安全、有序和高效利用，基于公共利益对土地利用进行必要的用途管制是世界范围内诸多国家的通行做法。用途管制本质上是对产权主体利用行为的约束和限制，我国《土地管理法》明确国家实行土地用途管制制度，土地利用总体规划是实施土地用途管制制度的依据。

我国的土地利用规划诞生于20世纪80年代。1986年3月，国务院发布7号文件，宣布成立国家土地管理局，作为国务院直属机构，县以上各级人民政府建立健全土地管理机构，明确要求"各地要尽快制定和完善土地利用总体规划"。1986年中共中央、国务院《关于加强土地合理利用、制止乱占耕地的通知》（中发〔1986〕7号）中指出："各地尽快制定和完善土地利用总体规划和城市、村镇建设规划"。同年6月国家颁布了《土地管理法》，第十五条规定："各级人民政府编制土地利用总体规划"，开始了土地利用总体规划的新时期，使之从部门规划过渡到国家和各级政府统一管理城乡土地的全方位规划。迄今为止，我国主要编制了三轮土地利用总体规划。

第一轮土地利用总体规划（1986—2000年）是对1986年提出的"十分珍惜和合理利用每寸土地，切实保护耕地"基本国策的落实，围绕耕地保护与土地合理利用在全国范围内全面开展了土地利用总体规划编制工作。这一轮规划实现了我国土地利用总体规划从无到有的重大变革，但由于基础资料、技术条件、编制经费等因素的限制，这轮规划编制周期较长，范围上也没有实现全国覆盖，大部分省、半数以上的市县以及少部分乡镇开展了规划编制工作。1993年2月国务院批准实施的《全国土地利用总体规划纲要（草案）》成为我国土地利用总体规划编制的一个里程碑，通过制定用地指标实现重点用地管控成为此后几十年内我国土地利用规划的核心特征。改革开放后我国经济体量急速增长，各类建设项目和城市用地扩张占用大量高质量耕地，给国家粮食安全带来隐患。这种背景下，1997年中央出台《关于进一步加强土地管理切实保护耕地的通知》（中发〔1997〕11号），并于1998年修订《土地管理法》，第二轮土地利用总体规划的修编工作在全国范围内开展。第二轮土地利用总体规划（1996—2010年）把保护耕地放在土地利用和管理的首位，明确和强化了我国土地利用规划五级体系（全国、省、市、县、乡），突出了耕地总量动态平衡、土地用途管制、土地整理、土地供给制约需求和土地可持续利用等新的特点，强调采用用地指标和用途分区相结合编制总体规划。总体而言，第二轮土地利用总体规划在基础数据、编制内容、技术方法等方面相较于第一轮规划都有了大幅度的全面提升。21世纪以来，随着我国加入WTO、外资大规模涌入、经济发展进一步提速等重大内外部环境的变化，第二轮土地利用规划所指定的多项土地规划指标被提前突破，为切实落实中央严格保护耕地的政策，优化用地结构和空间布局，新一轮的土地利用总体规划修编势在必行。第三轮土地利用总体规划（2006—2020 年）建立了约束性指标和预期性指标相结合的体系，力求在刚性和弹性之间寻求平衡，规划划分为土地利用分区、功能分区和用途分区，建设用地空间管制首次通过划分为允许建设区、有条件建设区、限制建设区和禁止建设区的方式实现。在总体编制思路上，注重耕地、建设用地和生态用地之间的系统平衡及结构优化。

从已经开展的三轮土地利用总体规划来看，我国土地利用总体规划的主要职能是保护耕地，节约集约利用建设用地，协调国民经济和社会发展需要的各类用地，对辖区范围内的全部土地资源，以合理利用与保护及其优化配置为目的，充分发挥土地资源潜力，经过上下左右和各行各业之间的平衡选优而制定的规划。土地利用总体规划的五级规划体系，指标管控和分区管控的思路，耕地保护、生态保护和建设用地节约集约利用的重点内容，成为了国土空间规划体系构建的重要基础。

3.1.2　从土地利用规划到国土空间规划

除了土地利用总体规划之外，我国长期以来还存在与其并行的多个"空间型"规划，主要包括主体功能区划、城乡规划、生态环境区划等①。2013 年中央城镇化工作会议以来，鉴于多规并行带来的种种问题，多规合一改革被纳入中央政策议程并快速推进。2019 年 5 月，中共中央、国务院发布《关于建立国土空间规划体系并监督实施的若干意见》（中发〔2019〕18 号），标志着空间规划体系在我国的正式确立，并且将其称为"国土空间规划"。根据该文件，国土空间规划是国家空间发展的指南、可持续发展的空间蓝图，是各类开发保护建设活动的基本依据。建立国土空间规划体系并监督实施，将主体功能区规划、土地利用规划、城乡规划等空间规划融合为统一的国土空间规划，实现"多规合一"。

因此，国土空间规划是我国"多规合一"改革后才出现的新生事物，其本质是综合性的国土空间利用布局和安排，从内容设置、层级、管理部门等角度综合来看，我国当前的国土空间规划与原土地利用规划密切相关，也充分吸收了主体功能区划、城乡规划等规划的技术方法和内容，是我国土地规划管理的一次全面转型升级②，成为我国国土空间用途管制的依据。

---

① 林坚，陈诗弘，许超诣. 空间规划的博弈分析［J］. 城市规划学刊，2015（1）：10-14.
② 张京翔，夏天慈. 治理现代化目标下国家空间规划体系的变迁与重构［J］. 自然资源学报，2019，34（10）：2040-2050.

3.2 国土空间规划的概念和理论基础

3.2.1 国土空间规划的概念

空间规划（Spatial Planning）一词较早出现于 1997 年欧洲空间规划制度概要，其将空间规划定义为：由公共部门使用的影响未来活动空间分布的方法，它的目的是创造一个更合理的土地利用和功能关系的领土组织，平衡保护环境和发展两个需求，以达成社会和经济发展总的目标。研究领域关于国土空间规划的定义较多，虽然因研究侧重存在一定差别，但基本上都认为国土空间规划是对土地利用行为的战略性、系统性、综合性的空间安排。国土空间规划较为权威的官方定义出现在 2019 年发布的《中共中央 国务院关于建立国土空间规划体系并监督实施的若干意见》（中发〔2019〕18 号），该意见提出国土空间规划是国家空间发展的指南、可持续发展的空间蓝图，是各类开发保护建设活动的基本依据。建立国土空间规划体系并监督实施，将主体功能区规划、土地利用规划、城乡规划等空间规划融合为统一的国土空间规划，实现"多规合一"，强化国土空间规划对各专项规划的指导约束作用，是党中央、国务院作出的重大部署。由此可见，我国的国土空间规划是"多规合一"的产物，是管控各类开发保护活动、实现空间有序的重要政策工具。

3.2.2 国土空间规划的理论基础

国土空间规划作为一门综合性极强的新兴学科，具有广泛的理论基础支撑，经济学、社会学、生态学、管理学、系统工程学等诸多学科的相关理论均与国土空间规划存在一定程度的关联。由于篇幅所限，本节仅讨论部分较为重要的理论。

1. 可持续发展理论

现代可持续发展思想源于人们对愈演愈烈的环境问题的热切关注，自 1972 年 6 月 5 日联合国在斯德哥尔摩召开的人类环境会议通过了具有历史意义的《人类环境宣言》到 1992 年在巴西里约热内卢召开的联合国环境和发展大会（UNCED）通过了著名的《里约宣言》（也称《地球宪章》）和《21 世纪议程》，可持续发展这种全新的发展思想和发展模式成为人类行为的准则。可持续发展最权威且引用最多的定义是《我们共同的未来》中提出的，认为所谓可持续发展，就是既要考虑当前发展的需要，又要考虑未来发展的需要，不要以牺牲后代人的利益为代价来满足当代人的利益。它有两个基本点：一是必须满足当代人的需求，否则他们就无法生存；二是今天的发展不能损害后代人满足需求的能力。

可持续发展的重要内容是自然环境的持续能力。围绕土地利用对资源环境使用的持续能力，可持续发展成为编制国土空间规划的核心理论基础。具体而言，从满足资源环境可持续利用的角度对当前及未来的土地利用进行管制，测算和设定一定时期内土地利用的最大规模、利用方式和空间布局，协调土地数量有限性和土地需求增长性之间的矛盾。在国土空间规划中要遵循土地可持续利用原则，综合考虑土地的生产性（保持和加强土地的生产和服务功能）、稳定性（降低生产风险程度）、保护性（保护土地资源的潜力和防止土壤与水质的退化）、经济可行性（具有经济活力）、社会可接受性（具有社会承受力）等。总体而言，可持续发展理论要求国土空间规划编制追求土地利用在生态、经济、社会等维度综合效益的最大化，旨在实现生态上的系统平衡、经济上的高效、社会上的可行与可接受。

2. 产权理论

国土空间规划的对象是国土空间，这些国土空间不是一张白纸，而是绑定了各种主体和权利类型的空间，国土空间上存在的这些权利给国土空间规划的编制和实施带来巨大影响。从产权的角度来看，国土空间规划本质上是基于公共利益对土地所有权和使用权进行的限制，因此产权理论成为国土空间规划编制的重要理论基础。

产权是一个社会所强制实施的选择一种经济物品的使用权力，具有专有排他、可转让、多样化权利束等特征，产权制度是关于产权定义和保护的基本规则，是社会主义市场经济的基石。经过多年改革，我国已经基本形成归属清晰、权责明确、保护严格、流转顺畅的现代产权制度和产权保护法律框架，随着国土空间产权的明晰和保护的强化，国土空间规划中的产权问题将愈发重要。首先，产权产籍是国土空间规划编制的基础。国土空间规划基础数据中的权籍信息成为规划决策中越来越重要的基础，包括当前各类国土空间的法定权利人、实际权利人、用益物权状况、设定的各类权利、权利争议情况等；其次，国土空间规划编制决策应充分尊重市场配置空间资源和权利的基础性作用，非必要不干预，尽可能降低权利流转过程中由于规划管制而带来的交易费用；最后，对于因公共利益需要进行用途管制的国土空间，要尽可能细化明确权利限制的类型、事项、时间等内容，以及因管制造成的权利主体利益损失补偿问题。

3. 地租和地价理论

地租和地价理论是国土空间规划空间资源配置的基础。威廉·配弟在《赋税论》中提出，地租是土地上生产农作物所得的剩余收入。他认为地租水平的差异是由于土地肥沃程度和耕作技术的差异，以及土地距市场远近的不同所造成的。威廉·配弟还首次确定了土地价格，它是购买一定年限的地租总额。亚当·斯密在《国民财富的性质和原因的研究》中指出，地租是"作为使用土地的代价""是使用土地而支付的价格。"大卫·李嘉图发展了级差地租理论，他在《政治经济学与赋税原理》中指出，地租只是为了使用土地而付给地主的金额。他认为，地租的产生必须具备土地数量有限、土地的肥沃程度与位置的差别即土地有限性和差别性两项条件，从而产生了丰度地租、位置地租和资本地租。地租不是价格的构成部分，不是价格的原因，而是价格的结果。美国经济学家雷利·巴洛维所著《土地资源经济学——不动产经济学》中认为地租可以简单地看作是一种经济剩余，即总产值或总收益减去总要素成本或总成本之后余下的那一部分。

马克思主义地租理论不仅以劳动价值论为基础，而且紧密联系社会生产关系进行考察。马克思认为一切形态的地租都是土地所有权在经济上的实现，一切地租都是剩余劳动的产物，是以土地所有权的存在为前提的。马克思依据其产生的原因和条件，提出级差地租、绝对地租和垄断地租三种形态。在合理组织土地利用中应遵循地租理论，努力获取最大的地租收入。所谓级差地租，就是利用较好生产条件土地的超额利润。级差地租Ⅰ是由于土地的肥沃程度和土地位置的不同而产生的。级差地租Ⅱ是由于在同一块土地上连续投入等量资本所产生的生产率差别而形成的。

地价是地租资本化的比率，是用年地租除以利息率来加以确定。马克思在批判地继承古典政治经济学的地价理论的基础上，提出以劳动价值论为基础的地价理论，指出土地价格是虚幻形式的价格，称土地价格为"虚幻的价格"，没有价值的物品可以有价格，土地价格是没有价值的价格。马克思把土地区分为土地物质和土地资本，"土地价格无非是出租土地的资本化收入""土地价格是地租的资本化：土地价格＝地租/利息率。"

地租和地价理论对于土地资源的综合评价和合理开发利用，以及制定土地利用政策具有重要的指导作用。例如级差地租调节各产业用地的合理布局。根据土地用途与地租之间的关系，对于市地利用而言，应把位于和接近城市中心区的土地规划用作高价位用地，如商业用地、居住用地等。把其他类型用地，如工业用地、行政办公用地等规划在远离城市中心的地段上。对于农地利用，应把集约经营水平较高的用地如果园、蔬菜地等产品生产用地，规划在城市近郊区，而将粗放经营的用地如大田作物用地、放牧地，规划在远离城市的地段上。另一方面，人们可以通过规划，合理地组织土地利用，不断提高土地肥力和改善土地质量状况，修筑交通运输网络，改变土地的经济地理位置和交通运输条件，追加活劳动和物化劳动的投入，实行土地集约化经营，必将导致土地级差地租形成条件的变化。

4. 区位理论

区位是空间区域的综合体，区位论是编制国土空间规划、进行要素空间布局的基础理论。区位包括自然地理区位、经济地理区位和交通地理区位。无论是城镇建设用地还是农业用地，都具有一定的区位条件。土地的区位条件不仅影响到土地的功能配置和利用布局，更主要的是影响土地的使用价值和土地利用的收益水平，产生土地利用的级差收益。一般来说，任何土地，除本身的资源条件外，总是与其周围其他经济因素，如距城市远近、交通便利程度、环境条件好坏等因素有关，这就要求组织土地利用时，必须遵循区位规律。区位规律是指在特定地点或在某几个同类地点进行一种经济活动，比在其他地方进行同类经济活动，能够取得更大的效益。经典的区位理论有屠能的农业区位论、韦伯的工业区位论、克里斯泰勒的中心地理论、廖什的市场区位论等。

国土空间规划实践应系统考虑区位理论的影响，合理地确定土地利用方向和结构，根据区域发展的需要，将一定数量的土地资源科学地分配给农业、工业、交通运输业、建筑业、商业和金融业以及文化教育卫生部门，以谋求在一定量投入的情况下获得尽可能高的产出。在具体组织土地利用时，不仅要根据地段的地形、气候、土壤、水利和交通等条件状况，确定宜作农业、工业、交通、建筑和水利等用地，而且要从分析土地利用纯经济关系入手，探索土地利用最佳的空间结构。

3.3　国土空间规划体系和内容

3.3.1　国土空间规划体系

我国国土空间规划包括总体规划、详细规划和专项规划，形成"五级三类"的国土空间规划内容体系（表3-1）。国土空间总体规划是详细规划的依据、专项规划的基础；专项规划要相互协同，并与详细规划做好衔接。

五级三类的国土空间规划内容体系　　　　表3-1

总体规划	详细规划		专项规划
全国国土空间规划	—		专项规划
省级国土空间规划			专项规划
市国土空间规划	（城镇开发边界内） 详细规划	（城镇开发边界外） 村庄规划	专项规划
县国土空间规划			专项规划
乡（镇）国土空间规划			

国土空间总体规划分为五个层级，分别为国家、省级、市级、县级和乡（镇）级，五级国土空间总体规划与我国五级政府行政管理体制相契合，沿袭了土地利用总体规划的五级体系。各层级国土空间总体规划在规划目标和编制重点上各有侧重，详述如下。

1. 全国国土空间总体规划

全国国土空间总体规划是对全国国土空间做出的长期性、战略性、全局性安排，是全国国土空间保护、开发、利用、修复的政策和总纲。目前新一轮全国国土空间规划正在编制中，结合社会经济发展的国际、国内新形势以及当前国土空间利用的重点问题开展了大量的前期专题研究，规划纲要和方案等内容尚未明确。对全国国土空间规划具有一定借鉴价值和对比意义的是2017年1月国务院印发的《全国国土规划纲要（2016—2030年）》（以下简称《纲要》），这是我国正式发布的首个全国性国土空间开发与保护的战略性、综合性、基础性规划，在功能定位、规划目标、规划特点等方面与编制中的全国国土空间规划有相当的相似性，可以此为参考来理解国家层面的国土空间规划。

《纲要》由国土资源部和国家发展和改革委员会牵头，会同 28 个部委共同编制，以党中央治国理政新理念新思想新战略、"五位一体"总体布局、"四个全面"战略布局、五大发展理念、三大战略等为指导思想，提出"全面推进国土开发、保护和政治，加快构建安全、和谐、协调、富有竞争力和可持续发展的美丽国土"的主要目标。

全篇共有 10 章，主要包括三个方面内容：①明确了国土开发、保护和整治的指导思想、基本原则和主要目标。突出强调要加快转变国土开发利用方式，全面提高国土开发质量和效率，加强国土空间用途管制和建立国土空间开发保护制度，提出六项基本原则，把握空间开发格局、城乡区域协调发展、生态环境、基础设施、海洋开发保护和国土空间开发保护制度六个主要目标。②确立了国土集聚开发、分类保护与综合整治"三位一体"的总体布局。一是以"四大板块"（东部率先、中部崛起、西部开发、东北振兴）为基础、"三大策略"（京津冀协同战略、长江经济带、"一带一路"倡议）为引领、国家重点开发区域和优化开发区域为重点，构建"多中心网络型"的集聚开发格局。二是基于资源环境承载力评价结果，针对五大类资源环境保护主题，区分保护、维护和修复三个不同保护级别，形成覆盖全域"五类三级"的国土保护格局，实行差异化保护策略。三是以主要城市化地区、农村地区、重点生态功能区、矿产资源开发集中区与海岸带和海岛地区为重点开展国土综合整治，形成"四区一带"的国土综合整治格局。③完善了以用途管制为主要手段的国土空间开发保护制度，设置 11 个约束性或预期性指标（表 3-2），推动体制机制创新和配套政策的完善。

全国国土规划纲要（2016—2030 年）主要控制目标　　表 3-2

指标名称	2015 年	2020 年	2030 年	属性
1. 耕地保有量（亿亩）	18.65	18.65	18.25	约束性
2. 用水总量（亿 m³）	6180	6700	7000	约束性
3. 森林覆盖率（%）	21.66	>23	>24	预期性
4. 草原综合植被盖度（%）	54	56	60	预期性
5. 湿地面积（亿亩）	8	8	8.3	预期性
6. 国土开发强度（%）	4.02	4.24	4.62	约束性
7. 城镇空间（万 km²）	8.90	10.21	11.67	预期性
8. 公路与铁路网密度（km/km²）	0.49	0.5	0.6	预期性
9. 全国七大重点流域水质优良比例（%）	67.5	>70	>75	约束性
10. 重点江河湖泊水功能区水质达标率（%）	70.8	>80	>95	约束性
11. 新增治理水土流失面积（万 km²）	—	32	94	预期性

与土地利用总体规划侧重用途管制（保护）、主体功能区规划侧重建立国土空间开发格局（开发）相比，《纲要》是对前两者的融合与提升，谋划国土空间

开发、保护和整治"三位一体"的总体部署，是对国土空间开发保护的总格局和新安排，这与未来的全国国土空间规划的定位与内涵基本一致，由此可以窥见全国国土空间规划的大致样貌。

2. 省级国土空间总体规划

省级国土空间总体规划是对全国国土空间规划的落实和深化，是一定时期内省域国土空间保护、开发、利用、修复的政策和总纲，是编制省级相关专项规划、市县等下位国土空间规划的基本依据，在国土空间规划体系中发挥承上启下、统筹协调作用，具有战略性、协调性、综合性和约束性。2020年1月自然资源部出台《省级国土空间规划编制指南》，明确了省级国土空间规划编制的制度设计。省级国土空间规划编制需遵循生态优先、绿色发展，以人民为中心、高质量发展，区域协调、融合发展，因地制宜、特色发展，数据驱动、创新发展，共建共治、共享发展这六项原则。

省级国土空间规划在具体编制中以第三次国土调查成果数据为基础，重大战略为重要依据，通过资源环境承载能力和国土空间开发适宜性评价和国土空间风险评估来提出农业生产、城镇发展的承载规模和适宜空间，研判开发利用需求，情景模拟风险分析。各地还可结合实际，开展国土空间开发保护重大问题专题研究。省级国土空间总体规划重点管控性内容有以下六个方面：

（1）目标与战略：明确省级国土空间发展的总体定位，确定国土空间开发保护目标，制定省级国土空间开发保护战略，推动形成主体功能约束有效、科学适度有序的国土空间布局体系。

（2）开发保护格局：完善和细化省级主体功能区；优先保护以自然保护地体系为主的生态空间；实施差别化土空间利用政策保护与发展农业空间；确定各城镇空间发展策略、基本公共服务与产业发展的空间布局，促进城镇空间发展；加强生态空间、农业空间和城镇空间的有机互动，促进新陈网络化空间组织；统筹生态保护红线、永久基本农田、城镇开发边界等三条控制线的划定、落定与协调。

（3）资源要素保护与利用：统筹自然资源、历史文化和自然景观资源的保护利用。沿海省份还要明确海洋开发保护空间，提出海域、海岛与岸线资源保护利用目标。

（4）基础支撑体系：省级国土空间规划中需要对落实国家重大交通、能源、水利、信息通信等基础设施项目明确空间布局和规划要求，提出防洪排涝、抗震、防潮、人防、地质灾害防治等防治标准和规划要求，明确应对措施。

（5）生态修复和国土综合整治：落实国家确定的生态修复和国土综合整治的重点区域、重大工程，将生态单元作为修复和整治范围，提出修复和整治目标与重点。

（6）区域协调与规划传导：注重省际协调、省域重点地区协调、市县规划传导、专项规划空间安排协调。

上述规划内容还需通过健全配套政策机制、完善国土空间基础信息平台建设、建立规划监测评估预警制度来实施保障，通过公众参与和社会协调保证规划民主性和科学性，公众参与情况在规划说明中要形成专章。

3. 市县国土空间总体规划

市县国土空间总体规划是本级政府对上级国土空间规划要求的细化落实，是对本行政区域开发保护作出的具体安排，侧重实施性。为了规范市县国土空间规划编制工作，提高规划的科学性和可操作性，2019 年 6 月自然资源部发布《市县国土空间总体规划编制指南》。指南中要求编制市县国土空间规划需遵循底线约束、绿色发展，以人为本、提升品质，同步推进、统筹协同，多规合一、全域管控，因地制宜、分类指导，多方参与、科学决策六项原则，完成明确国土空间开发保护格局、划定用地分区、明确基础设施等建设项目安排等 11 个规划任务。市县国土空间规划以第三次全国国土调查为基础数据，采用 2000 国家大地坐标系和 1985 国家高程基准作为空间定位基础，形成基期用地底数底图。通过规划分析评估、重大问题研究、资源环境承载能力和国土空间适宜性评价，按照全域、城镇功能控制区两个层次，分别编制规划方案。

规划方案编制包含 10 个主要内容，具体如下：

（1）战略目标：依据上级国土空间规划和区域总体区位，合理确定全域总体定位、国土空间开发保护目标；落实国家和区域空间战略，提出本市县国土空间开发保护的战略；确定城市性质、本级规划管控要求和指标，并将主要要求和指标分解到下级行政区。

（2）区域协同发展：落实国家及省域战略对区域协同发展的要求，提出跨区域衔接策略，加强城镇圈、都市圈等跨行政区域的规划研究。

（3）国土空间格局优化：构建全域一体、陆海一体、城乡一体，多中心、网络化、组团式、集约型的国土空间开发保护总体格局。划定规划基本分区和控制线，明确管控目标和要求；构建完整连续的生态网络体系，形成绿色空间网络与城乡山水格局；明确城乡居民点格局和陆海统筹的开发保护策略。

（4）城镇功能结构优化：确定规划期内城镇主要发展方向、中心城区范围和城市建设用地规模，优化城市功能布局，促进产城融合和职住平衡，重塑城市空间结构；明确高质量产业体系布局、高品质居住空间与公共服务布局、高水准公共空间月游憩体系。

（5）乡村振兴发展：促进一、二、三产业融合发展，实现耕地保护与现代农业发展，优化乡村空间布局，引导乡村地区有序发展，推动美丽乡村建设。

（6）土地利用控制（国土空间用途管制）：制定土地利用结构调整方案，提出本级土地利用的规模与结构，并对下层次规划提出控制要求；提出山水林田湖草矿要素的结构优化、布局调整及时序安排，促进各类自然资源的保护利用；推进城镇、农村、园区和工矿等区域建设用地节约集约利用；科学合理推进城市地下空间复合利用；实现中心城区的土地利用控制。

（7）绿色高效综合交通体系：建立区域一体、城乡协同的综合交通体系，明确城乡综合交通网络和枢纽体系布局，加强中心城区交通设施建设，鼓励以公共交通为导向的集约化布局模式。

（8）城市文化与风貌保护：构建历史文化保护体系和文化展示与传承体系，进行城市风貌特色塑造，来推动城市历史文化遗产保护工作。

（9）安全韧性与基础设施：提出重大防灾减灾救灾设施和应急服务设施的体系和布局，确定各项绿色市政基础设施的具体安排与要求。

（10）国土空间生态修复：遵循山水林田湖草生命共同体的理念，统筹确定陆海国土空间综合整治和生态修复的目标和任务，提出重点工程的规模、布局和时序。

从市县国土空间总体规划编制的主要内容来看，其在大量吸收了城市总体规划架构的基础上，融合了土地利用总体规划和主体功能区规划的核心内容，较好实现了市县层面原有多个空间类规划的"多规合一"。

4. 乡镇国土空间总体规划

乡（镇）级国土空间总体规划是国土空间总体规划纵向体系中最低的一个层级，属于实施性规划，其内容应能接近控制性详细规划的要求，为用地管理提供直接依据。乡（镇）级规划的重点是在县级规划总量控制与用地分区控制的基础上进行详细的土地用途编定，即把各类用地定量、定位落实到具体地段，并确定每类用途土地的具体要求和限制条件，为土地的用途管制提供直接的依据。但在用途编定时应避免把用途划分得过细，为市场调节留下足够的空间。

乡（镇）级国土空间规划的一个重要内容是村国土空间规划。村规划是为了细化乡（镇）土地利用总体规划安排，统筹合理安排农村各项土地利用活动，适应新时期农业农村改革发展要求。按照"望得见山、看得见水、记得住乡愁"的要求，以乡（镇）国土空间总体规划为依据，坚持最严格的耕地保护制度和最严格的节约用地制度，统筹布局农村生产、生活、生态空间；统筹考虑村庄建设、产业发展、基础设施建设、生态保护等相关规划的用地需求，合理安排农村经济发展、耕地保护、村庄建设、环境整治、生态保护、文化传承、基础设施建设与社会事业发展等各项用地；明确永久基本农田保护面积、具体地块；加强对农村建设用地规模、布局和时序的管控，优先保障农村公益性设施用地、宅基地，合理控制集体经营性建设用地，提升农村土地资源节约集约利用水平；科学指导农村土地整治和高标准农田建设，遵循"山水林田湖是一个生命共同体"的重要理念，整体推进山、水、林、田、湖、村综合整治，发挥综合效益；强化对自然保护区、人文历史景观、地质遗迹、水源涵养地等的保护，加强生态环境的修复和治理。

3.3.2　国土空间总体规划的主要内容

1. 国土空间开发保护战略研究

国土空间开发保护战略研究是对规划区域内土地利用全局性问题的谋略和策

划。国土空间开发保护战略研究是编制国土空间总体规划的重要组成部分，它指导规划的编制，是规划的灵魂和方向。战略研究的主要内容包括：

（1）探讨土地利用与经济社会发展关系

土地是经济社会发展基础，而经济社会发展则是一定时间尺度内土地利用变化的决定性驱动因素，进行土地利用战略研究必须立足于各地经济社会发展与土地利用间关系的正确剖析，把握经济社会发展对土地资源需求以及土地对经济社会发展的促进和制约规律。弄清土地利用与经济社会发展关系，既是促进经济社会健康、稳定和持续发展的前提，又将有助于制定科学的土地利用策略，进而推动土地利用结构改善和整体功能优化。

（2）分析规划期间土地供求的总体态势

土地供求总体态势研究是土地利用战略研究的基础和出发点。它是基于土地利用与经济社会发展关系的考察和各类土地在数量、结构、区位和质量等方面动态变化的分析研究，并根据对规划期间所在地区经济社会发展趋势的总体分析，对规划期间当地土地供求态势所进行的科学预测。规划期间土地供求总体态势分析为随后进行的未来不同情景下各类用地的综合协调和统筹安排奠定基础。

（3）进行规划期间土地利用的战略选择

通过土地利用与经济社会发展关系分析，以及基于经济社会发展态势判断对规划期间土地供求总体状况做出的科学预测，遵循正确处理发展与保护、需要与可能、局部与整体以及当前与长远的关系等原则，对规划期间区域土地利用战略进行科学合理的选择。进行规划期间土地利用战略选择，首先要做好对所在地区土地利用形势的分析判断，其次对未来土地利用功能进行准确定位，然后要拟定规划期间土地利用应遵循的指导方针，最后确定土地利用战略目标以及为实现目标所进行的战略安排以及因地制宜确定的土地利用战略重点。其中土地利用战略目标是土地利用战略研究的核心内容，是从战略和全局高度所确定的各地在规划期间所要达到的土地利用目标和效果。确定土地利用目标的依据主要是：国民经济与社会发展计划和上级政府提出的目标和控制性指标；土地供需状况的分析；对规划期内土地利用问题所能解决程度的估计；对土地资源优化配置、合理利用所能取得的社会、经济、环境、综合效益的估计等。

（4）制定实现土地利用战略的关键措施

为避免这些对策措施过于笼统和战略性、指导性不强，首先要弄清楚当前阻碍区域经济社会发展和生态环境改善的重大土地利用问题，然后在遵循国家相关法律法规和既定方针政策的前提下，根据规划期间土地利用的战略目标和战略安排，因地制宜地制定有针对性的关键措施，保障土地利用战略的实现。

2. 土地供需预测

（1）土地供给量预测

土地供给潜力可以从两个方面来挖掘，一是增加可利用地面积，二是提高土地利用率。增加可利用地面积是指对未利用地、农用地、农村居民点、工矿废弃地的开发整理复垦；提高土地利用率是指通过增加土地投入、优化土地利用结构和方式，提高农用地生产能力和建设用地产出率。因此，土地供给量预测包括：

一是对土地开发、整理、复垦潜力的分析。土地开发的对象主要是后备土地资源，即可能用作农用地或建设用地的未利用地。一般研究农用地后备资源，它对实现耕地总量动态平衡和土地资源可持续利用具有深远意义。后备土地资源类型包括土地分类中的苇地、滩涂、荒草地、盐碱地、沼泽地、裸土地和其他未利用土地。土地复垦的对象是挖损地、塌陷地、压占地、污染毁损地和自然灾害毁损地，土地复垦是对这些被破坏的土地采取整治措施，使其恢复到可供利用的状态，恢复后的土地可用作农林牧渔用地，也可用作工业用地以及游览娱乐用地。现阶段我国土地整理包括：①农地整理，包括碎小田块的合并，基本农田建设、灌溉和道路系统建设以及中低产田改造；②农村居民点整理，包括对过小而分散的居民点进行迁移、合并、改造现有空心村，建设现代化农村居民点。二是在土地质量评价的基础上，对区域建设用地（城镇、水利、交通、特殊用地等）利用潜力和农业用地（耕地、园地、林地、牧草地、水面）利用潜力进行测算。

（2）土地需求量预测

土地需求量预测的任务就是根据规划区域的社会、经济发展和土地资源条件，研究分析远景土地利用总的趋势，对各类用地面积在规划期内的增减变化情况及对总用地规模进行测算。掌握规划年度各类用地需求量和土地利用结构的变化趋势，是协调各类用地矛盾，实现土地供需平衡，编制土地利用规划方案的重要依据。

土地需求量预测的工作步骤是：①制定预测工作计划。召开各用地部门会议，明确各部门用地预测与用地计划的内容、要求和提交时间。②各部门分别进行用地预测并编制用地计划。③各用地部门提交规划期间用地变化预测报告和用地分布图。④对预测进行必要的分析和校核，对区域建设用地、农业用地和生态用地需求量进行具体预测。

农业生产用地预测的内容主要包括耕地预测、园地预测、草地预测、林地预测、水产养殖预测、畜禽饲养地及设施农用地的预测。农业生产用地的需求量主要取决于人口发展规模，消费水平及经济发展对农产品的需求量。建设用地需求量预测包括城镇和农村居民点、独立工矿、交通、水利建设等用地需求量的预测。生态用地需求量预测是指对人类生存环境发挥生态功能的土地，基于三种考虑：①从生态环境保护角度，划定生态保护用地或不能用于建设的用地；②基于生态足迹测算各种具有生态生产力土地面积；③应用碳氧平衡测算生态用地规模。

3. 指标控制

在土地利用现状分析和土地供需预测的基础上，揭示规划区域土地利用现状存在的问题和未来时期国民经济发展对用地的需求。问题是规划中理想目标与利用现状之间差距。目标与实际相脱离，这就是存在的问题。问题是科学规划的起点，是编制科学规划的根本原因。发现问题，进而分析产生问题的原因，在此基础上有针对性地提出规划目标和任务。确定的规划目标是经过努力能够达到的，以数量指标加以表述。规划指标可分为约束性指标、指导性指标和预期性指标。

（1）约束性指标

约束性指标是规划期内必须完成的指标。如耕地保有量、基本农田保护面积、土地开发整理复垦补充耕地面积、建设占用耕地面积、城乡建设用地规模、新增建设用地占耕地规模、生态建设和环境保护用地、人均用地等都是强制性指标。

（2）指导性指标

指导性指标是指非严格执行但对土地资源分配起引导性和参考作用的指标。如建设用地规模、农村居民点面积、单位面积土地投资强度、土地投入产出效益指标、年土地出让面积等。

（3）预期性指标

市场经济型的土地利用总体规划要根据土地利用变化的客观规律，在充分协调各方利益的基础上，科学地预测规划期末可能实现的规划指标，这些预期性指标经论证和筛选后，可以作为规划控制指标。但这些预测数不能作为必须遵守的指令性指标，而只能作为预期性指标，用来指示土地利用调控的方向，指导政府采取适当的实现预期目标的措施，指导土地使用者按总体利益的目标去使用其土地。第三轮规划预测指标有林地面积、草地面积、园地面积、新增建设用地总量、新增建设用地占农用地规模等。

如北京市土地利用总体规划（2006—2020年）：规划到2010年和2020年耕地保有量分别保持在2260km^2（339万亩）和2147km^2（322万亩）。确保1867km^2（280万亩）基本农田数量不减少、质量有提高。其中，规划近期（2006—2010年）本市新增建设占用耕地控制在133km^2（20万亩）以内，确保新增建设占用耕地实现占补平衡。

规划到2020年，建设用地总规模为3817km^2，其中城乡建设用地总量控制在2700km^{2}以内。继续加大存量建设用地挖潜力度，有效控制新增建设用地规模，不断提高节约集约用地水平。

土地利用的主要调控指标见表3-3。

土地利用的主要调控指标表 （以北京为例）（单位：km^2）　　表3-3

规划指标	2005年	2010年	2020年	指标类别
耕地保有量	2334	2260	2147	约束性
基本农田面积	2336	1867	1867	约束性
建设用地	3230	3480	3817	预期性

续表

规划指标	2005 年	2010 年	2020 年	指标类别
其中：城乡建设用地	2396	2520	2700	约束性
其中：城镇工矿用地	1516	1685	1970	预期性
人均城镇工矿用地（m²/人）		120	120	约束性
新增建设用地规模		2.73		预期性
新增建设占用农用地规模		2.13		预期性
新增建设占用耕地规模		1.33		约束性
整理复垦开发补充耕地规模		1.33		约束性

来源：北京市土地利用总体规划（2006—2020 年）

在统筹区域经济发展、建设用地布局的前提下，充分考虑各下级单位的差异性，根据各单位的区位特点、人口规模、经济发展、园区规划等因素，科学合理地将大纲分派给该区域的指标分解到各下级单位。

规划指标分配是根据区域自然条件和社会经济状况，明确区域土地的供需特点，找出实现规划目标的途径和影响因素；通过综合评价作出区域分解和时序安排，对土地利用总体计划指标进行时空的最佳组织和配置。

4. 土地利用结构调整与优化

土地利用结构指国民经济各部门占地的比重及其相互关系的总和，是各种用地按照一定构成方式的集合。寻求优化的土地利用结构是土地利用规划的核心内容。根据系统论观点，结构决定功能。只有用地结构合理，才能保持土地利用系统的良性循环，才能取得土地利用的最大效率。由于规划区域土地总面积是不变的，规划前和规划后的土地利用结构，或者说土地利用现状结构与土地利用规划结构之间的差异在于土地利用类型的数量比例的不同。优化的土地利用结构必须具备平衡条件和效益最大化条件。所谓平衡条件，是指区域各类土地利用类型面积之和等于区域土地总面积，这是优化结构的必要条件；效益最大化条件是指土地利用结构保证土地利用社会、经济、生态三效益最大化，这是优化结构的充分条件。

5. 空间管制

（1）三区三线

"三区三线"是国土空间规划空间管制的核心内容。"三区"指的是三种类型的空间，即城镇空间、农业空间和生态空间，三类空间的边界即为"三线"，分别对应城镇开发边界、永久基本农田保护红线、生态保护红线三条控制线。

具体而言，城镇空间是指以城镇居民生产、生活为主体功能的国土空间，包括城镇建设空间、工矿建设空间以及部分乡级政府驻地的开发建设空间；农业空间是指以农业生产和农村居民生活为主体功能，承担农产品生产和农村生活功能的国土空间，主要包括永久基本农田、一般农田等农业生产用地以及村庄等农村生活用地；生态空间是指具有自然属性的，以提供生态服务或生态产品为主体功能的国土空间，包括森林、草原、湿地、河流、湖泊、滩涂、荒地、荒漠等。生态保护红线是指在生态空间范围内具有特殊重要的生态功能、必须强制性严格保护的区域，是保障和维护国家生态安全的底线和生命线；永久基本农田保护红线是指按照一定时期人口和社会经济发展对农产品的需求，依法确定的不得占用、不得开发、需要永久性保护的耕地空间边界；城镇开发边界是指在一定时期内，可以进行城镇开发和集中建设的地域空间边界，包括城镇现状建成区、优化发展区，以及因城镇建设发展需要必须实行规划控制的区域。

（2）土地利用分区

土地利用区是依据区内自然社会经济条件相似性、土地利用方式和整体功能基本一致性、综合分析与突出主要因素相结合的原则，在保持行政区域界线相对完整的基础上，划定的土地利用区。

划分土地利用区需要考虑规划区域自然条件的分异规律、资源的区域特征、土地利用现状和社会经济发展水平的差异，并结合社会经济发展和国土开发规则，揭示地域特征，指出地域内的土地利用方向，具体划区可以在综合自然区划、农业区划、土地适宜性和自然生产力分区以及土地利用经济等级分区的基础上综合分析，突出主导因素的相似性，把条件近似的区域单元划入统一地域内。

3.3.3 国土空间总体规划的主要特点

1. 系统性

国土空间规划的对象是规划区域内的全部国土空间，而不是某一种用地，在总体规划中要全面考虑土地资源的合理配置，要把时间结构、空间结构和产业结构与土地开发、利用、整治和保护进行统筹安排和合理布局。综合各部门对土地的需求，协调部门用地矛盾，对土地利用结构和土地利用方式作出调整，使之符合经济和社会发展目标，以促进国民经济持续、高速、健康的发展。

2. 战略性

国土空间规划宏观上是一种政策指南，是一种战略部署。其战略性表现在它所研究的问题具有战略意义。如城乡土地利用发展方向、发展规模和总体布局；国民经济各部门的土地供求平衡问题；土地利用结构和用地布局的调整问题；土地利用方式的重大变化等战略问题。

3. 控制性

从纵向上看，虽然国土空间规划法尚未出台，但其基本上继承了原土地利用总体规划的体系。《土地管理法》第十八条规定，下级土地利用总体规划应当依据上一级土地利用总体规划编制。地方各级人民政府编制的土地利用总体规划中的建设用地总量不得超过上一级土地利用总体规划确定的控制指标，耕地保有量不得低于上一级土地利用总体规划确定的控制指标。此外，强制性指标还包括：基本农田保护面积、城镇建设用地规模、补充耕地面积等。可以看出，规划总体目标是自上而下，层层控制。当然，下一级土地利用总体规划同时又是上一级土地利用总体规划的反馈，从而在全国范围内形成一个有机联系的土地利用总体规划体系。从横向上看，一个区域的土地利用总体规划，对本区域内国民经济各部门的土地利用起到宏观控制作用。

3.4　国土空间规划的编制审批

3.4.1　规划编制审批部门

我国国土空间规划的编制审批体系按照分级分类的原则确定。总体规划中全国国土空间规划由自然资源部会同相关部门组织编制，由党中央、国务院审定后印发；省级国土空间规划由省级政府组织编制，经同级人大常委会审议后报国务院审批；需报国务院审批的城市国土空间总体规划，由市政府组织编制，经同级人大常委会审议后，由省级政府报国务院审批；其他市县及乡镇国土空间规划由省级政府根据当地实际，明确规划编制审批内容和程序要求。

详细规划中在城镇开发边界内的详细规划，由市县自然资源主管部门组织编制，报同级政府审批；在城镇开发边界外的乡村地区，由乡镇政府组织编制"多规合一"的实用性村庄规划，作为详细规划，报上一级政府审批。

专项规划中海岸带、自然保护地等专项规划及跨行政区域或流域的国土空间规划，由所在区域或上一级自然资源主管部门牵头组织编制，报同级政府审批；涉及空间利用的某一领域专项规划，如交通、能源、水利、农业、信息、市政等基础设施，公共服务设施，军事设施，以及生态环境保护、文物保护、林业草原等专项规划，由相关主管部门组织编制。各类型规划的编制和审批部门详见表3-4。

国土空间规划编制审批体系　　　　　　　　　　　　　表3-4

规划类型		编制	审批
总体规划	全国国土空间规划	自然资源部会同相关部门	国务院
	省级国土空间规划	省级人民政府	同级人大常委会审议后报国务院
市县乡镇	国务院审批的城市国土空间总体规划	城市人民政府	同级人大常委会审议后，由省级人民政府报国务院
	其他市县和乡镇国土空间规划	本级人民政府	省级人民政府明确内容和程序要求
详细规划	城镇开发边界内	市县国土空间规划主管部门	市县人民政府
	城镇开发边界外的乡村地区：村庄规划	乡镇人民政府	市县人民政府
专项规划	海岸带、自然保护地等专项规划及跨行政区域或流域的国土空间规划	所在区域共同的上一级政府自然资源主管部门	所在区域共同的上一级人民政府
	以空间利用为主的某一领域专项规划	相关主管部门	国土空间规划"一张图"核对

按照"谁审批、谁监管"的原则，分级建立国土空间规划审查备案制度。精简规划审批内容，管什么就批什么。直辖市、计划单列市、省会城市及国务院指定城市的国土空间总体规划由国务院审批。相关专项规划在编制和审查过程中应加强与有关国土空间规划的衔接及"一张图"的核对，批复后纳入同级国土空间基础信息平台，叠加到国土空间规划"一张图"上。

3.4.2　规划审查要点

2019 年 5 月自然资源部出台的《关于全面开展国土空间规划工作的通知》中对各级国土空间规划的报批审查要求作了明确规定，对省级和市县国土空间规划，侧重控制性审查，重点审查目标定位、底线约束、控制性指标、相邻关系等，并对规划程序和报批成果形式做合规性审查。其中：

省级国土空间规划审查要点包括：①国土空间开发保护目标；②国土空间开发强度、建设用地规模，生态保护红线控制面积、自然岸线保有率，耕地保有量及永久基本农田保护面积，用水总量和强度控制等指标的分解下达；③主体功能区划分，城镇开发边界、生态保护红线、永久基本农田的协调落实情况；④城镇体系布局，城市群、都市圈等区域协调重点地区的空间结构；⑤生态屏障、生态廊道和生态系统保护格局，重大基础设施网络布局，城乡公共服务设施配置要求；⑥体现地方特色的自然保护地体系和历史文化保护体系；⑦乡村空间布局，促进乡村振兴的原则和要求；⑧保障规划实施的政策措施；⑨对市县级规划的指导和约束要求等。

国务院审批的市级国土空间总体规划审查要点，除对省级国土空间规划审查要点的深化细化外，还包括：①市域国土空间规划分区和用途管制规则；②重大交通枢纽、重要线性工程网络、城市安全与综合防灾体系、地下空间、邻避设施等设施布局，城镇政策性住房和教育、卫生、养老、文化体育等城乡公共服务设施布局原则和标准；③城镇开发边界内，城市结构性绿地、水体等开敞空间的控制范围和均衡分布要求，各类历史文化遗存的保护范围和要求，通风廊道的格局和控制要求；城镇开发强度分区及容积率、密度等控制指标，高度、风貌等空间形态控制要求；④中心城区城市功能布局和用地结构等。

其他市、县、乡镇级国土空间规划的审查要点，由各省（自治区、直辖市）根据本地实际，参照上述审查要点制定。

3.4.3　规划报批审查方式与修改

与以往规划相比，简化报批流程，取消规划大纲报批环节。审查时间也相应压缩，省级国土空间规划和国务院审批的市级国土空间总体规划，自审批机关交办之日起，一般应在 90 天内完成审查工作，上报国务院审批。

规划一经批复，任何部门和个人不得随意修改、违规变更，防止出现换一届党委和政府改一次规划。因国家重大战略调整、重大项目建设或行政区划调整等确需修改规划的，须先经规划审批机关同意后，方可按法定程序进行修改。

3.5　国土空间详细规划

3.5.1　控制性详细规划

控制性详细规划，简称控规，就是以城市总体规划或分区规划为依据，确定建设地区的土地使用性质和使用强度的控制指标、道路和工程管线控制性位置以及空间环境控制的规划要求。控制性详细规划是城市规划、镇规划实施管理的最直接法律依据，是城乡规划主管部门作出规划行政许可、实施规划管理的依据，并指导修建性详细规划的编制。控制性详细规划应包含以下基本内容：土地使用性质及其兼容性等用地功能控制要求；容积率、建筑高度、建筑密度、绿地率等用地指标；基础设施、公共服务设施、公共安全设施的用地规模、范围及具体控制要求，地下管线控制要求；基础设施用地的控制界线（黄线）、各类绿地范围的控制线（绿线）、历史文化街区和历史建筑的保护范围界线（紫线）、地表水体保护和控制的地域界线（蓝线）等"四线"及控制要求。

控制性详细规划指标分为规定性和指导性两类。规定性指标有用地性质、建筑密度、建筑控制高度、容积率、绿地率、交通出入口方位、停车泊位及其他需要配置的公共设施等。指导性指标有人口容量、建筑形式、体量、分割、建筑色彩和其他环境要求等。

我国控制性详细规划的由来需要追溯到20世纪80年代，随着当时市场经济的产生及土地使用制度的改变，控制性详细规划首先出现在沿海国际化大都市上海。1982年，为适应外资建设的国际惯例要求，上海市编制了虹桥开发区规划，其中包括土地出让规划，它是我国控规的开河之作。1986年上海市城市规划设计研究院编制了《城市土地使用区划管理法规编制办法》《上海土地使用区划管理法规》文本及编写说明，采取分区规划、控规图则、区划法规结合的土地使用管理模式，较系统地制定了适合上海市的土地分类及建设控制标准。随后全国各地掀起了控规编制的热潮。1991年建设部在《城市规划编制办法》中加入了控规的内容，1995年《城市规划编制办法实施细则》中规范了控规的具体编制内容和要求，使其逐渐规范化。2006年4月1日，新的《城市规划编制办法》开始实施，对控制性详细规划的内容、要求及其中的强制性内容进行了明确规定，控制性详细规划变得更加规范和完善。2008年1月1日，《中华人民共和国城乡规划法》开始实施，进一步加强了控制性详细规划的地位和作用。

上海市在控制性详细规划方面始终走在前列，因此下面通过对2014年公布的上海市某社区部分单元的控规成果的展示帮助我们更好理解前文所述的控规特点（图3-1）。

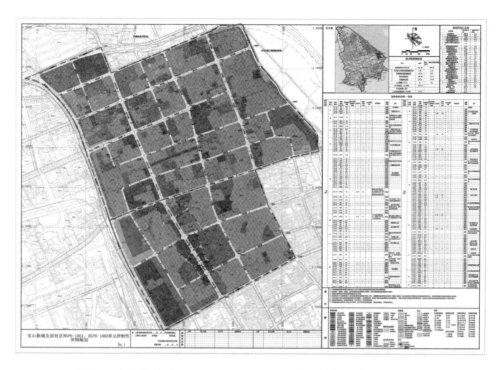

图 3-1　上海某社区 BSPO-1001、BSPO-1002 单元控制性详细规划图则

3.5.2　修建性详细规划

修建性详细规划，简称修规，就是以城市总体规划、分区规划或控制性详细规划为依据，制定用以指导各项建设和工程设施的设计和施工的规划设计。它是直接对建设作出具体的安排和规划设计，可以具体指导建设项目的总平面布置和各项建筑与工程设施的初步设计。主要内容包括：建设条件分析及综合技术经济论证；建筑、道路和绿地等的空间布局和景观规划设计，布置总平面图；对住宅、医院、学校和托幼等建筑进行日照分析；根据交通影响分析，提出交通组织方案和设计；市政工程管线规划设计和管线综合；竖向规划设计；估算工程量、拆迁量和总造价，分析投资效益。

修建性详细规划与控制性详细规划的区别在于：控规是指标体系性的，用指标和色块指引和控制某地块的建设情况，属于指引性的详细规划；而修规是在控规的基础上落实某个具体建设项目的规划，是一个非常直观、具象的表现空间形象的规划，涉及建筑物平面的造型，道路基础设施的布局，环境小品的布置等，属于确定性的规划。修规的具体内容可以是一条街的规划，也可以一个学校、广场、公园或住宅小区的规划，规划方案中通常会包括具体的鸟瞰规划图和透视图或者做出规划模型（图 3-2）。

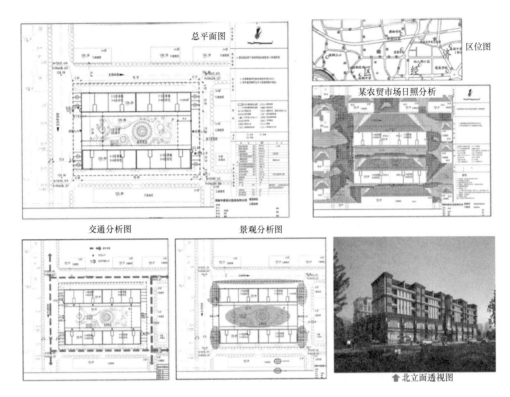

图 3-2　湖南省娄底市某农贸市场修建性详细规划方案

3.5.3　村庄规划

乡村地区的规划一直以来是我国空间规划体系中较为薄弱的一环。由于村一级不存在政府主体，长期以来村庄一直不是各类法定规划的重点对象。近年来，虽然开展了村土地利用规划编制工作，但覆盖范围较小、技术水平不高。城乡规划在村庄层面开展规划编制的覆盖面相对大，但规划的系统性不够，空间上也未全覆盖。

新的国土空间规划体系中提出编制"多规合一"的实用性村庄规划，作为详细规划的组成部分，实现了空间规划体系的村级覆盖，也是为了通过编制科学实用的村庄规划，来破解当前城乡发展差距大的农村现实问题。通过统筹土地资源利用，强化村民自治，实现乡村振兴。可以说村庄规划不仅是国土空间规划体系的一环，也是乡村振兴规划体系下的乡村振兴实操手册。

2019 年 5 月自然资源部发布《关于加强村庄规划促进乡村振兴的通知》（自然资办发〔2019〕35 号），对村庄规划的总体要求、主要任务、编制要求和组织实施等作了明确规定。村庄规划是法定规划，是国土空间规划体系中乡村地区的详细规划，是开展国土空间开发保护活动、实施国土空间用途管制、核发乡村建设项目规划许可、进行各项建设等的法定依据。村庄规划范围为村域全部国土空间，可以以一个或几个行政村为单元编制。村庄规划工作必须坚持如下五个原则。坚持先规划后建设，通盘考虑土地利用、产业发展、居民点布局、人居环境整治、生态保护和历史文化传承；坚持农民主体地位，尊重村民意愿，反映村民诉求；坚持节约优先、保护优先，实现绿色发展和高质量发展；坚持因地制宜、突出地域特色，防止乡村建设"千村一面"；坚持有序推进、务实规划，防止一哄而上，片面追求村庄规划快速全覆盖。

村庄规划的主要任务有九项：统筹村庄发展目标、统筹生态保护修复、统筹耕地和永久基本农田保护、统筹历史文化传承与保护、统筹基础设施和基本公共服务设施布局、统筹产业发展空间、统筹农村住房布局、统筹村庄安全和防灾减灾和明确规划近期实施项目。

村庄规划中需要特别强化村民主体和村党组织、村民委员会主导。村民应以主人翁的态度，在调研访谈、方案比选、公告公示等各个环节积极参与村庄规划编制，协商确定规划内容。村庄规划在报送审批前应在村内公示 30 日，报送审批时应附村民委员会审议意见和村民会议或村民代表会议讨论通过的决议。村庄规划主要内容也会被纳入村规民约。

不同类型的村庄在规划编制时需要注意因地制宜，分类编制，根据村庄定位和国土空间开发保护的实际需要，编制能用、管用、好用的实用性村庄规划。村庄规划编制时要抓住主要问题，聚焦重点。对于重点发展或需要进行较多开发建设、修复整治的村庄，编制实用的综合性规划。对于不进行开发建设或只进行简单的人居环境整治的村庄，可只规定国土空间用途管制规则、建设管控和人居环境整治要求作为村庄规划。对于综合性的村庄规划，可以分步编制，分步报批，先编制近期急需的人居环境整治等内容，后期逐步补充完善。对于紧邻城镇开发边界的村庄，可与城镇开发边界内的城镇建设用地统一编制详细规划。

3.6　国土空间专项规划

国土空间专项规划是为解决某个特定的土地利用问题而编制的土地利用规划，是实施国土空间总体规划的重要技术措施，它既要以总体规划为依据和指导，又是总体规划方案在专项土地利用上的深入和补充，具有较强的针对性和专一性，是国土空间规划体系的有机组成部分。专项规划为解决某类特殊方面土地利用问题，使编制总体规划更科学和合理。若在不具备编制总体规划条件的地区或为结合解决当前某类任务时，可针对某一方面专门编制国土空间专项规划。如小流域综合整治规划、基本农田保护区规划等。在内容的广度上，国土空间总体规划超过国土空间专项规划，而在内容深度上，国土空间专项规划超过总体规划。国土空间专项规划依不同空间尺度、不同空间问题、不同空间类型而具有不同的类型，以下主要介绍其中较为重要的基本农田保护规划、土地开发整理规划和土地复垦规划。

3.6.1　基本农田保护（区）规划

1. 基本农田和基本农田保护区

"基本农田"一词在我国的提出，可追溯到 1963 年黄河中下游水土保持工作会议，决议有"通过水土保持，逐步建立旱涝保收，产量较高的基本农田"。此外，20 世纪 60 年代，还有"高产稳产基本农田""旱涝保收高产稳产基本农田"等称谓。这些称谓的中心内容都是高产和稳产，强调了基本农田与一般耕地之间的质量差异，反映了土地内在肥力特征和生产特征。20 世纪 80 年代末，基本农田仍是指生产能力高、抗灾能力强的高产稳产农田。进入 20 世纪 90 年代，随着人口增加，耕地减少，人地关系逐渐紧张，国家开始重视基本农田数量保护，强调基本农田与人口以及社会经济发展之间的关系。

1998 年 12 月国务院令第 257 号发布的《基本农田保护条例》（2011 年修订）规定，基本农田是指按照一定时期人口社会经济发展对农产品的需求，依据土地利用总体规划划定的不得占用的耕地。根据《土地管理法》和《基本农田保护条例》，基本农田包括：①经国务院有关主管部门或者县级以上地方人民政府批准确定的粮、棉、油生产基地内的耕地；②有良好的水利与水土保持设施的耕地，正在实施改造计划以及可以改造的中、低产田；③蔬菜生产基地；④农业科研、教学试验田；⑤根据土地利用总体规划，铁路、公路等交通沿线，城市和村庄、集镇建设用地区周边的耕地。基本农田的内涵包括三个方面：①强调基本农田与一般耕地的内在肥力差异，即耕地自然生产力高低；②明确基本农田与一般耕地所处地段的不同，即农田区位条件的优劣；③基本农田是一定时段内人地关系状况的反映，即时段性特征，它赋予了基本农田的动态内容。

基本农田保护区，是指对基本农田实行特殊保护而依据土地利用总体规划和依照法定程序确定的特定保护区域。划定基本农田保护区是保护基本农田的重要手段。基本农田保护就是要实现对基本农田数量、质量和环境的保护：一是根据区域社会和经济发展需要维持区域必需的基本农田数量，通过立法、行政手段保持区域基本农田面积的稳定；二是维持基本农田的物质生产力水平，并采用生物、工程等措施将划为基本农田的中低产田改造为高中产田；三是采用行政和科学手段，对现有基本农田的环境、基础设施与利用方式等进行监督和管理。

2. 基本农田保护区规划的主要内容和方法

我国基本农田保护主要以划定保护区的形式组织实施，基本农田保护区规划就是按一定程序和方法划定基本农田保护区的规划。科学合理地编制基本农田保护区规划是区域切实有效保护基本农田的关键，同时也是实现区域农业可持续发展、协调用地矛盾的主要措施。

基本农田保护区规划的主要内容包括三个方面，分别为确定基本农田保护区控制面积、确定保护区的空间边界、制定基本农田保护措施。保护区空间面积可通过多种方法进行测算和比较，如按照目标年农产品的需求量和供给量来测算和直接确定基本农田的保护面积，采用人口预留等方法间接测算和直接确定基本农田的保护面积，根据国家对各地建设用地占用耕地的控制指标推算出从现在至人口增长高峰年期间的耕地减少量，测算出基本农田保护面积，还可以根据《土地管理法》关于"各省、自治区、直辖市划定的基本农田应当占本行政区域内耕地的80%以上"的规定进行校核。确定保护区的空间边界应以乡（镇）为单位划区定界，以行政村为单位划片，落实到具体地块，由县级人民政府土地行政主管部门会同同级农业行政主管部门组织实施。以规划期土地利用现状图为工作底图，根据土地利用总体规划成果，将城镇村建设用地和重点建设项目用地允许预留的耕地位置和范围在工作底图上表示，然后利用详查或变更调查地块的面积档案资料，根据基本农田保护区规划的控制指标，在室内预先划定基本农田保护界线；内业预划的保护地块，需经外业实地勘察、丈量、核准无误后，最后确定基本农田保护块的界线；对实地核查划定后的基本农田保护区、片（块）进行编号登记、建立数据库、设立保护标志。

基本农田保护区规划的编制成果一般应包括规划文本和研究报告、规划图集和指标表格。文本报告成果主要包含自然条件和社会经济概况，耕地资源的数量、质量及其分布状况，耕地生产和开发利用潜力及利用存在问题分析；基本农田保护区规划编制的指导思想和原则；基本农田保护区规划的期限、编制的内容与工作方法，包括规划编制的步骤、技术路线和方法等；规划期内人口和耕地需求量预测；基本农田保护区控制指标的确定、分解及其依据；划定的基本农田保护区面积及其分布状况分析；基本农田保护区管理与保护措施；规划图集成果主要包括县（市、区）基本农田保护区分布图；乡（镇）基本农田保护区分布图。成果图要求图面颜色要协调、清晰，涂色要均匀，保护区界线清晰；指标表格成果主要包括基本农田保护片登记表；乡（镇）基本农田保护区面积汇总表；地（市）、县（市、区）基本农田保护区面积汇总表；国家、省重点工程项目以及城镇建设拟使用耕地面积统计表。

3.6.2　土地开发整理规划

1. 土地开发和土地整理

土地开发是为合理而有效地利用土地创造必要条件而进行的经济、技术的投入过程，其结果是可利用土地面积的增加和土地利用条件的改善，土地利用率和产出率的提高。广义的土地开发包括两方面的含义，一方面是指土地利用范围的扩大，即通过采取工程、生物和技术等措施，使各种未利用土地，如荒山、荒地、荒滩、海洋等，投入经营与利用，转化为可利用的土地；另一方面是指土地利用深度的开发，如把已经利用但利用尚不充分，生产效益低下的土地，包括中低产田、盐碱地以及城市基础设施不配套的老城区等加以改造提高，使其利用充分，效益提高。狭义的土地开发，仅指采取一定措施使未利用土地投入经营与利用的活动。

广义的土地整理是指在一定区域内，依据土地利用总体规划，采取行政、经济、法律和技术手段，对土地利用状况进行综合整治、调整改造，以提高土地利用率和产出率，改善生产、生活条件和生态环境的过程，既包括了对现有已利用土地的整理，以提高其利用的集约度，也包括了未利用地的开发和废弃地的复垦，以增加耕地总量。土地整理包括农地整理和市地整理两方面内容。

《土地管理法》规定："国家鼓励土地整理。县、乡（镇）人民政府负责组织农村集体经济组织，按照土地利用总体规划，对田、水、路、林、村进行综合整治，提高耕地质量，增加有效耕地面积，改善农业生产条件和生态环境。"按照其对田、水、路、林、村综合整治的内容来看，是指农村土地整理的范畴。狭义的土地整理主要指农村土地整理，包括农用地整理和农村建设用地整理。

2. 土地开发整理规划的主要内容和方法

土地开发整理规划的主要内容包括：①条件分析：通过分析自然、资源状况和经济、社会、生态环境等条件，阐明土地开发整理的有利条件和不利因素；通过分析以往土地开发整理活动的实际效果，总结经验，明确存在的问题；②潜力评价：根据调查结果，采用科学合理的方法，评价和测算土地开发整理潜力的类型、级别、数量和分布；③供需分析：依据土地开发整理条件分析和潜力评价结果，重点分析规划期内可实现的土地开发整理潜力，并结合土地利用总体规划和社会经济发展需要，进行土地供需状况分析。

在调查分析的基础上，提出土地开发整理规划的初步目标，并按照不同的技术、经济和政策条件，拟定若干规划供选方案。规划供选方案一般包括下列内容：

（1）土地开发、整理补充耕地和其他农用地的数量和布局；

（2）规划指标的分解和补充耕地的区域平衡方案；

（3）重点区域、重点工程和重点项目的安排；

（4）预期投资和效益分析；

（5）配套政策等。

土地开发整理规划的成果包括规划文本、规划说明、规划图件、规划附件等内容。其中规划文本一般包括规划的目的、任务、主要依据和规划期限，规划基本情况，土地开发整理潜力，土地开发整理的目标和任务，土地开发整理规模、布局和对策，土地开发整理的重点区域（或重点工程）和重点项目，实施规划的政策措施等内容；规划说明一般包括编制规划的简要过程、编制规划原则、主要规划内容的说明、规划的多方案比较和可行性分析、规划的协调情况和不同意见的处理等；规划图件一般包括土地开发整理规划图、重点工程（项目）分布图和潜力分析图等；规划附件一般包括专题研究报告、基础资料及其他相关资料、工作报告等。

3.6.3 土地复垦规划

1. 土地复垦

土地复垦是指对生产建设过程中，因挖损、塌陷、压占等造成破坏的土地，采取整治措施，使其恢复到可供利用状态的活动。土地复垦的对象有：因挖损、塌陷、压占、化学污染造成破坏或废弃的土地，因道路、渠道、居民点迁址改建而闲置的土地，因自然灾害破坏的土地，荒芜废弃地等。

2. 土地复垦规划的主要内容和方法

（1）复垦区土地条件和环境条件的调查

复垦区土地条件和环境条件的调查是指主要调查复垦区的土质条件、环境条件、土地被破坏程度及工矿企业经营状况等。

1）区域环境条件调查

区域环境条件调查包括复垦区域的气候、气象、地形、地貌、水文、植被等自然环境条件调查和复垦区的道路交通、供水供电、人口、人均耕地、土地生态环境质量等。

2）土质条件调查

土质条件调查包括表土的理化性质、厚度、有机质含量、pH 值、土壤水分、微量元素、有毒有害物质含量、石砾含量等。

3）土地被破坏程度调查

土地被破坏程度调查包括复垦的挖损和塌陷范围、深度、被污染土层的厚度、地表堆积物的高度和范围等。

4）工矿企业的采矿及经营状况调查

工矿企业的采矿及经营状况调查包括采矿方法、采矿工艺流程、废弃物的堆放方法，企业在土地复垦方面的投资能力、技术和设备条件、用地需求等。

（2）复垦土地的适宜性评价

复垦为农业用地的，要进行土地适宜性评价，为确定土地用途和合理采取复垦措施提供依据。评价方法可采用因素限制法和相关因素分析法进行。因素限制法与常规的土地评价方法基本相同，即根据当地的实际情况和复垦后不同用途的要求，选择地形、土壤质地、土层厚度、地下水位、地面堆积物、塌陷深度等若干因素，并确定相应的指标来衡量复垦后可能达到的程度，以确定其适宜的用途。相关因素分析法是根据废弃地的自身条件，即废弃地性质、堆积物数量、塌陷程度、压占面积等，工矿企业的经济能力，拟采用的复垦方法，复垦后可能达到的状态以及客观需求的可能性等，综合分析、评价后，确定其复垦用途。

（3）确定复垦目标和方向

通过复垦土地适宜性评价、土地复垦的投入产出分析及土地需求状况预测等，确定土地复垦目标，包括复垦规模、复垦用途、复垦效益等方面。在此基础上，确定复垦土地的利用结构及主要指标。

（4）复垦工艺及复垦措施设计

土地复垦的对象不同，复垦工艺和措施也不同。如挖损地复垦基本工艺流程为：表土地剥离—采矿或取土形成采空区—采空区回填—表土铺覆—复垦地利用；压占地复垦的基本工艺流程则为：堆积物搬迁或推平—土地平整—底土和表土铺覆—复垦地利用；被污染地的复垦工艺流程一般为：被污染土层剥离或化学清洗或表面覆盖—覆土利用。复垦用途不同，复垦的工艺流程也不同。复垦为建设用地的，挖损地回填时应分层夯实，表土覆盖以能满足绿化要求即可；复垦为鱼池、游泳池的，则需对塌陷区底层、四周边缘进行整理或固化边坡，规划好进水排水系统等；复垦为耕地、林地的，其表土层的厚度应能满足农作物和林果生长的要求。

土地复垦设计应与矿山设计及生产建设设计同步进行，这样可以大大提高复垦效益。以露天采矿为例，复垦设计内容如下：

1）矿区平面布置。根据生产状况，划分开采区、充填区、堆场区、合理安排采运路线。

2）表土与底土剥离。用石料回填采空区的，表土、底土运往堆场储存；用粉煤灰、泥砂充填的，表土、底土堆积于采空区周围以作堤坝用。

3）矿山开采过程中的弃石、尾矿直接回填采空区到一定高度，根据要求进行压实、平整。

4）底土与表土的铺覆、复垦后利用。

（5）复垦工程概预算

复垦工程概预算包括土地复垦费用计算、土地复垦费用的提取和土地复垦后效益的预测与分析等。土地复垦费用一般指土地复垦所需的直接费用，勘测设计、施工管理等间接费用和不可预见费用等。根据"谁破坏，谁复垦"的原则，土地复垦费应由生产建设单位负责。凡基本建设中破坏的土地或复垦后直接用于基本建设的，复垦费从该项基本建设投资中列支；生产过程中破坏的土地，土地复垦费从企业更新改造和企业发展基金中列支。

（6）编制土地复垦规划的实施计划

编制土地复垦规划的实施计划，是落实复垦规划的一项重要内容。规划中，应根据复垦土地的条件、企业生产状况、资金条件等，确定规划期内每年应复垦土地的数量及单位的复垦指标，并作为土地复垦管理的主要依据。同时要将土地复垦计划纳入国民经济发展计划，加强对土地复垦的监督检查。

3.7 本章小结

本章详细阐述了我国国土空间规划的概念、理论基础、内容体系，分别介绍了五个层级国土空间总体规划、国土空间详细规划和专项规划的主要内容、特点和编制重点，为理解当前我国规划管理体系提供了基础知识支撑。

思考与练习题

1. 简述土地利用规划与国土空间规划的关系。
2. 简述我国国土空间规划的层次体系。
3. 国土空间规划的核心指标有哪些？
4. 国土空间规划中的"三区三线"是什么？
5. 国土空间规划的特点有哪些？
6. 简述我国国土空间总体规划的审批制度。
7. 基本农田的概念和范围是什么？
8. 土地复垦规划编制的主要内容是什么？

参 考 文 献

[1] 林坚. 土地用途管制：从"二维"迈向"四维"——来自国际经验的启示[J]. 中国土地，2014（3）：22-24.

[2] 李兰花，孙树光. 景观生态学原理在土地规划中的应用[J]. 西部资源，2005（2）：48-49.

[3] 林坚，陈诗弘，许超诣. 空间规划的博弈分析[J]. 城市规划学刊，2015（1）：10-14.

[4] 樊杰. 我国空间治理体系现代化在"十九大"后的新态势[J]. 中国科学院院刊，2017，32（4）：396-404.

[5] 张京祥，陈浩. 空间治理：中国城乡规划转型的政治经济学[J]. 城市规划，2014，38（11）：9-15.

[6] 王向东，刘卫东. 中国空间规划体系：现状、问题与重构[J]. 经济地理，2012，32（5）：7-15.

[7] 樊杰. 我国"十四五"时期高质量发展的国土空间治理与区域经济布局[J]. 中国科学院院刊，2020，35（7）：796-805.

[8] 黄金川，林浩曦，漆潇潇. 面向国土空间优化的三生空间研究进展[J]. 地理科学进展，2017，36（3）：378-391.

[9] 林坚，许超诣. 土地发展权、空间管制与规划协同[J]. 城市规划，2014，38（1）：26-34.

[10] 张京翔，夏天慈. 治理现代化目标下国家空间规划体系的变迁与重构[J]. 自然资源学报，2019，34（10）：2040-2050.

[11] 张永姣，方创琳. 空间规划协调与多规合一研究：评述与展望[J]. 城市规划学刊，2016（2）：78-87.

[12] 顾朝林. 论中国"多规"分立及其演化与融合问题[J]. 地理研究，2015，34（4）：601-613.

[13] 严金明，陈昊，夏方舟. "多规合一"与空间规划：认知、导向与路径[J]. 中国土地

科学，2017，31（1）：21-27，87.

［14］ 中共中央、国务院. 关于建立国土空间规划体系并监督实施的若干意见［Z］. 2019.

［15］ 卢现祥，李慧. 自然资源资产产权制度改革：理论依据、基本特征与制度效应［J］. 改革，2021（2）：14-28.

［16］ 欧名豪. 土地利用规划体系研究［J］. 中国土地科学，2003（5）：41-44.

［17］ 自然资源部. 关于全面开展国土空间规划工作的通知［Z］. 2019.

［18］ 自然资源部. 省级国土空间规划编制指南（试行）［Z］. 2019.

［19］ 自然资源部. 市级国土空间总体规划编制指南（试行）［Z］. 2020.

土地计划管理

【本章要点和学习目标】

　　掌握土地计划管理的定义、特征与目标；掌握我国土地计划管理的程序；掌握我国土地利用年度计划指标；理解土地计划管理与土地规划管理的关系；理解土地计划管理的必要性；了解我国土地计划管理的演变。

4.1 土地计划管理概述

土地计划管理，是我国土地管理制度的重要组成部分，也是土地参与宏观调控的重要方式与手段。它对优化土地资源配置、促进土地资源合理利用、提升土地资源利用效益具有重要意义。

4.1.1 土地计划管理的内涵

1. 计划管理

（1）计划管理的定义

计划管理，是指特定组织（国家、地方、部门和企事业单位等）围绕一定的目标，运用计划来指导、组织、协调和监督经济社会活动的一系列管理工作的总称。计划管理的实质是通过编制并执行计划，对相关主体、客体及其相互关系进行合理安排与综合平衡，以实现预定目标的过程。

计划管理有多种类型。按照组织类型，可以分为国家计划管理、地方计划管理、部门计划管理和企事业单位计划管理等；按照管理方式，可以分为指令性计划管理和指导性计划管理；按照计划管理的时间，可以分为长期计划管理、中期计划管理和短期计划管理；按照计划管理的范围，可以分为综合计划管理与专项计划管理。不同的计划管理类型，有不同的适用条件与要求，其任务、内容和方法也不尽相同。

需要指出的是，计划管理是一种管理思想，也是一种管理手段，其与社会制度没有必然的联系，社会主义国家有计划管理，资本主义国家也有计划管理。

（2）计划管理的重要性

计划管理，作为一种成熟的管理思想和有效的管理手段，其重要性主要表现在以下方面。

1）计划管理可以降低组织活动的风险

计划管理，包括计划的编制、执行、控制、监督等一系列过程。计划的编制，需要全面客观分析组织内外部条件，科学研判未来发展环境与趋势，合理拟定并优选可行的行动方案；计划在执行过程中，还要利用信息反馈、检查、评价等多种方式进行控制、监督，一方面对执行计划过程中的偏差予以纠正，另一方面对无法执行或已经不适宜的原计划进行调整。可见，计划管理可以有效应对复杂多变的环境和规避不可预知的风险。

2）计划管理可以提高组织活动的效率

计划管理的核心就是通过计划对组织的人力、物力、财力、信息、时间、空间等各种资源要素进行合理的安排、搭配和综合平衡，使其能够在组织目标的统领下合理分工、有机结合，从而发挥最大的整体效应。因此，计划管理，可以有效促进组织内部不同资源要素、不同组成部分之间的分工与协作，减少资源要素的低效、无效利用与不同组成部分的矛盾冲突或不协调，从而提高组织活动的效率。

3）计划管理可以衡量组织活动的成效

计划管理，通过计划的形式为组织活动提供了明确的目标体系，从而能够指导不同空间、不同时间、不同岗位上的人们，围绕各自目标秩序井然地开展工作，同时，计划为各种复杂的组织活动确定了基本依据、任务和标准。计划在执行过程中，实施效果和过程可能会与计划保持一致，也可能由于主观或客观原因，会出现与预定目标及任务、标准等发生偏离的情况，那么，计划管理中的监督、评价等环节通过检查、比较等手段，能够及时发现这些偏离并确定其偏离的程度及原因，从而能够有效衡量组织活动的成效，并为下一步的纠偏或计划调整提供科学依据。

2. 土地计划管理

（1）土地计划与土地计划管理

土地计划，就是对未来土地开发利用在时间、空间、用途等方面所进行的部署与安排。土地计划有广义和狭义之分：广义的土地计划是包括各类、各层级土地相关综合以及专项规划、计划的综合体系，如国土规划纲要、土地利用总体规划、国土空间规划、土地储备计划、土地供应计划、土地利用计划以及与部署土地开发利用相关的政策文件等；狭义的土地计划则主要指土地利用计划及其配套政策等。本章所讲的土地计划指狭义的土地计划。

土地计划管理，是指国家为了贯彻"十分珍惜、合理利用土地和切实保护耕地"基本国策，通过计划手段，对未来土地资源的配置、开发、利用进行统一部署安排的活动。土地计划管理与计划经济体制下的土地行政划拨有本质区别。计划经济体制时期，国家没有土地计划，但是有经济计划和投资项目计划，土地只是根据项目建设的需要作为附属的生产资料通过行政划拨的方式被动投入[1]，没有总量控制，也没有结构优化与节约集约等要求，因此，就土地利用而言，是无计划的。土地计划管理，是社会主义市场经济体制的重要组成部分，具体而言，它是社会主义市场经济体制下政府以土地为工具和手段进行宏观调控、弥补土地市场失灵的具体体现，是我国现行土地管理制度的重要组成部分。

（2）土地计划管理的特征

1）公共性。土地计划管理本质上属于公共管理的范畴，其管理主体为国家，管理目的是实现公共利益，即全国或某一行政区域内土地资源的优化配置与合理利用，其实施以国家公权力为保障。因此，土地计划管理具有明显的公共性特征。

2）层次性。土地计划管理按照行政层级，采取"自上而下、层层落实"的管理模式。土地计划指标从中央到地方，按照土地利用控制目标和地方具体需求

---

[1] 曲波.《中国城市化和市场化进程中的土地计划管理研究》[M]. 北京：经济管理出版社，2011.

逐级分解，每一层级都有明确的目标、任务与职责。层次分明的管理体系，确保了整个土地计划体系能够按照总体目标有序运行。

3）定量性。土地计划管理的主要内容是土地计划指标的制定、分解、使用、监督等。土地计划指标通常为定量指标，比如新增建设用地计划指标、土地整治补充耕地计划指标、耕地保有量计划指标、城乡建设用地增减挂钩计划指标等。指标的定量化，使土地计划管理的目标体系更为清晰明确，计划执行情况的监督考核也更容易操作。

4）权威性。土地计划管理作为我国土地管理制度的重要组成部分，具有明确的法律依据。《土地管理法》第二十三条规定，各级人民政府应当加强土地利用计划管理，实行建设用地总量控制。土地利用年度计划的编制审批程序与土地利用总体规划的编制审批程序相同，一经审批下达，必须严格执行。

（3）土地计划管理与土地规划管理

土地计划管理与土地规划管理都是我国土地管理制度的重要内容，其本质都是政府对土地的供给、配置与开发利用进行预先的谋划、指引和部署安排，都具有权威性和强制性。

两者也有明显的区别。我国土地规划管理最主要的工具是土地利用总体规划（目前国土空间规划正在逐步取代土地利用总体规划），土地计划管理最主要的工具则是土地利用年度计划。这两个工具存在明显区别。土地利用总体规划是对一定区域内土地的开发、利用、治理、保护在空间上、时间上所作的总体安排，规划期限通常为15年。土地利用年度计划则是在土地利用总体规划的框架内，根据国民经济与社会发展的具体情况和需求，对土地利用进行的年度安排。也可以说土地利用年度计划是土地利用总体规划的具体细化与落实。可见，土地规划管理侧重于基础性、纲领性和长远性，土地计划管理则侧重于具体性、准确性和现势性。

4.1.2　土地计划管理的必要性

1. 土地的稀缺性

土地是地球陆地表面具有一定范围的立体空间，这一空间范围十分有限。一方面，地球陆地面积具有相对稳定性。虽然地壳运动、气候变化以及人类活动等自然与人为因素不断影响着地球表面的形态与水陆分布，但是地球陆地面积的变化极其缓慢，而且这种变化是双向的。另一方面，地表以下和高空可供人类拓展的空间范围也非常有限。随着科学技术的发展，人类立体开发利用土地空间的能力逐渐增强，地表以下与高空不断被开发利用，但是，受地球生态平衡、资源环境承载能力等多重因素制约，土地可利用的立体空间范围并不是可以无限拓展，而且，地表之下与高空并不具备完整的土地功能，在用途上受到诸多制约，比如地表之下不具备发展农业所必需的光、热等基本条件。

与土地可利用空间范围十分有限相对应的是，随着经济社会的发展，人类对土地空间的需求却在持续增加。毫无疑问，土地供不应求已经是当前以及未来人类社会发展无法回避的制约因素。在这种约束条件下，必然需要对土地的供给、配置与开发利用进行"精打细算"，即进行科学周密的土地计划管理。

2. 土地利用后果的社会性

从土地的属性和构成来看，一方面，土地作为地球生态系统的基础与核心，是由地球陆地一定高度和深度范围内的土壤、岩石、矿藏、水文、大气和植被等诸多要素构成并综合了人类活动成果的自然经济综合体；另一方面，土地系统是一个在内部不断进行着物质循环和能量流动的有机综合体，具有整体性和相对的稳定性。针对土地或其中一种（或几种）要素（子系统）的利用或干预行为，必然导致对地球生态系统以及土地其他要素（子系统）产生直接或间接的复杂影响，这种影响可能是积极的、正面的，也可能是消极的、负面的。比如农药化肥的过量使用，将导致土壤板结、酸化、肥力下降，直接破坏农田生态系统，同时也可能对当地的淡水系统带来负面影响。再比如滥伐森林、过度放牧，将可能导致水土流失、土地沙化等一系列生态环境问题。

另外，由于土地不可移动，且相互联结在一起，致使对特定区域土地的开发利用，不仅影响该区域的自然生态环境和经济社会效益，还会直接或间接影响相邻区域甚至更大范围的自然生态环境和经济社会效益。比如一个城市森林公园的建设将有助于改善该区域及周边的生态环境，同时带动周边土地价值的提升，相反，一个高污染项目的建设，将可能直接导致周边区域的环境质量和土地价值下降。

土地利用后果的社会性，尤其是负的外部性，一旦形成，修复治理往往需要付出巨大的代价，如土壤、地下水污染后的治理。因此，从防患于未然、土地综合利用效益最大化的角度，要求政府必须通过计划管理，对土地的供应及开发利用进行严密的部署安排和监督管控，以有效杜绝和减少土地利用负面效应的产生。

3. 土地市场的失灵

实践证明，作为资源配置的基础手段，市场具有显著的优越性。但是市场不是万能的，其自身也存在着固有的缺陷与不足。市场失灵理论认为，仅仅依靠市场机制的自发调节可能会导致资源配置的低效率，即市场失灵。其主要表现为：①市场存在着垄断或不完全竞争，导致资源配置可能出现偏差、失误或低效，进而降低市场效率。②市场行为的外部性可能产生负面的外溢效应并难以解决。③市场机制不能保证公共物品的有效供给和公共资源的有效利用与保护。④信息不完全或不对称可能导致市场出现逆向选择、道德风险等一系列资源配置不当、市场效率降低现象。另外，市场调节的短期性和滞后性等固有缺陷也可能导致资源浪费与社会福利减少。

土地是人类赖以生存的物质基础和一切社会经济活动的承载空间；土地具有稀缺性、利用外部性和良好的保值增值性；土地市场由于土地价值量大、开发建设门槛高、投资专业性强等因素导致市场交易对象与交易主体少，竞争不充分。上述因素使土地市场具备了"失灵"的所有前置条件。土地市场一旦失灵，将不可避免地引发生态环境破坏、经济社会发展失衡、人们的生产生活秩序受到严重冲击等一系列负面效应。因此，在土地资源配置中，必须正确处理政府与市场的关系，在充分发挥市场决定性作用的同时，发挥好政府的作用，灵活有效运用计划等调控手段，弥补市场机制存在的不足与缺陷，促进土地配置和利用的高效与公平。

4.1.3 土地计划管理的目标

1. 切实贯彻基本国策，保护与合理利用土地

十分珍惜、合理利用土地和切实保护耕地是我国的基本国策。土地管理的法律法规、政策措施与规划计划均是贯彻落实这一基本国策的具体体现。土地计划管理的核心内容是确定、配置并严格落实土地计划指标，土地计划指标主要包括新增建设用地计划指标、土地整治补充耕地计划指标、耕地保有量计划指标、城乡建设用地增减挂钩指标及工矿废弃地复垦利用指标等。从指标的内容和指向性来看，合理控制建设用地总量，优化建设用地空间布局，守住耕地红线，确保耕地占补平衡，实现土地的可持续利用，是土地计划管理的重要目标。显然，这与"十分珍惜、合理利用土地和切实保护耕地"的基本国策一脉相承。

2. 优化土地利用结构，转变经济增长方式

优化土地利用结构，转变经济增长方式，也是土地计划管理的重要目标。具体来说，主要通过以下举措予以实现。一方面，在确定土地计划指标时，通过确定新增建设用地总量指标、耕地保有量指标等，明确了建设用地、耕地这两个重要地类的面积，这为调整与优化全国及区域土地利用结构提供了重要基础，也在宏观层面为控制建设用地无序扩张、守住耕地红线、促进土地可持续利用提供了明确依据与有力保障。另一方面，土地计划指标，尤其是新增建设用地计划指标在具体分解使用时，要认真权衡公益性建设用地与经营性建设用地、存量建设用地与新增建设用地以及各行业用地的数量及比例关系等，同时要严格执行国家区域政策、产业政策和供地政策，比如对鼓励类的产业在用地方面要大力支持，对限制类的产业必须要符合规定条件方能供地，对淘汰类的产业不但不能供应土地，还要对原有土地进行改造开发。可见，土地计划指标的分解投放将直接影响到产业结构与经济增长方式。因此，土地计划管理，通过土地计划指标的合理确定以及按照指定方向与规划用途的"精准投放"，可以促进土地利用结构的调整与优化，进而推动产业结构的调整升级与经济增长方式的转变。

3. 促进土地供需平衡，保障重点需求

土地的供给具有稀缺性，并且，随着需求的增长与日俱增。如何通过有限的土地供应满足日益增长的土地需求，实现土地供需的相对平衡，是人类需要长期面对的矛盾与问题。土地供需的深刻矛盾决定了土地无法实现"按需供应"，必须通过"以供定需""以供应引导需求"的思路来寻求一种相对的土地"供需平衡"。这就意味着必须对各种各样的土地需求进行科学识别与精细区分，土地供应只能满足那些合理的、重要的、有效的需求，而且需要对这些合理的、重要的、有效的土地需求进行优先级排序。近年来，有些地区不考虑当地实际需求，大量供应商品住宅用地，导致了商品住宅的"高库存"，间接造成了土地资源浪费。土地计划管理，本质上是通过预先编制用地计划并按照用地计划有序供应土地，以达到引导并保障合理重要有效用地需求、实现土地供需相对平衡的目的。这显然是"以供定需""以供应引导需求"思想的具体体现。当然，土地计划管理能否达到预期效果与目标，还要看土地计划的制定是否科学合理、执行是否到位。

4.2　土地计划管理的演变

4.2.1　土地计划管理的实施背景

十一届三中全会之前，我国实行的是高度集中的计划经济体制。但是，在国民经济和社会发展计划中，有物资、资金、劳动力等生产要素的计划配置与综合平衡，却没有土地资源分配和利用的综合平衡机制，也没有一个权威的机构对土地资源进行统筹协调管理。大多数土地使用主体的生产经营计划中没有土地利用的计划指标，即便农林部门，也仅仅只有面积和产量的计划指标，对于土地的空间布局、质量状况、具体用途、利用方式等均没有明确的思考与部署。而且，作为一种重要的生产要素，土地的价值被完全忽略，土地使用无偿、无期限。在这种制度背景下，用地部门往往从自身利益出发，不顾实际需求，想方设法多占地、占好地，导致不同用地部门之间"争地"矛盾十分尖锐。没有土地利用计划管理与协调平衡制度，土地使用无偿、无期限，用地单位又缺乏节约集约用地的内在自我约束机制与外在监督机制，导致这一时期土地利用不遵循客观规律，土地属性与实际用途不相适应，以及土地闲置浪费、低效利用等问题非常突出。

十一届三中全会后，我国拉开了经济体制改革的序幕，对过分集中的计划经济管理体制开始着手改革。1984年10月，党的十二届三中全会通过了《关于经济体制改革的决定》（以下简称《决定》），比较系统地提出和阐明了经济体制改革中的一系列重大理论和实践问题，突破了把计划经济同商品经济对立起来的传统观念，确认我国社会主义经济是公有制基础上的有计划的商品经济。对于社会主义经济中的计划，《决定》指出，指令性计划和指导性计划都是计划经济的具体形式，指导性计划主要依靠运用经济杠杆的作用来实现，指令性计划则是必须执行的，但也必须运用价值规律。而且，《决定》提到，要有步骤地适当缩小指令性计划的范围，适当扩大指导性计划的范围；对关系国计民生的重要产品中需要由国家调拨分配的部分，对关系全局的重大经济活动，实行指令性计划；对其他产品和经济活动，根据不同情况，分别实行指导性计划或完全由市场调节。

随着经济体制改革的推进，"无偿、无期限、无流动"的土地使用制度已经成为经济社会发展的明显制约因素，以"有偿使用"为核心的城镇土地使用制度改革开始启动。1979年颁布实施的《中华人民共和国中外合资经营企业法》和1980年颁布实施的《国务院关于中外合营企业建设用地的暂行规定》（国发〔1980〕201号），对中外合资、合营企业用地的场地使用费作出规定。之后，广州、阜新等城市陆续开征城市土地使用费。1987年，深圳经济特区首次协议出让国有土地使用权。1988年，《中华人民共和国宪法修正案》规定土地使用权可以依照法律规定转让。同年《土地管理法》进行相应修正，明确规定，国有土地和集体所有土地的使用权可以依法转让，国家依法实行国有土地有偿使用制度。

随着土地使用制度的逐步改革，土地开始以独立的生产要素形式参与到经济社会活动中，其价值逐步显化，市场机制也开始在土地资源配置中发挥作用。但由于市场机制存在失灵等固有缺陷，乱占滥用、浪费破坏耕地的现象越来越突出。在这种背景下，对土地进行统筹安排、计划管理，就显得尤为迫切。1986年3月，中共中央、国务院在《关于加强土地管理、制止乱占耕地的通知》（中发〔1986〕7号）中明确要求："今后必须严格按照用地规划、用地计划和用地标准审批土地"。同年，国家土地管理局成立，并着手开始研究土地计划管理工作。自此，我国土地计划管理正式拉开序幕。

4.2.2 土地计划管理的演变历程

自1986年我国开始实施土地计划管理，随着土地市场的逐步活跃，城镇化、工业化的快速推进以及房地产市场的飞速发展，土地资源的开发利用保护等形势不断发生变化，新的问题不断涌现，与之相应，土地计划管理的内容、方式、重点、运行机制等也随之调整。总体而言，经过30余年的发展，我国土地计划管理逐步走向科学化、规范化。

1. 第一阶段（1986—1997年）：土地计划管理起步探索阶段

1986年，国家土地管理局成立，同年《土地管理法》颁布。这是中华人民共和国成立后第一个专门的土地管理机构和第一部专门的土地管理法律。该部《土地管理法》未将土地计划管理纳入其中，但是，国家土地管理局在健全土地管理制度过程中，将土地计划管理工作作为一项重要内容。1987年，国家计委与国家土地管理局联合下发了《建设用地计划管理暂行办法》，开始对非农业建设占用耕地实行计划管理，1988年，国家土地管理局向大部分省（区、市）下达了土地开发计划，1989年，国家土地管理局会同国家计委一起制定了土地开发利用计划，并通过国民经济和社会发展计划下达，1996年，两部门在修改完善的基础上又联合颁布了《建设用地计划管理办法》。需要指出的是，从1987年到1997年，虽然国家土地管理局每年都单独或联合其他机构制定土地利用相关计划，但是土地计划的类型与内容不成体系，且仅限于建设用地范畴，而且也没有建立严密完善的运行管理机制。因此，该阶段的土地计划管理处于起步探索阶段。由于缺乏有力的法律保障和规范完善的运行机制，该阶段土地计划的权威性比较有限，未能充分发挥其应有的优化土地利用结构与空间布局作用，土地违法违规利用、突破计划、偏离计划、调剂使用计划等现象比较突出，实施效果不够理想。

2. 第二阶段（1998—2003 年）：土地计划管理全面推进阶段

1998 年，新修订的《土地管理法》第二十四条明确规定，各级人民政府应当加强土地利用计划管理，实行建设用地总量控制。土地利用年度计划，根据国民经济和社会发展计划、国家产业政策、土地利用总体规划以及建设用地和土地利用的实际状况编制。土地利用年度计划的编制审批程序与土地利用总体规划的编制审批程序相同，一经审批下达，必须严格执行。上述规定为土地计划管理工作提供了明确的法律依据，土地计划管理由此上升到法律层次。根据新修订的《土地管理法》，1999 年，第一个《土地利用年度计划管理办法》（以下简称《办法》）制定并出台。该《办法》明确了土地利用年度计划的指标，即农用地（含耕地）转用计划指标、耕地保有量计划指标和土地开发整理计划指标，并对土地利用年度计划管理的原则以及土地利用年度计划的编制、执行等进行了规定。虽然该《办法》总体上较为粗略，运行机制设计也不够缜密精细，但是至此我国土地利用计划管理有了明确的法律依据和实施导则，土地计划管理开始在法律的框架内全面有序推进。

3. 第三阶段（2004—2015 年）：土地计划管理规范提升阶段

2004 年 10 月，针对当时存在的盲目投资、低水平重复建设以及由此导致的用地需求骤增、大量圈占土地、乱占滥用耕地等突出问题，国务院下发了《关于深化改革严格土地管理的决定》（国发〔2004〕28 号），该文件明确规定，加强土地利用计划管理，农用地转用的年度计划实行指令性管理，跨年度结转使用计划指标必须严格规范；改进农用地转用年度计划下达和考核办法，对国家批准的能源、交通、水利、矿山、军事设施等重点建设项目用地和城、镇、村的建设用地实行分类下达，并按照定额指标、利用效益等分别考核。根据这一文件，《土地利用年度计划管理办法》随即进行了修订。修订后的《办法》主要有三个改变：一是对农用地转用计划指标实行分类设置和下达；二是对农用地转用计划实行指令性管理；三是明确对计划执行情况进行考核。

2006 年，为遏制建设用地总量增长过快，低成本工业用地过度扩张，违法违规用地、滥占耕地现象屡禁不止等突出问题，国务院发布《关于加强土地调控有关问题的通知》（国发〔2006〕31 号）。该文件明确要求，将新增建设用地控制指标（包括占用农用地和未利用地）纳入土地利用年度计划，以实际耕地保有量和新增建设用地面积，作为土地利用年度计划考核、土地管理和耕地保护责任目标考核的依据；实际用地超过计划的，扣减下一年度相应的计划指标。根据这一文件，《土地利用年度计划管理办法》再次修订，新《办法》创新了计划管理思路，是土地计划管理的一次重大改革。改革的主体脉络是，土地计划管理要服务于国家宏观调控大局，立足严控土地"闸门"，紧紧围绕增强计划的整体调控功能这条主线，进一步完善计划指标体系，强化计划的监管考核。这次修改有两个重点：其一，新增建设用地纳入计划控制。修改后的土地计划指标体系增设了新增建设用地计划指标，包括新增建设用地总量和新增建设占用农用地及耕地指标。其二，以实际用地作为考核依据。原《办法》是以计划台账作为考核评估的依据，使得计划的考核评估，无法全面反映年度内实际用地情况，降低了计划的约束效力。新《办法》以实际发生的新增建设用地面积为依据，对土地计划执行情况进行年度评估和考核。

4. 第四阶段（2016 年至今）：土地计划管理深化改革阶段

随着工业化、新型城镇化的快速推进，工矿用地不够重视、耕地占优补劣、土地计划灵活性不够等问题越来越突出。为解决上述问题，并适应《国土资源"十三五"规划纲要》关于盘活存量建设用地、提高土地利用水平的要求，2016 年 5 月国土资源部对《土地利用年度计划管理办法》进行了第三次修订。本次修订主要从以下几个方面对土地利用计划管理模式进行了改革：其一，加强对存量建设用地的清理与管理。新《办法》将城乡建设用地增减挂钩和工矿废弃地复垦利用纳入土地利用年度计划管理。其二，对土地利用年度计划管理原则进行了深刻调整。管理原则增加了保护和改善生态环境，保障土地可持续利用，坚持耕地保护数量、质量、生态并重，统筹区域、城乡建设用地，统筹存量与新增建设用地，促进存量用地盘活利用等内容。其三，改革了土地利用年度计划指标的编制方法和下达程序，增强了土地利用计划的灵活性。本次修订将土地利用计划的编制年度从一年变更为三年，分年度下达，同时，在新增建设用地计划指标下达前，各省（区、市）可按不超过上一年度的 50% 预先安排使用，此外，对节余的新增建设用地计划指标，各地可以在 3 年内结转使用，这就大大增强了地方使用计划指标的灵活性。其四，进一步强化了计划指标执行监督考核。以往的计划指标管理注重指标下达，对后续的跟踪和监督力度不够。这次修订强化了后续监管，将城乡建设用地增减挂钩、工矿废弃地复垦利用等计划指标执行情况，以及农村宅基地指标保障情况一并纳入考核，健全了计划执行考核体系。

2019 年，《土地管理法》再次修订。新法破除了集体经营性建设用地入市的法律障碍，并规定土地利用年度计划应对集体经营性建设用地作出合理安排。2019 年底召开的中央经济工作会议，明确提出在深化经济体制改革的工作中"要改革土地计划管理方式"。学界认为，此次会议提出改革土地计划管理方式的深层次原因在于，一方面中央与地方、地方与项目之间的信息不对称，导致计划用地指标与实际项目需求难以精准匹配；另一方面在政绩考核的利益驱动下，地方政府往往重指标申请而轻批后管理，批下的土地指标在分配过程中又容易集中于能产生较高经济效益的项目和区域，从而造成新的区域发展不公平。2020 年 3 月，自然资源部废止《土地利用年度计划管理办法》（国土资源部令第 66 号）。同年 6 月，自然资源部发布《关于 2020 年土地利用计划管理的通知》（自然资发〔2020〕91 号），提出改革 2020 年土地利用计划管理方式，以真实有效的项目落地作为配置计划的依据，切实保障有效投资用地需求。并明确了坚持土地要素跟着项目走、坚持节约集约用地、坚持分类保障的总体要求。同时，在配置方式上明确要求，对纳入重点保障的项目用地，在批准用地时直接配置计划指标；对未纳入重点保障的项目用地，以当年处置存量土地规模作为核定计划指标的依据。

施行 21 年之久的《土地利用年度计划管理办法》于 2020 年废止，新的《土地管理法》规定将"集体经营性建设用地"纳入土地利用年度计划；"改革土地计划管理方式"确定为当前深化经济体制改革的工作之一。这些都说明我国土地计划管理制度正在酝酿着一场深刻变革。

4.3 土地计划管理制度的运行

土地计划管理作为我国一项重要的土地管理制度，已经运行多年，虽然目前仍然在改革完善，但是其运行机制已经形成，本节内容将结合我国土地计划管理实践，阐述我国土地计划管理制度的运行。

4.3.1 土地计划管理的原则

从 1987 年制定的《建设用地计划管理暂行办法》，到 1999 年颁布并分别于 2004 年、2006 年、2016 年三次修订的《土地利用年度计划管理办法》，再到 2020 年的《关于 2020 年土地利用计划管理的通知》，都对土地计划管理提出了基本原则或总体要求，虽然具体提法或表述不尽相同，但是其核心思想与导向是一致的。大致可以归纳为以下四点：

1. 控制建设用地总量，切实保护耕地

控制建设用地总量，切实保护耕地，是我国土地计划管理的基本原则与核心要求。20 世纪 80 年代以来，由于城镇化、工业化的快速发展以及人口的持续增长，大多数城市呈现"摊大饼"式的扩张态势，城市用地规模不断扩大，城市周边大量的优质耕地转为建设用地。与此同时，由于农村经济社会的发展及农民收入的提高，农村基础设施公共设施大量建设，农民建房热情也普遍高涨。但由于管理及规划的缺位，一些农房在建设过程中占用了村庄周边与交通沿线大量耕地（部分属于违法占用），而且建新不拆旧、一户两宅甚至多宅等现象普遍，形成了大量的空心村。在这种背景下，我国耕地保护的红线受到冲击，粮食安全受到威胁。因此，严格控制建设用地总量，切实保护耕地，成为当前乃至未来很长时期我国土地管理的基本政策与核心内容。《土地管理法》第四条明确规定，严格限制农用地转为建设用地，控制建设用地总量，对耕地实行特殊保护。第二十三条再次强调，各级人民政府应当加强土地利用计划管理，实行建设用地总量控制。土地利用年度计划中的新增建设用地计划指标、土地整治补充耕地计划指标、耕地保有量计划指标、城乡建设用地增减挂钩指标和工矿废弃地复垦利用指标等，正是控制建设用地总量，切实保护耕地基本政策的具体体现。

2. 保障真实有效的重点项目用地需求

土地的功能具有多样性，决定了土地的需求也多种多样，但是从资源配置的效率和公平角度来评判，并不是所有的土地需求都是合理、重要或者真实有效的。其原因主要在于：一方面，土地需求的日益增长与土地供给的稀缺性之间长期存在的矛盾使土地具有良好的增值性，从而吸引了一批"旨在炒卖土地"的投机者，导致一些土地交付给使用者后没有得到及时、合理、有效的开发利用，投机者囤积居奇、牟取暴利。另一方面，有些项目用地需求在合法性、合理性上存在缺陷或瑕疵。比如有些项目不符合国土空间规划、国家产业政策、供地政策和用地定额标准，如产能过剩、低水平重复建设及不符合安全生产与环保要求的项目，有些项目虽然符合相关规划与政策，但是由于缺乏科学论证，脱离当地实际情况，定位不当，没有发展空间。这些项目一旦获得了用地计划指标，轻则导致土地资源的浪费，重则对土地资源造成严重的破坏。基于上述原因，决定了在土地计划管理中，必须对有土地需求的项目按照项目性质、合法合理性、重要程度、发展前景、真实有效性等进行甄别和优先级排序，"过滤"那些不真实、不合法、不合理的用地需求，着力保障真实有效的重点项目用地需求，如关系国计民生的国家重点建设项目、社会保障类建设项目和基础设施类建设项目等。在《关于2020年土地利用计划管理的通知》中，这一原则体现得非常充分。

3. 优化土地利用结构

人类有着衣、食、住、行、医疗、教育、休闲、旅游等各种类型、各种层次的需求，这些需求所对应的产品或服务均来源于土地或在土地上产生，这就形成了用于特定用途的各种类型的土地，即地类。在一定范围内各种地类之间的比例关系或组成情况，构成了土地利用结构。一个理想的土地利用结构，一方面在于土地的承载能力和产出与所在区域的用地需求相匹配，另一方面在于能够实现区域土地利用综合效益的最大化并保持可持续性。但是，现实中大多数区域的土地利用结构基本上都存在着需要改进、优化的空间。而且，对于一个区域而言，其相对理想的土地利用结构并不是静止不变的，随着自然环境与经济社会发展水平的变化，土地利用结构需要不断调整适应，才能不断趋近于理想的状态。土地计划管理的核心工作之一就是要配置用地计划指标，以土地供应引导需求直接影响到不同地类的数量和比例。因此，优化土地利用结构是土地计划管理的重要原则，也是其当仁不让的重要职责。这就要求在分配土地计划指标时，要充分考虑、权衡建设用地与耕地、城镇建设用地与农村建设用地、公益性建设用地与经营性建设用地、存量建设用地与新增建设用地以及各行业用地的数量及比例关系等，在此基础上，差异化、精准化投放各类土地计划指标，以实现优化土地利用结构的目标。

4. 节约集约利用土地

土地的不可再生性与供给的稀缺性，决定了节约集约利用土地，始终是我国土地管理的基本要求，因此，"十分珍惜、合理利用土地"写入了我国基本国策。同时，《土地管理法》对节约集约用地进行了比较全面的规定。其中，第十七条明确要求，提高土地节约集约利用水平。第三十七条规定，非农业建设必须节约使用土地，可以利用荒地的，不得占用耕地；可以利用劣地的，不得占用好地。第三十八条规定，禁止任何单位和个人闲置、荒芜耕地。另外，针对出让方式取得的房地产开发用地闲置问题，《中华人民共和国城市房地产管理法》（简称《城市房地产管理法》）制定了征收土地闲置费、无偿收回土地使用权等强制性举措。因此，在土地计划管理中，必须严格遵循节约集约利用土地的理念与要求。具体而言，一方面要严格控制建设用地总量，项目用地必须符合国土空间规划、国家产业政策、供地政策和用地定额标准等规定；另一方面要大力挖掘存量建设用地潜力，促进存量用地盘活利用，既要算"增量"账，更要算"存量"账。2006 年和 2016 年修订的《土地利用年度计划管理办法》，在土地利用年度计划管理原则部分，均提出要"提高土地节约集约利用水平"；《关于 2020 年土地利用计划管理的通知》则将"坚持节约集约用地"作为总体要求之一，且明确规定"对未纳入重点保障的项目用地，以当年处置存量土地规模作为核定计划指标的依据，加大存量盘活力度"。

4.3.2　土地利用计划指标

土地利用计划指标是土地计划管理的核心工具。由于我国土地计划管理的主要形式为土地利用年度计划管理，因此，下面主要阐述土地利用年度计划指标。

自 1999 年至今，经过三次修订的《土地利用年度计划管理办法》虽然已废止，但是土地计划管理的基本思想与核心内容是延续连贯的。总结四个版本的《土地利用年度计划管理办法》可以看出，土地利用年度计划指标虽不尽相同，但主要都是围绕两类指标：一是建设用地类指标，二是耕地类指标（表 4-1）。建设用地类指标主要包括总量指标及建设占用农用地、耕地的指标，有些还细分了不同类型建设项目的用地指标，如城镇村建设用地指标和能源、交通、水利、矿山、军事设施等独立选址的重点建设项目用地指标。耕地类指标则主要包括耕地保有量指标及土地开发整治补充耕地指标。从指标设计的出发点及目的来看，两类指标的政策导向显然是不同的，即建设用地类指标旨在限制与控制，耕地类指标则旨在保护与补充。

需要说明的是，四个不同时期的《土地利用年度计划管理办法》均明确，各地可以根据实际需要，在上述分类的基础上增设控制指标。另外，由于现行《土地管理法》规定土地利用年度计划应当对集体经营性建设用地作出合理安排，所以集体经营性建设用地也势必将进入土地利用计划指标体系。

《土地利用年度计划管理办法》 中的土地计划指标　　　　表 4-1

施行时间	指标类型	指标名称	备注
1999 年 3 月	建设用地类指标	农用地（含耕地）转用计划指标	
	耕地类指标	耕地保有量计划指标	
		土地开发整理计划指标	
2004 年 12 月	建设用地类指标	农用地转用计划指标	分为城镇村建设占用农用地指标和能源、交通、水利等独立选址的重点建设项目占用农用地指标
	耕地类指标	耕地保有量计划指标	
		土地开发整理计划指标	分为土地开发补充耕地指标和土地整理复垦补充耕地指标
2006 年 11 月	建设用地类指标	新增建设用地计划指标	包括新增建设用地总量和新增建设占用农用地及耕地指标
	耕地类指标	耕地保有量计划指标	
		土地开发整理计划指标	包括土地开发补充耕地指标和土地整理复垦补充耕地指标
2016 年 5 月	建设用地类指标	新增建设用地计划指标	包括新增建设用地总量和新增建设占用农用地及耕地指标
		城乡建设用地增减挂钩指标	
	耕地类指标	耕地保有量计划指标	
		土地整治补充耕地计划指标	
		工矿废弃地复垦利用指标	

4.3.3　土地计划管理的程序

土地计划管理一般分为计划编制、计划下达、计划执行与监管考核四个环节。下面仍然以我国土地利用年度计划管理为例进行简要阐述。

1. 计划编制

《土地管理法》规定，土地利用年度计划根据国民经济和社会发展计划、国家产业政策、土地利用总体规划以及建设用地和土地利用的实际状况编制。土地利用年度计划的编制通常有三个步骤：①国务院国土资源主管部门会同国家发展改革委以全国国土空间规划安排为基础，根据经济社会发展状况和各地用地实际等情况，测算全国未来三年土地利用计划指标控制总规模。②县级以上地方国土资源主管部门，以本级国土空间规划安排为基本依据，综合考虑本地规划管控、固定资产投资、节约集约用地、人口转移等因素，测算本地未来三年土地利用计划指标控制规模，并按照年度间相对平衡的原则，会同有关部门提出本地的土地利用年度计划建议，经同级人民政府审查后，报上一级国土资源主管部门。需国务院及国家发展改革委等部门审批、核准和备案的重点建设项目拟在计划年度内使用土地，涉及新增建设用地的，由行业主管部门按项目向国务院国土资源主管部门提出计划建议。③国务院国土资源主管部门根据测算的未来二年全国土地利用计划指标控制总规模，结合省、自治区、直辖市和国务院有关部门提出的年度计划指标建议，编制全国土地利用年度计划草案，纳入国民经济和社会发展计划草案，报国务院批准，提交全国人民代表大会审议确定。《土地管理法》第二十三条明确规定，土地利用年度计划的编制审批程序与土地利用总体规划的编制审批程序相同。

2. 计划下达

土地利用年度计划采取"由上到下，逐级分解"的方式下达。国务院国土资源主管部门会同国家发展改革委依据全国人民代表大会审议通过的全国土地利用年度计划总量指标，根据各地经济社会发展状况、规划安排、建设用地状况、资源潜力和相关工作进展情况，提出分解方案并下达到省、自治区、直辖市以及计划单列市、新疆生产建设兵团。省级以下国土资源主管部门应当将上级下达的土地利用年度计划指标予以分解，经同级人民政府同意后下达。省、自治区、直辖市国土资源主管部门应当根据省级重点建设项目安排、建设项目用地预审和市县建设用地需求，合理确定预留省级的土地利用计划指标和下达市县的土地利用计划指标；市县的土地利用计划指标应当一次性全部下达。另外，国务院及国务院有关部门、中央军委或者中央军委授权的军队有关机关审批、核准、备案的单独选址重点基础设施建设项目，所需的新增建设用地计划指标不下达地方，在建设项目用地审批时直接安排。

3. 计划执行

土地利用年度计划一经批准下达，必须严格执行，任何单位和个人，不得擅自更改或调整。其中对新增建设用地指标管理尤为严格，以 2016 年修订的《土地利用年度计划管理办法》为例，其第十三条规定，新增建设用地计划指标实行指令性管理，不得突破。批准使用的建设用地应当符合土地利用年度计划。凡不符合国土空间规划、国家区域政策、产业政策和供地政策的建设项目，不得安排土地利用年度计划指标。没有土地利用年度计划指标擅自批准用地的，按照违法批准用地追究法律责任。《土地管理法》第二十四条规定，省、自治区、直辖市人民政府应当将土地利用年度计划的执行情况列为国民经济和社会发展计划执行情况的内容，向同级人民代表大会报告。

4. 监管考核

国家对土地利用年度计划的执行情况采取多层次、多形式的监管。一方面，县级以上地方国土资源主管部门严格执行土地利用年度计划指标使用在线报备制度，对土地利用年度计划指标使用情况及时进行登记，并按月在线上报；省、自治区、直辖市国土资源主管部门对土地利用年度计划执行情况进行跟踪检查，并按照要求将土地利用年度计划执行情况报告国务院国土资源主管部门。另一方面，国务院国土资源主管部门将根据土地市场动态监测与监管系统，按季度对各省、自治区、直辖市土地利用计划安排使用情况进行通报，并与地方计划指标配置情况进行比对，对超出当季计划测算量的，提示预警，对超出年终核定计划总量批准用地的，视为超计划批地。另外，上级国土资源主管部门要对下级国土资源主管部门土地利用年度计划的执行情况进行年度评估考核，评估考核结果将作为下一年度土地利用年度计划编制和管理的重要依据。

需要指出的是，国家对土地计划管理的监管考核越来越严格，自然资源部发布的《关于2020年土地利用计划管理的通知》明确规定，土地利用年度计划执行情况纳入土地管理水平综合评价；对超计划批地的，向省级党委政府通报，并相应扣减下一年度计划指标。对违法违规批地、虚假供地的，一经发现，严肃查处，相应调减计划指标核定量，并追究相关责任人的责任。

4.4 土地计划管理的改革走向

目前新的土地计划管理制度尚未构建，但是，通过前文的分析研判，可以大致判断未来我国土地计划管理改革的主要走向。

4.4.1 土地利用计划指标的配置方式将发生变革

以往的土地利用计划指标配置主要采取因素法分解，即在综合考虑各地规划管控、经济社会发展状况、节约集约利用土地程度、人口转移情况、单位GDP用地量、新增建设用地供地率以及土地执法监察等多种因素的基础上，经反复论证、统筹协调后确定土地利用计划指标分配方案。这种配置方式强调了不同地区在用地权益上的公平，但其最突出的问题是导致用地计划指标与实际项目需求难以精准匹配，往往是发达地区土地指标供不应求，欠发达地区土地指标却用不完。《关于2020年土地利用计划管理的通知》已经明确了未来土地利用计划指标配置的改革方向，即以真实有效的项目落地作为土地利用计划指标配置的主要依据。这样可以在控制土地计划指标总量的前提下，增加土地计划管理的灵活性，切实保障有效投资的用地需求，实现土地供需空间结构的优化和土地指标效用的最大化。

4.4.2 盘活存量土地成为土地计划管理的重要内容

在第三次修订的《土地利用年度计划管理办法》（国土资源部令第66号）中，将统筹存量与新增建设用地，促进存量用地盘活利用作为基本原则之一，但是在具体政策设计中，对此却考虑并不充分，或者说缺乏有效的举措予以贯彻落实。从2018年《自然资源部关于健全建设用地"增存挂钩"机制的通知》（自然资规〔2018〕1号）到2020年的《关于2020年土地利用计划管理的通知》可以看出，在耕地保护与生态文明建设约束下，国家对盘活存量土地越来越重视。《自然资源部关于健全建设用地"增存挂钩"机制的通知》明确提出，要大力推进土地利用计划"增存挂钩"，各级自然资源主管部门分解下达新增建设用地计划，要把批而未供和闲置土地数量作为重要测算指标，逐年减少批而未供、闲置土地多和处置不力地区的新增建设用地计划安排，并要明确各地区处置批而未供和闲置土地的具体任务和奖惩要求。《关于 2020 年土地利用计划管理的通知》则要求继续实施"增存挂钩"，并且提出对未纳入重点保障的项目用地，以当年处置存量土地规模作为核定计划指标的依据。可见，盘活存量土地、提高土地利用节约集约水平，将不仅仅停留在"原则"层面，而会成为与土地计划指标配置直接相关的重要考量因素。

4.4.3　城乡统一的建设用地计划管理体系逐步形成

由于城乡土地二元体制的存在，长期以来，我国建设用地计划管理主要针对城镇，一直未将农村建设用地纳入其中。2019 年《土地管理法》的修订，破除了集体经营性建设用地入市的法律障碍，并规定土地利用年度计划应对集体经营性建设用地作出合理安排。这一变革，对土地计划管理，尤其是建设用地计划管理将产生深刻影响。城乡统一的建设用地计划管理体系将逐步形成，建设用地指标的来源将多元化，而且指标将在市场机制的作用下，打破城乡限制自由流动，配置到效益较好的领域与项目。这对于优化土地资源配置，提高土地利用效率效益具有重要意义。需要指出的是，集体经营性建设用地主要指工业、商业等经营性用途土地，并未包含宅基地。随着乡村振兴战略的实施以及宅基地制度的进一步改革，可以预见，宅基地终将纳入城乡统一的建设用地计划管理体系。

4.4.4　管理目标与指标体系将进行调整

从性质与内容来看，以往的土地利用计划是土地利用总体规划的具体细化与落实，尤其在土地计划指标的测算与配置上，均是在土地利用总体规划的框架内分解确定。但是，我国已经将主体功能区规划、土地利用规划、城乡规划等空间规划融合为统一的国土空间规划，实现"多规合一"。这意味着土地计划管理的基础与依据由土地利用总体规划转变为国土空间规划。国土空间规划是落实国家安全战略、区域协调发展战略和主体功能区战略的系统性国土空间安排，在国家规划体系中具有基础性作用。国土空间规划坚持生态优先、绿色发展，坚持山水林田湖草生命共同体理念，坚持陆海统筹、区域协调、城乡融合，强化底线约束。与此相应，以国土空间规划为基础与主要依据的土地利用计划管理在管理目标、原则、指标体系上都将进行调整。

4.5　本章小结

本章在阐述土地计划管理内涵、必要性与目标的基础上，结合土地计划管理相关政策文件，对我国土地计划管理的实施背景与演变轨迹进行了分析总结，并从土地计划管理的原则、指标体系与实施程序等方面，全面介绍了我国土地计划管理的制度体系、实施要点与实践状况。

思考与练习题

1. 简述土地计划管理的含义与特征。
2. 简述土地计划管理的目标。
3. 分析土地计划管理与土地规划管理的区别联系。
4. 阐述我国土地计划管理的程序,分析存在的问题并提出改革建议。

参 考 文 献

[1] 毕宝德,等. 土地经济学[M]. 8版. 北京:中国人民大学出版社,2020.

[2] 曲波. 中国城市化和市场化进程中的土地计划管理研究[M]. 北京:经济管理出版社,2011.

[3] 陆红生. 土地管理学总论[M]. 6版. 北京:中国农业出版社,2015.

[4] 成立,魏凌. 改革土地计划管理方式的原因和影响[J]. 中国房地产,2020(2):39-40.

[5] 潘文灿. 做好土地利用计划管理工作这篇大文章[J]. 中外房地产导报,1999(8):4-6.

[6] 曲波. 市场经济仍须加强土地计划管理[N]. 中国国土资源报,2007-12-17(7).

土地利用管理

【本章要点和学习目标】

掌握土地分区利用管理与土地分类利用管理的概念； 掌握国家层面主体功能区的分类及关系； 掌握省级国土空间规划主体功能区类型及市级国土空间规划分区类型； 掌握我国耕地利用管理与建设用地利用管理的主要内容； 理解土地利用管理的内涵、 目标及任务； 理解土地分区的原则与方法； 了解土地利用及其影响因素； 了解区位理论和自然地域分异规律； 了解我国耕地资源开发利用现状与建设用地利用存在的问题。

5.1 土地利用管理概述

土地是人类社会赖以生存和发展的物质基础。人类社会的发展史，也是一部土地利用史。进入 21 世纪以来，随着人类经济社会的快速发展和人口的不断增加，土地需求与供给之间的矛盾越来越突出，建设用地过快增长、耕地持续减少、土壤污染退化以及土地利用结构失衡、空间布局不合理等土地利用问题不断涌现，负面效应也逐步凸显。如何正确处理人地关系，如何科学、高效、可持续利用土地，已经成为各国政府与社会公众普遍关注的重要问题。

5.1.1 土地利用及其影响因素

土地利用，是指人们为了特定目的，根据土地属性通过一定方式对土地施加作用以满足自身需求的过程。这一过程也是一个在多重因素制约下复杂的人地交互作用过程。由于土地利用的主体、客体、能力及情景随着时间的推移都在发生着变化，致使土地利用的目标、方式、程度、效率、效益等也都处于动态变化之中。影响土地利用的因素多种多样，概括而言，主要有自然因素、经济因素和社会因素三大类。

1. 自然因素

影响土地利用的自然因素主要包括地理位置、地形地貌、地质构造、气候、水文及土壤等。自然因素是土地利用的基础条件，对土地的可用性以及适合用途起着决定性的作用。比如永久积雪地、冰川覆盖地以及沙漠、戈壁、寒漠等，由于地理位置、气候、地形等自然条件制约，在当前阶段，人类难以开发利用。再如，年积温条件、年降水量、土壤质地、土层厚度及母质条件等自然因素，直接影响土地的宜耕性；地形坡度、水资源条件、海拔、地质灾害等自然因素则直接影响土地的建设开发适宜性。因此，土地利用必须遵循自然规律，充分考虑自然条件，因地制宜，才能获得较好的利用效益。当然，影响土地利用的自然因素并不是一成不变的。随着时间的推移，有些自然因素在发生着缓慢的变化，比如气候。另外，在人类的干预下，有些自然因素不会一直保持着纯粹的原始状态，而是会渗透融入大量的人类活动成果，从而处于动态变化之中，如土壤质地、地形坡度、水资源条件等。不论如何，土地利用，都是人类在特定时空、特定自然条件下对土地施加作用的过程，必须因地、因时制宜。

2. 经济因素

通过土地利用获取经济效益，是土地利用的主要目标之一，这在生产性土地利用和以经营为目的的非生产性土地利用中表现得尤为充分。因此，土地利用能够取得的预期经济效益，在一定程度上决定了人们利用土地的方向、方式和程度。如利用农地时通过测土配方施肥、优化耕作制度、科学防治病虫害提高经济产出；利用建设用地时通过合理规划用途、优化空间布局与结构、提高集约利用水平提升经济效益。当然，如果完全通过经济效益这个指挥棒来指导土地利用行为也可能带来严重的负面效应。如近年来，在土地经济效益的驱动与引导下，一些地方不遵循土地利用规律，一方面将城市周边大量的优质耕地变更为建设用地，导致城市"摊大饼"式扩张，耕地面积不断减少，直接威胁到粮食安全；另一方面在城市中心区域盲目过度开发，不断提升建筑高度、密度，导致交通拥堵、环境污染等"城市病"出现。在农村，以经济效益为指挥棒的土地不当利用行为也较为普遍。如一些农地由于经济效益较差而被撂荒或粗放利用，还有一些农地则为了获得更高的经济产出而过量施加农药化肥，导致土壤退化、农田环境污染以及农产品不安全。因此，在土地利用中，经济因素对使用主体会产生重要的影响，政府应充分利用公共管理和宏观调控职能，尽力消除其负面影响，确保土地使用主体能够在遵循土地利用规律及相关法律法规的前提下追求合理的经济效益。

3. 社会因素

影响土地利用的社会因素涉及范围比较广泛，主要包括社会制度、法律法规、规划计划、科学技术以及传统习惯等。自然因素与经济因素对土地利用的影响机理与方式，在不同的时空条件下都具有共性特征，社会因素对土地利用的影响机理与方式则比较复杂。比如同一项制度政策，对不同地区、不同时期的土地利用发挥的作用可能迥然不同，有些地区是正向作用，有些地区则可能是负向作用，某一时期是正向作用，另一时期则可能是负向作用，因此，讨论社会因素对土地利用的影响，不能泛泛而谈，必须结合特定的时空条件和应用场景。

如果运用得当，社会因素对土地利用会产生积极而深刻的影响。如土地有偿使用制度能够促使用地者节约集约利用土地，稳定农村土地承包关系有助于调动农户的农业生产积极性，永久基本农田划定可以促进优质耕地的保护，地下空间开发技术的进步有利于推动土地的立体开发利用，现代信息技术在土地利用动态巡查中的广泛应用能够使违法违规用地行为大大减少。当然，社会因素对土地利用并非都是正面影响，也会产生一系列的负面效应。近年来一些地区房地产过度开发、耕地闲置撂荒及非农化问题突出，都与相关制度政策的不完善以及传统观念有着直接或间接的联系。

总之，对于特定区域或特定地块的土地利用来说，具体的利用方向、方式与程度都是在特定时间与空间条件下自然因素、经济因素与社会因素相互渗透并综合作用的结果。这种结果并不具有唯一性，其中一项具体因素发生了变化，其利用结果必然随之改变。这就要求政府管理部门以及土地利用主体，在土地利用的计划与实施过程中，要统筹兼顾，全面考虑，确保土地利用的综合效益能够实现最大化。

5.1.2　土地利用管理的内涵与目标

1. 土地利用管理的内涵

土地利用管理是土地资源管理中围绕土地利用开展的一系列管理活动，具体而言，是指从国家整体利益出发，根据国家经济、社会发展和生态保护需要，遵循土地利用客观规律，对土地资源的配置、开发、利用、保护和整治等所进行的计划、组织、领导、控制和创新等工作的总称。土地利用管理是土地资源管理的核心组成部分。

2. 土地利用管理的目标

土地利用管理是一种政府行为。保障国家整体利益和长远利益，促进土地资源的优化配置与合理利用，是土地利用管理的基本目标。具体来说，土地利用管理包含以下具体目标。

（1）经济效率

土地作为一种稀缺资源和不可或缺的生产要素，不论是土地利用主体，还是土地管理主体，都会将经济效率作为土地利用的基本目标之一。经济效率是指资源的有效使用与有效配置，即资源是否在不同行业、部门或生产目的之间得到合理配置，使得最大程度满足人们的各种需要。对于土地的经济效率而言，包括生产效率与配置效率。生产效率反映的是要素投入与产出之间的关系，即既定土地投入下产出最大化，或既定产出下土地投入最小化即为有效率；配置效率反映的是要素的分配组合与产出之间的关系，将既定土地资源在土地利用者之间进行配置，使利用者的总效益最大化即为有效率。这就要求，政府在土地利用管理中，一方面要考虑具体地块的投入产出效率，另一方面要考虑土地在不同产业、不同项目之间的合理配置。

（2）社会发展

社会发展，是构成人类社会的各种要素前进的、上升的变迁过程，是包含经济、政治、文化等一系列社会存在的总体发展。土地是人类一切经济社会活动的载体和基本的生产要素，在人类社会发展中承担着不可或缺的重要角色。这就要求在土地利用管理中，对于社会各领域、各行业、各部门、各地区的用地需求，必须以公平为首要原则，以促进社会全面发展为基本目标，统筹协调各用地主体的利益，优化土地利用结构和空间布局，实现社会效用最大化。同时，还必须考虑社会的可持续发展，即在土地利用管理中，不仅要考虑当代人之间的分配公平，还要考虑当代人与后代人之间的代际公平，不能以牺牲后代人的发展为代价来换取当代人的发展。

（3）环境保护

生态环境是人类生存和发展的根基，生态环境变化直接影响人类的文明兴衰演替。土地是构成生态环境的重要组成部分，也是其核心与基础，它孕育着森林、草原、湿地、河流、湖泊、农田等重要的生态环境要素，同时也承载着人类一切的经济社会活动。人类利用土地的行为，对生态环境有着直接深刻的影响。这种影响是双向的，如果遵循自然规律，人地和谐发展，则可以改善生态环境，反之，则可能破坏生态环境，影响人类的可持续发展。因此，在土地利用中，保护生态环境是重要的目标，也是不可触碰的底线。这就要求政府在土地利用管理中，必须遵循自然规律，正确处理经济发展与环境保护的关系，构建和谐的人地关系，决不能以破坏生态环境为代价换取一时的经济增长。

综上所述，土地利用管理的目标是多元化的。这就要求，在土地利用管理中，必须要有大局观、整体观，经济效率、社会发展与环境保护都要统筹兼顾。当然，在不同时期，在不同的经济社会条件和资源条件下，或者针对不同的土地用途，土地利用管理的具体目标会有所调整。但是，这种调整应在合理的范围内。

5.1.3　土地利用管理的任务与内容

为了保障国家整体利益和长远利益，促进土地资源的优化配置与合理利用，政府对土地利用的方向、方式和程度等要进行一系列的规划与引导。但是，在实践中，受一些条件、因素的影响或制约，比如一些投资投机者的非法逐利，将可能使土地利用的行为偏离预设的轨道，影响到土地利用管理目标的实现，并产生一系列的负面效应。土地利用管理的任务就是按照土地利用的相关法律、法规与规划，通过多种方式与手段，防治与解决土地利用中可能出现的违法违规或失误、不当等行为，确保土地能够优化配置、合理利用，最终实现土地利用管理的目标。土地利用管理的任务决定了土地利用管理的内容涉及范围非常广泛。一些学者基于不同的角度，将土地利用管理的内容进行了不同的分类。本章根据我国当前的土地利用管理制度与实践，将土地利用管理内容分为两类：

1. 土地分区利用管理

不同地域空间的土地，在自然、经济、社会等多重因素的作用下，往往有相对适宜的功能，如适宜提供工业产品，适宜提供农产品，或者适宜提供生态产品。按照土地的适宜功能规划土地的开发利用方向和具体用途，则可以取得最佳的利用效益。土地适宜性相同或规划方向与用途一致的区域，在管理上必然具有共性。土地分区利用管理，就是政府根据土地的区位、自然经济属性、适宜性、规划用途和发展方向等因素，将土地划分为不同类型的区域，然后对同一类型的区域制定统一的土地开发利用管理政策并进行统一管理的行为。土地分区利用管理是一种"区片式"的"批量管理"。

2. 土地分类利用管理

根据土地的用途、权属等因素，土地可以划分为多种类型，如农用地、建设用地、未利用地、集体土地、国有土地等。土地类型不同，开发利用的方向、方式与程度也相应不同，其管理的任务、内容、重点和方法也必然有明显差异。同一类型的土地，在开发利用管理上必然有共同之处。土地分类利用管理，就是按照用途、权属等因素对土地予以分类，然后根据土地的类型及其所具备的特征制定相适应的开发利用管理策略，并予以统一管理的行为。我国土地分类利用管理已经比较成熟。《土地管理法》第四条规定，国家实行土地用途管制制度，土地分为农用地、建设用地和未利用地，农用地包括耕地、林地、草地、农田水利用地、养殖水面等，建设用地包括城乡住宅和公共设施用地、工矿用地、交通水利设施用地、旅游用地、军事设施用地等。可以说，整部《土地管理法》都贯彻了"分类管理"的思想。

5.2 土地分区利用管理

经过多年的探索与实践，我国在土地分区利用管理方面已经构建了较为完善的体系。以下主要介绍土地分区利用原理、土地分区的原则与方法与我国土地分区利用管理的实践。

5.2.1 土地分区利用原理

土地分区利用原理主要有区位理论和自然地域分异规律。

1. 区位理论

区位，可以简单理解为客观物体分布的地区和地点。区位理论则是关于自然物体与人类活动的空间分布及其在空间中的相互关系的学说。

土地位置具有固定性，特定区位的土壤、岩石、气候、水文、地貌、植被等自然要素，以及人口分布、经济水平、市场条件、交通设施、历史文化等经济社会要素，共同构成了特定的土地。区位不同，构成土地的自然因素和经济社会因素也相应不同。这也是土地具有异质性特征的重要原因。因此，区位对土地的性状、功能与价值具有重要影响。

区位理论，本质上是研究人类经济行为的空间区位选择及空间区内经济活动优化组合的理论。区位理论认为，不论是农业活动、工业活动，还是其他经济活动，土地的投资者和使用者都力图选择总成本最低、收益最大的区位，这就导致人类的经济活动在空间区位选择上具有明显的规律性，进而形成了土地利用的空间分异规律。以市级国土空间规划分区为例，在城镇集中建设区，需要进一步续分居住生活区、综合服务区、商业商务区、工业发展区、物流仓储区、绿地休闲区、交通枢纽区及战略预留区。区位则是划分这些功能区的重要考量因素，如居住生活区多选择在公共配套设施完善、生活便利、环境优良的区域；商业商务区多选择在人口密集、商业繁华、交通便捷的城市黄金地带；工业发展区和物流仓储区多选择在基础设施完善、毗邻交通主干道的城镇边缘地带。这些都是区位理论在国土规划分区实践中的具体应用。因此，在土地分区利用管理中，应充分考虑区位因素，自觉运用区位理论予以指导。

需要注意的是，随着经济社会的发展和科学技术的进步，人类的生产生活方式以及利用土地的理念与目标都在不断发生变化，这对传统的区位理论提出了新的挑战。比如随着信息技术的发展与交通运输能力的提升，一些产业或项目的空间布局突破了传统的区位选择规则。再如，近年来在人与自然和谐共生理念的指引下，政府及社会公众越来越追求生态文明与环境质量，在一些城市的黄金区域，不再仅仅规划商业商务区，还规划了越来越多的绿地、水域等生态空间。在上述因素的推动和促进下，区位理论不断得到更新与发展。

2. 自然地域分异规律

自然地域分异规律，是指地球表层自然环境及其组成要素在空间分布上的变化规律，即地球表层自然环境及其组成要素，在空间上的某个方向保持特征的相对一致性，而在另一方向表现出明显的差异和有规律的变化。

自然地域分异规律是人类在认识自然的过程中逐步获得并加深认识的。古希腊的埃拉托色尼（Eratosthenes）根据当时对地球表面温度的认识，将地球划分为 1 个热带、2 个温带和 2 个寒带共 5 个温度带，并给予纬度的严格划分，这是最早对气候分异规律的认识。中国 2000 多年以前的《尚书·禹贡》以自然地理实体（山脉、河流等）为标志，将全国划分为 9 个区（即"九州"），并对每区（州）的疆域、山脉、河流、植被、土壤、物产、贡赋、少数民族、交通等自然和人文地理现象，作了简要的描述。这是中国最早对地貌分异规律的认识。19世纪德国杰出的自然地理学家亚历山大·冯·洪堡（Alexander von Humboldt）于 1817 年绘出世界首幅等温线图，指出气候不仅受纬度影响，而且与海拔高度、离海远近、风向等因素有关，并研究了气候与植被的相互关系，提出了植物分布的水平分异和垂直分异规律。

随着对地球表面分异现象的深入研究，人们发现许多自然地带是不连续的，大的山系、大的高原还出现垂直带现象。这些现象的存在说明除了地带性的地域分异规律外，还有非地带性的地域分异规律在起作用。

（1）影响自然地域分异的因素

影响自然地域分异的基本因素有两个：太阳辐射和地球内能。两者决定了自然地域分异两个最基本、最普遍的规律，即地带性和非地带性。地球作为一个行星所具有的形状和运动特性，以及它在宇宙中的位置，致使太阳辐射在地球表面分布不均并引起各自然要素沿纬度的地域性分异，因此，太阳辐射又称为纬度地带性地域分异因素，简称地带性因素。地球在地球内能作用下产生了海陆分布、构造活动、地势起伏等，并引起自然要素的地域性分异，因此，地球内能又称为非纬度地带性地域分异因素，简称非地带性因素。

地带性因素与非地带性因素互不从属，但它们共同作用于地表，共同决定自然地理现象的大规模分异。在两种基本地域分异因素之外，还有派生的地域分异因素和局部的地域分异因素，如山区小气候。这些地域分异因素相互影响，共同作用，自然地理环境由此产生了复杂的空间分化，也形成了多姿多彩的自然景观。

（2）自然地域分异规律的主要内容

自然地域分异规律主要包括纬度地带性、经度地带性（干湿地带性）、垂直地带性和其他地域分异规律。

1）纬度地带性。纬度地带性是地带性规律在地球表面的具体体现。由于太阳辐射随纬度不同而发生有规律的变化，导致地球表面热量由赤道向两极逐渐变少，因而产生地球表面的热量分带。在热量分带的基础上，气候、水文、土壤、地貌乃至生物群落等各自然要素都表现出明显的纬向地带性。

2）经度地带性（干湿地带性）。经度地带性是非地带性规律在地球表面的主要体现。大陆上各地区由于距海远近不同，产生干湿差异，引起水分等自然要素的变化，最终呈现出按经度由海向陆有规律的东西向分化。一般来说，大陆降水由沿海向内陆递减，气候也就由湿润向干旱递变。

需要指出的是，经度地带性这一名称并没有反映上述规律的实质，因为经度地带性实际上与经度没有本质的联系。

3）垂直地带性。垂直地带性是指自然地理要素大致沿等高线方向延伸，随地势高度发生垂直更替的规律。构造隆起是产生山地地形的前提条件，隆起的山地达到一定高度后，就可分化出不同的垂直地带。垂直更替的直接原因是热量、水分及其组合随地势高度的变化。垂直地带的特征为带幅窄、递变急剧，带间联系密切，水热对比特殊，节律变化同步，微域差异显著。另外，海拔越高，垂直地带的带谱越完整，坡向不一样，带谱也不一样。

4）其他地域分异规律。其他地域分异规律主要是指在地带性和非地带性因素共同作用的基础上，自然地理环境由于局部的地形、小气候、岩性土质和人为活动等因素引起的小范围地域分异规律。

5.2.2　土地分区的原则与方法

土地分区利用管理的首要工作就是对土地进行分区，由于土地分区的出发点与落脚点都在于土地利用，因此，土地分区又称为土地利用分区。土地分区是在区位理论和自然地域分异规律的指导下，根据土地的综合属性对特定区域的科学划分。

1. 土地分区的原则

土地分区主要遵循以下原则：

（1）地域分异原则

前文已经述及，在地带性和非地带性两种基本地域分异因素以及派生和局部地域分异因素的共同作用下，以土地为基础的自然地理环境产生了复杂的地域空间分异。这种空间分异受制于自然因素，具有明显的规律性。这是进行土地分区的基本依据。

（2）主导因素与综合分析相结合原则

土地分区必须综合分析自然与经济、局部与整体、现状与未来等多重因素，但各个因素对区域的影响方式、范围与程度并不相同，其中往往一个或几个因素起主导作用。主导因素是对区域特征的形成、区域的分异有重要影响的组成要素。突出主导因素才能在土地利用中抓住重点和关键，合理确定土地利用的主要方向，进而实现土地利用综合效益的最大化。因此，土地分区需要在综合分析中把握主导因素。

（3）定性分析与定量研究相结合原则

自上而下的定性分析可以把握全局，不易造成总体上的分区失误，但区域界线不易确定；自下而上的定量研究可以提出明确的分区界线，用定量物标反映区域土地利用格局，但容易冲淡区域土地的关键特性和主体功能。因此，土地分区需要将定性分析和定量研究有机结合。

（4）地域完整性原则

在同一地理单元内，土地的自然特性具有相对一致性，并且土地利用管理又采取属地管理的原则，因此，在土地分区时，要尽可能保证地域的完整性。这里的地域完整性，既包括一定等级地理单元的完整性，又包括一定等级行政单元的完整性，还包括地域连片、相对集中的空间连续性。

（5）多级续分原则

土地分区有层次之分，土地分区的尺度越大，其区域内部的土地差异性越小。但是，土地利用最终要落到地块上，因此，大尺度的土地分区主要是在宏观上对土地利用进行方向性的指导，要实现土地利用的精细化管理，必须根据区域内部土地的相似性与差异性程度进行逐级的多级续分。多级续分可以客观揭示土地资源地域分异由普遍到特殊、由大同到小异的等级差异性。

2. 土地分区的方法

基于不同的角度和标准，土地分区有多种方法，本节主要介绍几种常用的土地分区方法。

（1）主导标志法

每一个区域单位都存在具有明显标识度从而能够与其他区域单位相分异的主要因素，表征这一主要因素的往往是某一主导标志或指标。在土地分区时，可以通过综合分析识别并确定这一主导标志或指标，作为分区定界的主要依据。需要指出的是，分区定界时，在选取主导标志或指标的同时，必须参考其他地域分异因素与指标，并对区界进行必要的调整和修正，这样才能保证区界的合理与准确。主导标志法是主导因素与综合分析相结合原则的具体应用。

（2）叠置法

叠置法又称套图法，适用于相关区划图与规划图比较齐全的情况。一般是将土地利用现状图、土地适宜性评价图、地形地貌图、气候区划图、土壤区划图、植被区划图等叠置在一起，再按土地分区的原则及要求进行分区定界。对于重叠的界线可以选择为分区的界线，对于不重叠的部分，要具体分析其将来的主导用途并据此取舍。这是土地分区较为科学、简便和有效的方法。

（3）聚类法

聚类分析是统计学上研究多要素事物分类问题的数量方法。其基本原理是，根据样本自身的属性，用数学方法按照某种相似性或差异性指标，定量地确定样本之间的亲疏关系，并按这种亲疏关系程度对样本进行聚类。常见的聚类分析方法有系统聚类法、动态聚类法和模糊聚类法等。随着现代数理统计理论和计算机技术的发展，聚类分析法在土地分区中已经得到了广泛的应用。

（4）地理相关分析法

地理相关分析法，就是运用各种专门地图、文献资料、统计资料以及国家政策资料等对各种分区因素之间的相互关系作相关分析后进行土地分区的方法。其基本步骤为：整理分区所需要的专门地图、文献资料、统计资料以及国家政策资料，并将相关分区要素标注在带有坐标网格的工作底图上；之后对各分区要素进行地理相关分析，并按照其相关关系的密切程度编制出土地分区要素组合图；在此基础上逐级进行土地区域的划分。

5.2.3　土地分区利用管理

目前，我国已经形成了较为完整的土地分区体系。有全国土地分区、省级土地分区，也有市县级甚至乡镇级土地分区。不同层级与类型的土地分区，其范围、功能、开发利用方向不同，管制规则也各不相同。总的来说，大尺度（国家级）的土地分区，其管理属于宏观层面，侧重于从整体上管控土地利用的主导方向和重点；中尺度（省级）的土地分区，主要是对上一层级土地分区的细化与传导，其管理属于中观层面，管控规则承上启下；小尺度（市、县、乡、镇）的土地分区，其管理属于微观操作层面，管控规则明确具体，针对性强，当然市级分区的管理偏向中观层面。

1. 国家级土地分区利用管理

目前，国家层面与土地分区利用管理直接相关的主要有《全国主体功能区规划》（以下简称《规划》）和《全国国土规划纲要（2016—2030 年）》（以下简称《纲要》）。《规划》是推进形成我国主体功能区的基本依据，是科学开发国土空间的行动纲领和远景蓝图，是国土空间开发的战略性、基础性和约束性规划。《纲要》是对国土空间开发、资源环境保护、国土综合整治和保障体系建设等作出的总体部署与统筹安排，也是战略性、综合性、基础性规划。但是，在土地分区方面，《纲要》是对《规划》主体功能区划分成果的具体落实与应用，与《规划》一脉相承。因此，本节仅概述《规划》中关于主体功能区划分及土地利用管理的内容。

（1）国家层面主体功能区的分类及关系①

《规划》将我国国土空间分为以下主体功能区：按开发方式，分为优化开发

---

① 引自《国务院关于印发全国主体功能区规划的通知》（国发〔2010〕46 号）。

区域、重点开发区域、限制开发区域和禁止开发区域；按开发内容，分为城市化地区、农产品主产区和重点生态功能区；按层级，分为国家和省级两个层面。

优化开发区域、重点开发区域、限制开发区域和禁止开发区域，是基于不同区域的资源环境承载能力、现有开发强度和未来发展潜力，以是否适宜或如何进行大规模高强度工业化城镇化开发为基准划分的。优化开发区域是经济比较发达、人口比较密集、开发强度较高、资源环境问题更加突出，从而应该优化进行工业化城镇化开发的城市化地区。重点开发区域是有一定经济基础、资源环境承载能力较强、发展潜力较大、集聚人口和经济条件较好，从而应该重点进行工业化、城镇化开发的城市化地区。优化开发和重点开发区域都属于城市化地区，开发内容总体上相同，但开发强度和开发方式不同。限制开发区域分为两类：一类是农产品主产区，即耕地较多、农业发展条件较好，将增强农业综合生产能力作为发展首要任务，限制进行大规模高强度工业化城镇化开发的地区；另一类是重点生态功能区，即生态系统脆弱或生态功能重要，资源环境承载能力较低，不具备大规模高强度工业化城镇化开发条件，将增强生态产品生产能力作为首要任务，限制进行大规模高强度工业化城镇化开发的地区。禁止开发区域是依法设立的各级各类自然文化资源保护区域，以及其他禁止进行工业化城镇化开发、需要特殊保护的重点生态功能区。

城市化地区、农产品主产区和重点生态功能区，是以提供主体产品的类型为基准划分的。城市化地区是以提供工业品和服务产品为主体功能的地区，也提供农产品和生态产品；农产品主产区是以提供农产品为主体功能的地区，也提供生态产品、服务产品和部分工业品；重点生态功能区是以提供生态产品为主体功能的地区，也提供一定的农产品、服务产品和工业品（图 5-1）。

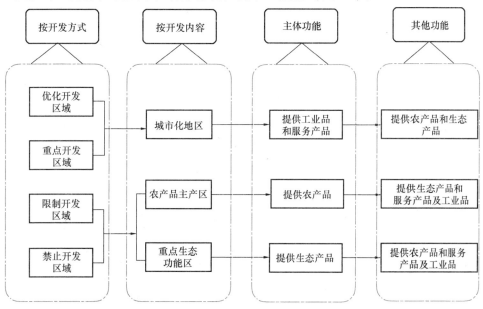

图 5-1　主体功能区分类及其功能

需要说明的是，各类主体功能区，在全国经济社会发展中具有同等重要的地位，只是主体功能不同，开发方式不同，保护内容不同，发展首要任务不同，国家支持重点不同。

另外，优化开发、重点开发、限制开发、禁止开发中的"开发"，特指大规模高强度的工业化城镇化开发。限制开发，特指限制大规模高强度的工业化城镇化开发，并不是限制所有的开发活动。对农产品主产区，仍要鼓励农业开发；对重点生态功能区，仍允许一定程度的能源和矿产资源开发。将一些区域确定为限制开发区域，并不是限制发展，而是为了更好地保护这类区域的农业生产力和生态产品生产力，实现科学发展。

（2）国家层面主体功能区

《规划》对国家层面的优化开发、重点开发、限制开发、禁止开发四类主体功能区进行了明确划分，并规定了各功能区的功能定位、发展目标、发展方向和开发原则。

1）优化开发区域

①环渤海地区：包括京津冀、辽中南和山东半岛地区。

②长江三角洲地区：包括上海市和江苏省、浙江省的部分地区。

③珠江三角洲地区：包括广东省中部和南部的部分地区。

2）重点开发区域

《规划》共划定了18个重点开发区域（表5-1）。

国家层面的重点开发区域　　　　　　　　　　　　　　　表5-1

序号	功能区名称	范围
1	冀中南地区	包括河北省中南部以石家庄为中心的部分地区
2	太原城市群	包括山西省中部以太原为中心的部分地区
3	呼包鄂榆地区	包括内蒙古自治区呼和浩特、包头、鄂尔多斯和陕西省榆林的部分地区
4	哈长地区	包括黑龙江省的哈大齐（哈尔滨、大庆、齐齐哈尔）工业走廊和牡绥（牡丹江、绥芬河）地区以及吉林省的长吉图经济区
5	东陇海地区	包括江苏省东北部和山东省东南部的部分地区
6	江淮地区	包括安徽省合肥及沿江的部分地区
7	海峡西岸经济区	包括福建省、浙江省南部和广东省东部的沿海部分地区
8	中原经济区	包括河南省以郑州为中心的中原城市群部分地区
9	长江中游地区	包括湖北武汉城市圈、湖南环长株潭城市群、江西鄱阳湖生态经济区
10	北部湾地区	包括广西壮族自治区北部湾经济区以及广东省西南部和海南省西北部等环北部湾的部分地区
11	成渝地区	包括重庆经济区和成都经济区

续表

序号	功能区名称	范围
12	黔中地区	包括贵州省中部以贵阳为中心的部分地区
13	滇中地区	包括云南省中部以昆明为中心的部分地区
14	藏中南地区	包括西藏自治区中南部以拉萨为中心的部分地区
15	关中—天水地区	包括陕西省中部以西安为中心的部分地区和甘肃省天水的部分地区
16	兰州—西宁地区	包括甘肃省以兰州为中心的部分地区和青海省以西宁为中心的部分地区
17	宁夏沿黄经济区	包括宁夏回族自治区以银川为中心的黄河沿岸部分地区
18	天山北坡地区	包括新疆天山以北、准噶尔盆地南缘的带状区域以及伊犁河谷的部分地区（含新疆生产建设兵团部分师市和团场）

3）限制开发区域（农产品主产区）

①东北平原主产区。建设以优质粳稻为主的水稻产业带，以籽粒与青贮兼用型玉米为主的专用玉米产业带，以高油大豆为主的大豆产业带，以肉牛、奶牛、生猪为主的畜产品产业带。

②黄淮海平原主产区。建设以优质强筋、中强筋和中筋小麦为主的优质专用小麦产业带，优质棉花产业带，以籽粒与青贮兼用和专用玉米为主的专用玉米产业带，以高蛋白大豆为主的大豆产业带，以肉牛、肉羊、奶牛、生猪、家禽为主的畜产品产业带。

③长江流域主产区。建设以双季稻为主的优质水稻产业带，以优质弱筋和中筋小麦为主的优质专用小麦产业带，优质棉花产业带，"双低"优质油菜产业带，以生猪、家禽为主的畜产品产业带，以淡水鱼类、河蟹为主的水产品产业带。

④汾渭平原主产区。建设以优质强筋、中筋小麦为主的优质专用小麦产业带，以籽粒与青贮兼用型玉米为主的专用玉米产业带。

⑤河套灌区主产区。建设以优质强筋、中筋小麦为主的优质专用小麦产业带。

⑥华南主产区。建设以优质高档籼稻为主的优质水稻产业带，甘蔗产业带，以对虾、罗非鱼、鳗鲡为主的水产品产业带。

⑦甘肃新疆主产区。建设以优质强筋、中筋小麦为主的优质专用小麦产业带，优质棉花产业带。

4）限制开发区域（重点生态功能区）

《规划》将25个地区列为国家重点生态功能区，总面积约386万km²（范围在不断变化更新），共分为四种类型。①水源涵养型：主要指我国重要江河源头和重要水源补给区，包括大小兴安岭森林生态功能区、三江源草原草甸湿地生态功能区等；②水土保持型：主要指土壤侵蚀性高、水土流失严重、需要保持水土功能的区域，包括黄土高原丘陵沟壑水土保持生态功能区、大别山水土保持生态功能区等；③防风固沙型：主要指沙漠化敏感性高、土地沙化严重、沙尘暴频发并影响较大范围的区域，包括塔里木河荒漠化防治生态功能区、阿尔金草原荒漠化防治生态功能区等；④生物多样性维护型：主要指濒危珍稀动植物分布较集中、具有典型代表性生态系统的区域，包括川滇森林及生物多样性生态功能区、秦巴生物多样性生态功能区等。

5）禁止开发区域

国家禁止开发区域主要包括国家级自然保护区、世界文化自然遗产、国家级风景名胜区、国家森林公园和国家地质公园。根据《规划》，截至 2010 年 10 月，国家禁止开发区域共 1443 处，总面积约 120 万 km^2（已扣除部分相互重叠的面积），占全国陆地国土面积的 12.5%，之后新设立的上述五类区域，自动进入国家禁止开发区域名录。

2. 省级土地分区利用管理

2020 年 1 月，自然资源部办公厅印发了《省级国土空间规划编制指南（试行）》（简称《指南》），该《指南》对省级国土规划分区及开发管制规则进行了规定。《指南》要求省级国土空间规划要"落实全国国土空间规划纲要确定的国家级主体功能区。各地可结合实际，完善和细化省级主体功能区，按照主体功能定位划分政策单元，确定协调引导要求，明确管控导向"①。《指南》规定，省级主体功能区包括省级城市化发展区、农产品主产区和重点生态功能区，以及省级自然保护地、战略性矿产保障区、特别振兴区等。《指南》对省级国土空间规划主体功能区类型与功能定位也进行了详细说明（表 5-2）。

除了主体功能区，《指南》对"三区三线"划定也提出了明确要求，这也是土地分区利用管理的重要体现。"三区三线"的具体含义与作用在其他章节有详细介绍，此处不再赘述。

省级国土空间规划主体功能区类型及功能定位　　　　表 5-2

分区类型	含义	功能定位
城市化发展区	指经济社会发展基础较好，集聚人口和产业能力较强的区域	推动高质量发展的主要动力源，带动区域经济社会发展的龙头，促进区域协调发展的重要支撑点，重点增强创新发展动力，提升区域综合竞争力，保障经济和人口承载能力
农产品主产区	指农用地面积较多，农业发展条件较好，保障国家粮食和重要农产品供给的区域	国家农业生产重点建设区和农产品供给安全保障的重要区域，现代化农业建设重点区，农产品加工、生态产业和县域特色经济示范区，农村居民安居乐业的美好家园，社会主义新农村建设的示范区
重点生态功能区	指生态系统服务功能重要、生态脆弱区域为主的区域	保障国家生态安全、维护生态系统服务功能、推进山水林田湖草系统治理、保持并提高生态产品供给能力的重要区域，推动生态文明示范区建设、践行绿水青山就是金山银山理念的主要区域

---

① 引自《自然资源部办公厅关于印发〈省级国土空间规划编制指南〉（试行）的通知》（自然资办发〔2020〕5 号）。

续表

分区类型	含义	功能定位
自然保护地	指对重要的自然生态系统、自然遗址、自然景观及其所承载的自然资源、生态功能和文化价值实施长期保护的陆域和海域，包括纳入自然保护地体系的国家公园、自然保护区和自然公园三类区域	守护自然生态，保育自然资源，保护生物多样性与地质地貌景观多样性，维护自然生态系统健康稳定，提高生态系统服务功能；服务社会，为人民提供优质生态产品，为全社会提供科研、教育、体验、游憩等公共服务；维持人与自然和谐共生并永续发展
战略性矿产保障区	指为经济社会可持续发展提供战略性矿产资源保障的重要区域，主要包括全国和省级战略性矿产资源分布的国家规划矿区、能源资源基地、重要价值矿区和重点勘查开采区	关系国家和区域经济社会发展的战略性矿产资源科学保护、合理开发利用和供给安全的重要区域，落实矿产资源节约与综合利用、实现矿产开发与环境保护协调发展的示范区域
特别振兴区	指因资源枯竭、人口收缩等原因致使发展活力不足、关系国家边疆安全，以及需要国家特别扶持的区域，主要包括边疆重要城市、资源枯竭型城市、传统工矿城市等	边疆重要城市是落实国家对外开放战略的重要区域，资源枯竭型城市和传统工矿城市，是培育接续替代产业、实现城市精明发展的主要区域

此外，《指南》规定，城市化发展区、农产品主产区、重点生态功能区是必备类型区，省级人民政府可结合实际对三类主体功能区做二级细分；在自然保护地、战略性矿产保障区和特别振兴区名录外，也可结合实际将其他需在空间上加强管控引导的重要区域纳入名录进行管控。

3. 市级土地分区利用管理

2020年9月，自然资源部办公厅印发《市级国土空间总体规划编制指南（试行）》（简称《指南》），指导和规范市级国土空间总体规划编制工作。在市级规划分区及分区利用管理方面，《指南》要求落实上位国土空间规划确定的生态保护红线、永久基本农田、城镇开发边界等划定要求，统筹划定"三条控制线"，同时，《指南》对市级国土空间规划分区的基本要求、规则以及建议分区类型、含义等都进行了具体规定。

（1）市级国土空间规划分区的要求与规则

1）规划分区应落实上位国土空间规划要求，为本行政区域国土空间保护开发作出综合部署和总体安排，应充分考虑生态环境保护、经济布局、人口分布、国土利用等因素。

2）坚持陆海统筹、城乡统筹、地上地下空间统筹的原则，以国土空间的保护与保留、开发与利用两大功能属性作为规划分区的基本取向。

3）规划分区划定应科学、简明、可操作，遵循全域全覆盖、不交叉、不重叠，并应符合下列基本规定：

——以主体功能定位为基础，体现规划意图，配套管控要求；

——当出现多重使用功能时，应突出主导功能，选择更有利于实现规划意图的规划分区类型；

——如市域内存在本指南未列出的特殊政策管控要求，可在规划分区建议的基础上，叠加历史文化保护、灾害风险防控等管控区域，形成复合控制区。

（2）市级国土规划分区的类型

市级国土空间规划分区分为一级规划分区和二级规划分区。一级规划分区包括以下7类：生态保护区、生态控制区、农田保护区、城镇发展区、乡村发展区、海洋发展区、矿产能源发展区。城镇发展区、乡村发展区、海洋发展区分别细分至二级规划分区，各地可结合实际补充二级规划分区类型。其中，明确要求中心城区和沿海城市的海洋发展区应细化至二级规划分区。规划分区类型和具体含义见表5-3。

市级国土空间规划分区建议①　　　　　　　　　　　　　　　表5-3

一级规划分区	二级规划分区		含义
生态保护区	—		具有特殊重要生态功能或生态敏感脆弱、必须强制性严格保护的陆地和海洋自然区域，包括陆域生态保护红线、海洋生态保护红线集中划定的区域
生态控制区	—		生态保护红线外，需要予以保留原貌、强化生态保育和生态建设、限制开发建设的陆地和海洋自然区域
农田保护区	—		永久基本农田相对集中需严格保护的区域
城镇发展区		—	城镇开发边界围合的范围，是城镇集中开发建设并可满足城镇生产、生活需要的区域
	城镇集中建设区	居住生活区	以住宅建筑和居住配套设施为主要功能导向的区域
		综合服务区	以提供行政办公、文化、教育、医疗以及综合商业等服务为主要功能导向的区域
		商业商务区	以提供商业、商务办公等就业岗位为主要功能导向的区域
		工业发展区	以工业及其配套产业为主要功能导向的区域
		物流仓储区	以物流仓储及其配套产业为主要功能导向的区域
		绿地休闲区	以公园绿地、广场用地、滨水开敞空间、防护绿地等为主要功能导向的区域
		交通枢纽区	以机场、港口、铁路客货运站等大型交通设施为主要功能导向的区域
		战略预留区	在城镇集中建设区中，为城镇重大战略性功能控制的留白区域
	城镇弹性发展区		为应对城镇发展的不确定性，在满足特定条件下方可进行城镇开发和集中建设的区域

---

① 引自《自然资源部办公厅关于印发〈市级国土空间总体规划编制指南（试行）的通知》（自然资办发〔2020〕46号）。

续表

一级规划分区	二级规划分区	含义
城镇发展区	特别用途区	为完善城镇功能，提升人居环境品质，保持城镇开发边界的完整性，根据规划管理需划入开发边界内的重点地区，主要包括与城镇关联密切的生态涵养、休闲游憩、防护隔离、自然和历史文化保护等区域
乡村发展区	—	农田保护区外，为满足农林牧渔等农业发展以及农民集中生活和生产配套为主的区域
	村庄建设区	城镇开发边界外，规划重点发展的村庄用地区域
	一般农业区	以农业生产发展为主要利用功能导向划定的区域
	林业发展区	以规模化林业生产为主要利用功能导向划定的区域
	牧业发展区	以草原畜牧业发展为主要利用功能导向划定的区域
海洋发展区	—	允许集中开展开发利用活动的海域，以及允许适度开展开发利用活动的无居民海岛
	渔业用海区	以渔业基础设施建设、养殖和捕捞生产等渔业利用为主要功能导向的海域和无居民海岛
	交通运输用海区	以港口建设、路桥建设、航运等为主要功能导向的海域和无居民海岛
	工矿通信用海区	以临海工业利用、矿产能源开发和海底工程建设为主要功能导向的海域和无居民海岛
	游憩用海区	以开发利用旅游资源为主要功能导向的海域和无居民海岛
	特殊用海区	以污水达标排放、倾倒、军事等特殊利用为主要功能导向的海域和无居民海岛
	海洋预留区	规划期内为重大项目用海用岛预留的控制性后备发展区域
矿产能源发展区	—	为适应国家能源安全与矿业发展的重要陆域采矿区、战略性矿产储量区等区域

5.3　土地分类利用管理

目前我国土地分类利用管理体系，主要包括两部分：其一是按照土地用途进行分类管理，其二是按照国家所有和集体所有两种公有制来进行分类管理。由于构建城乡一体化的土地管理制度是未来发展方向，因此，本章仅介绍基于用途不同进行的土地分类利用管理。

按照现行的政策文件、技术规范，土地用途有多种分类方法。《土地管理法》将土地分为农用地、建设用地和未利用地；《土地利用现状分类》GB/T 21010—2017采用一级、二级两个层次的分类体系，将土地分为12个一级类，73个二级类；《国土空间调查、规划、用途管制用地用海分类指南（试行）》采用三级分类体系，并将国土空间用地用海设置为 24 种一级类、106 种二级类及 39 种三级类。根据当前土地分类利用管理的制度体系与重点，本章主要讲述耕地和建设用地两种地类的利用管理。

5.3.1　耕地利用管理

耕地是人类赖以生存的基础和保障，是土地资源中最重要、最珍贵的部分。根据《土地利用现状分类》GB/T 21010—2017，耕地是指种植农作物的土地，包括熟地，新开发、复垦、整理地，休闲地（含轮歇地、休耕地）；以种植农作物（含蔬菜）为主，间有零星果树、桑树或其他树木的土地；平均每年能保证收获一季的已垦滩地和海涂。耕地中包括南方宽度小于 1.0m，北方宽度小于 2.0m 固定的沟、渠、路和地坎（埂）；临时种植药材、草皮、花卉、苗木等的耕地，临时种植果树、茶树和林木且耕作层未破坏的耕地，以及其他临时改变用途的耕地。耕地包括水田、水浇地和旱地三个二级地类。

我国是世界人口大国，粮食安全是关系国计民生的头等大事，是国家安全的重要基础。而耕地是粮食生产的基础，是粮食安全的根本保证。因此，耕地的利用与管理，尤其是耕地保护，是我国土地管理的重中之重。

1. 严守耕地红线

保持一定数量的耕地，是保证粮食安全的先决条件。18 亿亩耕地红线，是我国粮食安全的警戒线。为了守住 18 亿亩耕地红线，稳定耕地数量，我国主要采取了以下举措：

（1）规划管控

耕地保有量、永久基本农田保护面积是我国土地利用总体规划、国土空间规划确定的约束性指标，由国家自上而下层层分解下达，不得随意减少。同时，在国土空间规划中，要求严格按照耕地和永久基本农田、生态保护红线、城镇开发边界的顺序统筹划定落实"三条控制线"，耕地和永久基本农田处于优先位置。耕地保护数量与边界在规划中的严格管控与优先保障，为严守耕地保护红线提供了有力的政策依据。

（2）占用耕地补偿

非农业建设占用耕地补偿制度是确保我国耕地红线不突破、耕地数量基本稳定的重要举措。近年来，随着新型工业化、城镇化的深入推进，实现耕地占补平衡的难度日趋加大。为此，国家不断强化非农建设占用耕地的转用管控，对建设用地存量规模较大、利用粗放、补充耕地能力不足的区域，适当调减新增建设用地计划，同时，强化节约集约用地目标考核和约束，推动有条件的地区实现建设用地减量化或零增长，促进新增建设不占或尽量少占耕地。

（3）耕地保护责任目标考核

为督促地方政府落实最严格的耕地保护制度，守住耕地保护红线，同时调动保护耕地的主动性、积极性，我国构建了严格的地方政府耕地保护责任目标考核制度。2018 年国务院办公厅印发了修订后的《省级政府耕地保护责任目标考核办法》（简称《考核办法》），明确了省级政府耕地保护责任目标考核的方法、内容与结果应用，同时该《考核办法》要求，县级以上地方人民政府根据该办法，结合本行政区域实际情况，制定下一级人民政府耕地保护责任目标考核办法。2022 年，中共中央、国务院《关于做好 2022 年全面推进乡村振兴重点工作的意见》明确提出，实行耕地保护党政同责，把耕地保有量和永久基本农田保护目标任务足额带位置逐级分解下达，由中央和地方签订耕地保护目标责任书，作为刚性指标实行严格考核、一票否决、终身追责。

2. 保护与提升耕地质量

耕地质量是影响粮食生产能力、保障粮食安全的关键因素。过去我国耕地保护存在"重数量轻质量"的情况，导致一些地区出现耕地总量未减少但耕地质量不断下滑的问题。近年来，我国着力构建耕地质量保护体系，取得了显著成效。

（1）确保补充耕地质量

针对非农业建设占用耕地补偿实践中出现的占优补劣、占水田补旱地等问题，《土地管理法》特别强调，要补偿与所占用耕地数量和质量相当的耕地，没有条件开垦或者开垦的耕地不符合要求的，应当按照省、自治区、直辖市的规定缴纳耕地开垦费，专款用于开垦新的耕地。并且，对于补充耕地，要按照规定进行严格的检查验收，一方面是认定新增耕地数量，另一方面则是依据相关技术规程评定新增耕地质量。验收合格的，才能进行地类变更。

（2）大规模建设高标准农田

要求各省（自治区、直辖市）根据全国高标准农田建设总体规划和全国土地整治规划的安排，深入实施藏粮于地、藏粮于技战略，以提升粮食产能为首要目标，逐级分解高标准农田建设任务，集中力量建设集中连片、旱涝保收、节水高效、稳产高产、生态友好的高标准农田，形成一批"一季千斤、两季吨粮"的口粮田，满足人们粮食和食品消费升级需求，进一步筑牢国家粮食安全基础，把饭碗牢牢端在自己手上。2021 年我国建成 1.0551 亿亩高标准农田。

（3）实施耕地质量保护与提升行动

现行《土地管理法》与《中华人民共和国土地管理法实施条例》（简称《土地管理法实施条例》）对耕地质量的保护与提升都进行了专门规定。一方面是鼓励土地整理，要求县、乡（镇）人民政府组织农村集体经济组织，按照土地利用总体规划，对田、水、路、林、村综合整治，提高耕地质量，增加有效耕地面积，改善农业生产条件和生态环境。另一方面是要求地方人民政府采取措施，预防和治理耕地土壤流失、污染，有计划地改造中、低产田，整治闲散地和废弃地，提高耕地质量，保护黑土地等优质耕地，并依法对建设所占用耕地耕作层的土壤利用作出合理安排。

（4）统筹推进耕地用养结合

为平衡土壤养分，实现用地与养地结合，有效提升耕地产能，《土地管理法》明确要求，各级人民政府应当采取措施，引导因地制宜轮作休耕。当前我国一些地区正在根据当地实际情况探索推行免耕少耕、深松浅翻、深施肥料、粮豆轮作套作的保护性耕作制度。

3. 严格管控耕地用途

我国实行土地用途管制制度，对耕地用途的管制尤为细致与严格。

（1）严格限制耕地转为非农业建设用地

占用耕地进行非农业建设，是现阶段我国耕地持续减少的主要原因之一。为应对这一问题，《土地管理法》明确规定，严格控制非农业建设占用农用地；非农业建设必须节约使用土地，可以利用荒地的，不得占用耕地；禁止占用耕地建窑、建坟或者擅自在耕地上建房、挖砂、采石、采矿、取土等。并且，针对乱占耕地从事非农建设行为，我国正在加强耕地利用情况监测，着力构建早发现、早制止、严查处的常态化监管机制。

（2）严格管控耕地转为其他农用地

为切实保障国家粮食安全，提高重要农产品的有效供给水平，我国在严格限制耕地转为非农业建设用地的同时，对耕地转为林地、草地、园地等其他农用地也进行了严格管控。《土地管理法实施条例》第十二条规定，严格控制耕地转为林地、草地、园地等其他农用地。2021年自然资源部、农业农村部、国家林业和草原局联合发布的《关于严格耕地用途管制有关问题的通知》（自然资发〔2021〕166号）要求，永久基本农田不得转为林地、草地、园地等其他农用地及农业设施建设用地。对耕地转为其他农用地及农业设施建设用地实行年度"进出平衡"，即除国家安排的生态退耕、自然灾害损毁难以复耕、河湖水面自然扩大造成耕地永久淹没外，耕地转为林地、草地、园地等其他农用地及农业设施建设用地的，应当通过统筹林地、草地、园地等其他农用地及农业设施建设用地整治为耕地等方式，补足同等数量、质量的可以长期稳定利用的耕地。"进出平衡"首先在县域范围内落实，县域范围内无法落实的，在市域范围内落实；市域范围内仍无法落实的，在省域范围内统筹落实。

（3）严格落实耕地利用优先序

粮食安全是国家安全的重要基础。我国耕地总量少，质量总体不高，后备资源不足，水热资源空间分布不匹配，这一国情决定了在耕地具体用途的选择上，不能单纯由市场机制、经济效益决定，必须将有限的耕地资源优先用于粮食生产。我国对耕地利用的优先序进行了明确规定：一般耕地应主要用于粮食和棉、油、糖、蔬菜等农产品及饲草饲料生产；永久基本农田是依法划定的优质耕地，要重点用于发展粮食生产，特别是保障稻谷、小麦、玉米三大谷物的种植面积；高标准农田原则上全部用于粮食生产。耕地在优先满足粮食和食用农产品生产基础上，适度用于非食用农产品生产，对市场明显过剩的非食用农产品，要加以引导，防止无序发展。

5.3.2　建设用地利用管理

建设用地是指建造建筑物、构筑物的土地，包括城乡住宅和公共设施用地、工矿用地、交通水利设施用地、旅游用地、军事设施用地等。建设用地作为人类经济社会发展的主要载体，对其合理利用并严格规范管理具有重要意义。

1. 严格控制建设用地无序扩张

严格控制建设用地无序扩张，一方面是从规模上进行总量控制，另一方面是在空间上设立边界予以管制。《土地管理法》有多处都涉及对建设用地总量的控制。其中，第四条规定，严格限制农用地转为建设用地，控制建设用地总量。第十六条规定，地方各级人民政府编制的土地利用总体规划中的建设用地总量不得超过上一级土地利用总体规划确定的控制指标。第二十一条规定，城市建设用地规模应当符合国家规定的标准，充分利用现有建设用地，不占或者尽量少占农用地；城市总体规划、村庄和集镇规划，应当与土地利用总体规划相衔接，城市总体规划、村庄和集镇规划中建设用地规模不得超过土地利用总体规划确定的城市和村庄、集镇建设用地规模。第二十三条再次要求，各级人民政府应当加强土地利用计划管理，实行建设用地总量控制。另外，第六十条要求对乡镇企业建设用地必须严格控制，第六十二条则对宅基地提出明确规定，农村村民一户只能拥有一处宅基地，其宅基地的面积不得超过省、自治区、直辖市规定的标准。

在空间上设立边界对建设用地进行管控主要是通过规划予以实现。国土空间规划编制时要划定"城镇开发边界"（三条控制线之一），并将其作为调整经济结构、规划产业发展、推进城镇化不可逾越的红线。《市级国土空间总体规划编制指南（试行）》规定，强化城镇开发边界对开发建设行为的刚性约束作用，城镇开发边界原则上不得调整，特大、超大城市以及资源环境超载的城镇，要划定永久性开发边界。

2. 促进建设用地节约集约利用

土地节约集约利用是指，通过规模引导、布局优化、标准控制、市场配置、盘活利用等手段，达到节约土地、减量用地、提升用地强度、促进低效废弃地再利用、优化土地利用结构和布局、提高土地利用效率的各项行为与活动。《土地管理法》第十七条将"提高土地节约集约利用水平"作为土地利用总体规划编制的基本原则之一，同时第三十七条明确要求，非农业建设必须节约使用土地。为了加强节约集约利用土地，根据《国务院关于促进节约集约用地的通知》（国发〔2008〕3号），国土资源部和自然资源部分别出台、修订了《节约集约利用土地规定》（以下简称《规定》）。该《规定》明确要求，自然资源主管部门应当建立节约集约用地制度，开展节约集约用地活动，组织制定节地标准体系和相关标准规范，探索节约集约用地新机制，鼓励采用节约集约用地新技术和新模式，促进土地利用效率的提高。并且该《规定》从规模引导、布局优化、标准控制、市场配置、盘活利用等方面制定了促进土地尤其是建设用地节约集约利用的具体举措。同时要求县级以上自然资源主管部门根据建设用地利用情况普查组织开展区域、城市和开发区节约集约用地评价。

在建设用地节约集约利用评价方面，国土资源部出台了《建设用地节约集约利用评价规程》TD/T 1018—2008 和《开发区土地集约利用评价规程》TD/T 1029—2010，并开展了开发区（包括国家级和省级经济技术开发区、高新技术产业开发区和海关特殊监管区域等，旅游度假区除外）土地集约利用评价工作。在用地标准控制方面，《城市用地分类与规划建设用地标准》GB 50137—2011 对城市用地的分类和人均城市建设用地指标进行了具体规定；《镇规划标准》GB 50188—2007 对镇区规划的人均建设用地指标进行了分级，其中明确规定，新建镇区的规划人均建设用地指标应按表5-4 中第二级确定；当地处现行国家标准《建筑气候区划标准》GB 50178—1993 的 Ⅰ、Ⅶ建筑气候区时，可按第三级确定；在各建筑气候区内均不得采用第一、四级人均建设用地指标。

镇区规划人均建设用地指标分级　　　　　　　　　表5-4

级别	一	二	三	四
人均建设用地指标（m²/人）	>60 ~ ≤80	>80 ~ ≤100	>100 ~ ≤120	>120 ~ ≤140

3. 优化建设用地结构和布局

土地的利用结构和空间布局，直接关系到土地利用的效率和综合效益，是土地利用管理的重要内容。《土地管理法》第十七条将"统筹安排城乡生产、生活、生态用地，满足乡村产业和基础设施用地合理需求，促进城乡融合发展"作为土地利用总体规划编制的原则之一。第十八条则明确要求，编制国土空间规划应当坚持生态优先，绿色、可持续发展，科学有序统筹安排生态、农业、城镇等功能空间，优化国土空间结构和布局，提升国土空间开发、保护的质量和效率。

在建设用地结构方面，我国通过设置定量指标的方式进行控制与优化调整。《城市用地分类与规划建设用地标准》GB 50137—2011 提出，居住用地、公共管理与公共服务设施用地、工业用地、道路与交通设施用地和绿地与广场用地五大类主要用地规划占城市建设用地的比例宜符合表5-5 的规定。

规划城市建设用地结构　　　　　　　　　表5-5

类别名称	占城市建设用地的比例（%）
居住用地	25.0 ~ 40.0
公共管理与公共服务设施用地	5.0 ~ 8.0
工业用地	15.0 ~ 30.0
道路与交通设施用地	10.0 ~ 25.0
绿地与广场用地	10.0 ~ 15.0

《镇规划标准》GB 50188—2007 规定，镇区规划中的居住、公共设施、道路广场以及绿地中的公共绿地四类用地占建设用地的比例宜符合表 5-6 中规定。

镇区规划建设用地比例   表5-6

类别名称	占建设用地比例（%）	
	中心镇镇区	一般镇镇区
居住用地	28 ~ 38	33 ~ 43
公共设施用地	12 ~ 20	10 ~ 18
道路广场用地	11 ~ 19	10 ~ 17
公共绿地	8 ~ 12	6 ~ 10
四类用地之和	64 ~ 84	65 ~ 85

此外，《市级国土空间总体规划编制指南（试行）》要求，市级国土空间总体规划要确定中心城区各类建设用地总量和结构，制定中心城区城镇建设用地结构规划表，提出不同规划分区的用地结构优化导向，鼓励土地混合使用。

在建设用地空间布局方面，主要是通过国土空间规划的编制与实施进行引导与优化。《省级国土空间规划编制指南（试行）》规定，按照城镇人口规模 300 万以下、300 万 ~ 500 万、500 万 ~ 1000 万、1000 万 ~ 2000 万、2000 万以上等层级，分别确定城镇空间发展战略，促进集中集聚集约发展；针对不同规模等级城镇提出基本公共服务配置要求，优化教育、医疗、养老等民生领域重要设施的空间布局；按照高效集约的原则，统筹各类区域基础设施布局，线性基础设施尽量并线，明确重大基础设施廊道布局要求，减少对国土空间的分割和过度占用。《市级国土空间总体规划编制指南（试行）》提出了更为细致具体的规定，主要包括：优化建设用地结构和布局，推动人、城、产、交通一体化发展；优化居住用地结构和布局，改善职住关系，引导政策性住房优先布局在交通和就业便利地区，避免形成单一功能的大型居住区；针对人口老龄化、少子化趋势和社区功能复合化需求，重点提出医疗、康养、教育、文体、社区商业等服务设施和公共开敞空间的配置标准和布局要求；按照"小街区、密路网"的理念，优化中心城区城市道路网结构和布局，提高中心城区道路网密度；在中心城区提出通风廊道、隔离绿地和绿道系统等布局和控制要求。

需要补充说明的是，近年来，随着农村土地制度改革的深入推进，农村建设用地的利用与管理发生了深刻变革，并成为当前乃至未来一段时期建设用地管理的重要内容。其一，农村集体经营性建设用地入市制度正在探索实施。《土地管理法》第六十三条规定，土地利用总体规划、城乡规划确定为工业、商业等经营性用途，并经依法登记的集体经营性建设用地，土地所有权人可以通过出让、出租等方式交由单位或者个人使用。通过出让等方式取得的集体经营性建设用地使用权可以转让、互换、出资、赠与或者抵押（法律、行政法规另有规定或者合同另有约定的除外）。集体经营性建设用地的出租、出让、转让、互换、出资、赠与、抵押等，参照同类用途的国有建设用地执行。上述规定意味着多年来农村集体经营性建设用地不能直接进入市场流转的法律障碍已经破除，"同等入市、同权同价"的城乡统一建设用地市场正在逐步形成。其二，宅基地制度改革正在深入有序推进。一方面，围绕"落实宅基地集体所有权、保障宅基地农户资格权、适度放活宅基地使用权"的目标，试点地区正在积极探索宅基地所有权、资格权、使用权分置的实现形式。另一方面，宅基地的分配、流转、继承、抵押、有偿使用及自愿有偿退出等机制也正在改革与完善。其中，在宅基地分配方面，2019 年修正的《土地管理法》规定，人均土地少、不能保障一户拥有一处宅基地的地区，可以采取措施保障村民实现"户有所居"，这是对"一户一宅"制度的重要突破。在宅基地继承方面，2020 年 9 月自然资源部明确，农民的宅基地使用权可以依法由城镇户籍的子女继承并办理不动产登记。农村集体经营性建设用地入市与宅基地制度改革，对保障农民土地权益、激活农村土地市场，促进乡村振兴具有重要意义。但是，作为与亿万农民切身利益息息相关的重大改革，其在推进过程中必将遇到一系列新的问题，从而对我国建设用地利用与管理带来深刻影响。

5.4 本章小结

本章在阐述土地利用管理内涵、目标、任务及内容的基础上，结合土地利用管理的相关理论、法律法规、国家标准、行业标准及技术指南等，从分区利用管理与分类利用管理两个维度，系统介绍了我国土地利用管理的制度体系与实践。

思考与练习题

1. 简述土地利用管理的内涵与任务。
2. 简述土地分区利用管理的含义，并阐述国家层面主体功能区的分类及关系。
3. 阐述我国耕地利用管理的主要内容，分析其存在的问题，并提出解决建议。
4. 分析我国建设用地利用存在的问题，并提出解决建议。

参 考 文 献

[1] 毕宝德，等. 土地经济学[M]. 8 版. 北京：中国人民大学出版社，2020.
[2] 陆红生. 土地管理学总论[M]. 6 版. 北京：中国农业出版社，2015.
[3] 欧名豪. 土地利用管理[M]. 3 版. 北京：中国农业出版社，2016.
[4] 朱道林. 土地管理学[M]. 2 版. 北京：中国农业大学出版社，2016.

地籍管理

【本章要点和学习目标】

　　本章系统阐述了我国地籍管理的主要内容，从地籍的基本概念和分类出发，概述地籍管理主要管什么，此后详细重点介绍了地籍调查和不动产登记。其中不动产登记是整个地籍管理工作的核心环节，也是地籍管理工作服务于社会经济整体发展的一个连接点。通过对我国地籍管理的全面阐述，使读者掌握土地产权产籍的管理现状和要求，学习要点包括地籍、地籍管理、地籍调查、不动产登记等核心概念，不动产登记的理论基础，权属调查的主要内容和程序，各主要不动产登记类型的含义和特征。

6.1 地籍管理概述

6.1.1 地籍的概念和分类

1. 地籍的概念

《辞海》中对地籍的解释为"中国历代政府登记土地作为田赋根据的册籍"，柯林斯词典中对地籍（Cadaster）的解释为"区域内用于税收需要的有关不动产所有权、边界、价值等信息的官方登记"，可见地籍对于土地管理和经济发展的重要基础性作用。

> Cadaster:
> An official register showing details of ownership, boundaries and value of real property in a district, made for taxation purposes.

地籍一词在国外的起源一般有两种观点，一种观点是认为来自拉丁文的"caput"和"capi-tastrum"，含义是课税对象和课税对象登记簿册；另一种观点则是认为源自希腊文"katastikhon"，含义是征税登记簿册[①]。无论哪种理解，都可以看出地籍作为经济发展基础尤其是与税收的密切关联。在欧洲，地籍为土地编目册、不动产登记簿册或按不同土地征税课目而设的簿册。在美国，地籍是指关于一宗地的位置、四至、类型、所有权、估价和法律状况的公开记录。日本则认为地籍是对每笔土地的位置、地号、地类、面积、所有者的调查与确认的结果加以记载的簿册。国际地籍与土地登记组织提出，地籍是在中央政府控制下基于地籍测量成果建立起来的宗地登记图册，强调了地籍是政府主导的公共事务属性。

在我国，地籍最初由收取赋税之需而产生，是为征税而建立的记载土地的位置、界址、数量、质量、权属、用途（地类）等状况的田赋清册和簿册。《尚书·禹贡》中记载，夏禹时期，曾按土壤质地、水利、条件将疆域土地划分三等九级，作为缴纳贡赋的依据，这是我国最早的地籍制度的书面记载。随着土地管理工作的发展变化，地籍不再仅仅用以反映有关税务关系的土地信息，需要拥有更为全面的有关土地权属的信息、土地利用信息、土地资产信息等[②]。同时，随着科技的发展和社会的进步，地籍除采用簿册形式外，还测绘地籍图，采用图册并用的手段。现代地籍又从传统图册逐步向基于信息技术的地籍信息系统的方向发展。

综上所述，地籍是指国家为了一定的目的，依据法律规范，对土地的权属、位置、界址、数量、质量和利用状况进行调查，记录这些信息的登记簿或其他形式的载体。地籍存在的形式多种多样，从册、簿、图、卡到盘、库、文件等形

---

① 谭峻，林增杰. 地籍管理 [M]. 5 版. 中国人民大学出版社，2011.

② 同①。

态，其本质都是反映土地权利之归属的簿册，是土地的"户口簿"，其中又以法定的土地权属为核心。

土地是人类赖以生存的物质基础和空间载体，随着人口总量的增加和在空间上的集聚，不同程度的土地稀缺问题逐渐突出，如何合理地配置土地资产，提高土地利用效率，保证土地资源的可持续利用，成为了人类社会所面临的重大课题。反映土地信息的地籍是解决土地问题、管理土地资源、调节土地收益的基础，它已经成为国土空间规划、城市建设管理决策的依据。

2. 地籍的分类

地籍随着地籍技术和社会需求的发展，地籍的内涵更加丰富，按发展阶段、特点和任务、地域和城乡土地特点等标准，地籍可以划分为不同的类别，不同的分类有助于我们深入理解地籍的内涵及其用途。

（1）按照发展阶段分类

地籍分为税收地籍、产权地籍和多用途地籍。这三种地籍是反映人类历史上地籍产生和发展的三个不同历史阶段的典型类型。

1）税收地籍。这是人类历史上最早出现的一种地籍，各国早期建立的为课税服务的登记簿册都属于此类，因此当时地籍的主要内容在于反映纳税对象有关的信息，包括土地纳税人的姓名、土地坐落、土地面积以及为确定税率所需的土地等级等，依次具体地确定纳税责任人和计量应缴纳的税额。受税收地籍的目的和当时科技水平的限制，土地调查内容和测量都十分简单。从管理的角度来看，税收地籍目标单一，缺乏防止管理上出现漏洞的措施。

2）产权地籍，亦称法律地籍。这是资本主义发展到一定阶段的产物，随着土地交易逐渐增多，交易行为成为社会生活中一种常见的活动，国家开始借助于地籍从行政管理的角度将土地的产权管理纳入法律管理范畴。此时的产权地籍是国家为维护土地合法权利，鼓励土地交易，防止土地投机和保护土地买卖双方的权益而建立的土地产权登记的簿册，经登记的信息具有法律效力。

产权地籍最重要的特点是实施有法律效力的土地登记，最重要的任务是保护土地产权人的合法权益。凡登记了的土地，其产权证明成为有效的法律凭证，国家从法律上给予保护，保障土地资产在社会上流转有序进行。该阶段地籍作为征税依据的作用仍然未减，相反征税的依据更为稳定、可靠，同时地籍的功能更扩展到了土地产权的管理范畴。产权地籍与税收地籍相比，明显地重视了土地产权的确认、权益的维护以及接触和避免土地权属纠纷的客观需要。

3）多用途地籍，又称现代地籍，是税收地籍和产权地籍的进一步发展。其目的不仅是为课税或产权保障服务，更重要的是为各项土地利用和农地保护，为全面、科学地管理土地提供信息服务。随着科学技术的发展，特别是计算机技术、遥感技术和信息技术的发展，地籍的内容及其应用范围不断扩展，由平面走向三维，由静态走向动态，远远突破了先前的税收地籍和产权地籍的局限，逐步演变为涵盖经济、法律、社会、空间等维度信息的综合数据库。

（2）按特点和任务分类

地籍分为初始地籍和日常地籍。土地的数量、质量、权属及其空间分布、利用状况等都是动态的，一旦实地发生变化，相应的地籍资料若不随之更新，原有资料便失去现实意义，因此地籍必须始终保持现势性。完整的地籍开展过程无疑包括最初的调查、记载、整理等，也包括之后对变化发生后的再调查、重新记载、重新整理等更新过程，这就是初始地籍和日常地籍，他们是地籍开展的不同阶段，有着不同的特点和任务。

初始地籍是指在某一时期内，对区域内全部土地进行全面调查、记载、整理后，最初建立的地籍图册，而不是指历史上的第一本簿册。日常地籍是以初始地籍为基础，针对土地数量、质量、权属及其分布和利用、使用情况的变化，进行修正、补充和更新，以保持地籍现势性的地籍图册。

（3）按地域和城乡土地的特点分类

地籍分为城镇地籍和农村地籍。地籍就本质而言，并不依地域加以区别，城镇地籍和农村地籍的内容不应有原则性的区别。但是目前城市土地利用和农村土地利用在组织和管理上有较大差异，因此客观上我国城镇地籍与农村地籍存在明显差别。

城镇地籍的对象是城市和建制镇的建成区或规划区的土地，以及独立于城镇以外的工矿企业、铁路、交通等的用地。由于城镇土地利用率、集约化程度高、容积率高、建筑密度高，土地价值区位明显，其位置和交通条件所形成的级差收益悬殊，对这些土地的管理客观上要求细致而严密，地籍测量数据要求采用精度高的测量方法测算。

农村地籍的对象是城镇郊区及农村集体所有土地、国有农场使用的国有土地和农村居民点用地等。人口和建筑物密度相对城镇而言较低，单位面积产出率远低于城镇土地，对于地籍资料的精度没有城镇高。

因此，城镇地籍采用大比例尺地籍图，技术手段比较先进，调查基本单元较小，地籍资料详尽，权属处理、成果整理、图册编制等也都比农村地籍复杂。农村地籍调查的对象范围过于庞大，调查所应用的图件比例尺相对较小，精度大大低于城镇地籍。

（4）按行政管理层次分类

地籍分为国家地籍和基层地籍。县级（含）以上各级土地管理部门所从事的地籍工作称为国家地籍。县级以下的乡（镇）土地管理所和村级生产单位（国有农牧渔场的生产队），以及其他非农业建设单位所从事的地籍工作成为基层地籍。

（5）按地籍手段和成果形式分类

地籍分为常规地籍和数字地籍，这是近年来地籍手段快速发展而产生的一种分类方式。

常规地籍一般以过去通常运用的手段和形式来完成地籍信息的收集、调查、记载、整理，用常见的形式，即通过建图、表、卡、册、簿等方式来表现地籍资料。常规地籍费工费时，成果累赘，应用不便，差误防范困难。数字地籍得益于科技的发展，从基础调查资料起，用数字的形式存贮于体积小、重现度高的存贮介质中，通过规范的程序实现整理、分类、汇总及建库。无论图形资料还是数据资料都转化为数字形态。数字地籍具有处理能力强、省工节时、可以有效防止加工整理差误、检索快捷准确、表现形式生动等优越性，代表着地籍现代化的方向。

6.1.2 地籍管理的主要内容

地籍管理由来已久，其内容也不断丰富和完善，纵观我国地籍管理的发展演变，呈现出从税收需要的有限管理到国土空间全覆盖的全口径管理的过程。封建社会时期，为了满足制定与封建土地占有密切相关的税收、劳役和租赋制度的需要，广泛开展土地清查、土地分类和编制土地清册等工作，成为这一时期地籍管理的主要内容。封建社会末期，为巩固封建土地所有权、推行契据制度而加重土地登记的内容。到了民国时期，随着西方科技文化的传入和中国沦为半殖民地半封建的社会，地籍测量和土地登记成为主要内容。但是直到这一时期地籍管理工作也仅仅在一些地区有所开展，尚未覆盖全国范围，且实际内容也是相当狭窄的。中华人民共和国成立初期地籍管理的主要内容是结合土改分地，进行土地清丈、划界、定桩、开展土地登记、发证等。之后，地籍管理逐步从以地权登记为主转向为组织土地利用提供基础依据、为建立农税面积台账服务为主要内容。随着我国社会主义现代化建设的发展，地籍管理内容不断扩展和加深，技术手段不断提高，开展土地利用现状调查、地籍调查，全国城镇土地使用权申报登记工作全面展开，并迅速转为城镇土地登记和土地定级工作，建立起土地统计报表制度及地籍档案管理制度等，地籍管理朝着全方位、规范化、制度化方向发展。当前随着我国自然资源管理领域改革的系统推进，覆盖山、水、林、田、湖、草、海的国土空间全覆盖的全口径地籍管理体系逐步完善，地籍管理的目标也愈发综合。

现阶段我国地籍管理工作的主要内容包括：土地调查、土地（不动产）登记、土地统计、地籍档案管理等。土地调查和土地登记是地籍管理实践和研究体系的主体与核心内容，并逐步扩展到不动产＋自然资源的全口径国土空间，权属调查和地籍测量是地籍管理的基础性工作，地籍档案管理是土地调查、土地登记、土地统计的后续工作，是地籍管理各项工作成果的归宿，并为土地管理各项工作提供参考依据和基础数据。

1. 土地调查

土地调查是以查清土地覆盖、土地权属、土地利用状况而进行的调查，是《土地管理法》（2019 年修正版）第二十六条明确规定的制度。20 世纪 80 年代初期以来，我国在土地调查方面开展了大量工作，主要通过三种调查来实现，即土地利用现状调查、地籍调查和土地条件调查。这些调查的内容各自的侧重点存在显著差异。

土地利用现状调查以"摸清我国土地资源家底"为主要目标,通过调查不仅要查清我国土地资源总量、分类面积、土地利用现实状况,也要为土地资源的全面管理和土地资源开发利用提供详尽的资料。土地利用现状调查以县为调查作业单位,由县人民政府统一领导,查清土地的数量、分布、归属和利用现状。我国于 20 世纪 80 年代初到 90 年代中期,全国范围开展了第一次土地调查,彻底结束了我国过去土地资源家底不清的局面;2007—2009 年开展了第二次全国土地调查,由于调查的技术手段显著完善,这次调查不仅基本实现了查清每块土地的地类、位置、范围、面积分布和权属等情况,并且在调查的基础上建立土地资源变化信息的统计、监测与快速更新机制;2017 年国务院下发了《关于开展第三次全国土地调查的通知》(国发〔2017〕48 号),此次调查以国务院副总理为调查领导小组组长,明确了经费保障方案,目标是在第二次全国土地调查成果的基础上,全面细化和完善全国土地利用基础数据,进一步完善土地调查、监测和统计制度,以满足生态文明建设、空间规划编制、供给侧结构性改革、宏观调控、自然资源管理体制改革和统一确权登记、国土空间用途管制等各项工作的需要。

地籍调查的任务是查清土地的权属、位置、界址、用途、等级和面积等,其核心是土地权属调查。土地权属就是对土地权利的归属,是人们围绕或通过土地形成的权利关系总和。土地产权是权利人依法对其所有或使用的土地享有的占有、使用、收益和处分的权利,是一种具有排他性的绝对权,产权人对其所有或使用的土地具有完全的支配力。与土地利用现状调查相比,地籍调查以宗地为基本调查单元,其调查更加精细和微观,是土地利用现状调查的组成部分。

土地条件调查是土地存在环境和条件的调查,是深入认识土地利用环境条件的调查,包括对土壤、地貌、植被、气象、水文、地质以及对土地的投入、产出、收益、区位、交通等土地所处自然条件和社会经济条件的调查。土地条件调查有着较强的专业特性,土壤、地貌、气候、社会经济等调查不仅有学科的特殊性,而且互相有着较强的独立性。它们在地籍管理中明确地为地籍管理服务。目前土地条件调查还不像土地利用现状调查和地籍调查那样有十分鲜明的行政管理色彩。各地在开展土地条件调查时,调查的深度和广度也有较大的差异。

2. 土地(不动产)登记、统计与档案管理

土地(不动产)登记、统计和档案管理也是地籍管理的核心内容,由于后文有专门章节进行论述,本部分只做基本概念界定,不再展开赘述。土地调查成果的法律化,土地产权保障的基本制度是土地(不动产)登记。土地登记是指将法律认可的土地权属状况登载于专门的簿册上,实质上是国家用以确认土地所有权、土地使用权及他项土地权利的一种法律措施。由法律确认的土地权利是合法的权利,受到法律的保护,可以免受侵犯。世界各国,不论历史、社会、人文、政治、体制

等因素有无差异，皆有符合国情的不动产登记制度，将不动产物权依法律行为而取得、设定、丧失及变更者由登记机关加以登记，以公示或公信。

土地统计是国家对土地的数量、质量、分布、利用和权属状况进行统计调查、汇总、分析和提供土地统计资料的工作制度。与其他统计相比，土地统计有着极强的专业特点：统计对象——土地在数额上总量是恒定的；统计图件既是统计结果的反映形式，也是统计的基础依据；土地统计中地类的增减均以界线的推移实现。通过土地统计，澄清和更新人们对土地资源、土地资产和土地利用状况的认识，揭示土地分配、利用的变化规律，为制定土地管理政策提供科学依据。

地籍档案的管理是以地籍管理的历史记录、文件、图册为对象所进行的收集、整理、鉴定、保管、统计、提供使用和编研等工作的总称。地籍档案管理是地籍管理工作的终端，也是地籍为社会提供服务的桥梁。

6.2 地籍调查

6.2.1 地籍调查概述

1. 基本概念

地籍调查是依照有关的法律程序，通过权属调查和地籍测量，查清每一宗土地的权属、界线、面积、用途和位置等情况，形成地籍调查的数据、图件等调查资料，在此基础上进行土地登记和土地统计。它既是一项政策性、法律性和社会性很强的基础工作，又是一项集科学性、实践性、统一性、严密性于一体的技术工作[1]。目前在我国土地管理的实践中将地籍调查主要局限在城镇地区和农村的非农建设用地的范围内。农村其他土地（包括荒地）相应的调查任务则由土地利用现状调查来完成。

2. 调查目的

地籍调查在土地登记之前进行，是地籍管理的依据，其主要目的是查清、核实每宗地的地籍要素，如宗地位置、范围、数量、质量等级、权属关系和用途等基本情况，并用图、文、表等手段加以表示，从技术和法律方面为土地登记、核发土地权属证书奠定基础，完善地籍管理基础建设。地籍调查不仅是地籍管理的基础，也可以为土地科学研究积累信息。

3. 地籍调查类型

根据地籍调查时期和任务分类，地籍调查可分为初始地籍调查和变更地籍调查。初始地籍调查是指调查区范围内全部土地在初始土地登记之前的地籍调查。初始地籍调查一般在无地籍资料或地籍资料比较散乱、严重缺乏、陈旧的状况下才进行。这项工作涉及多个部门和多个方面，规模大、范围广、内容复杂、费用

---

[1] 拉尔森. 土地登记与地籍系统［M］. 北京：测绘出版社，2011.

巨大。变更地籍调查是指在完成初始调查之后，为了保持地籍的现势性和及时掌握地籍信息的动态变化而进行的经常性的地籍调查，是土地变更登记前对变更宗地的调查。

根据地籍调查区域范围和功能分类，可分为城镇地籍调查和农村地籍调查。城镇地籍调查是指以城镇及村庄内部土地为调查对象，主要对城镇、村庄范围内部土地的权属、位置、数量、质量和利用等状况内容进行的调查。农村地籍调查是以农村和城镇郊区土地为调查对象，结合土地利用现状调查进行，主要有土地利用现状调查、土地质量调查、土地权属调查等。需要注意的是，城镇地籍调查和农村地籍调查要互相衔接，既不能重复也不能遗漏。城乡一体化的地籍调查是未来的发展趋势。

4. 主要内容

权属调查和地籍测量是地籍调查的主要内容。权属调查是通过对宗地权属及其权利所及的位置、界址数量和用途等基本情况的调查工作，即现场认定和标定土地权属界址点、线位置，调查土地用途，填写地籍调查表，绘制宗地草图。地籍测量是在土地权属调查的基础上，借助仪器，以科学方法在一定区域内，测量每宗土地及其附属物的权属界线、位置、形状及地类界线等基本情况，包括地籍平面控制测量、界址测量、地籍图测绘和面积量算等。

6.2.2 权属调查

土地权属调查是地籍调查的核心，指以宗地为单元和对象，对土地权属单位的土地权属来源及权利所及的位置、界址、数量和用途等属性的调查工作，在现场标定土地权属界址点、线，绘制宗地草图，调查土地用途，填写地籍调查表，为地籍测量提供测绘依据。调查成果经土地产权人认定，可为地籍测量、权属审核和登记发证提供具有法律效力的文书凭据。

土地权属调查的主要内容是对宗地的位置、界线、权属情况和土地使用状况的调查，具体包括：对宗地所在的辖区、门牌号及四至关系的调查；对宗地的界址点、界址线的调查；对宗地的权属性质、权属来源、取得土地时间和土地使用期限、土地使用者或所有者名称等内容的调查；对宗地内的土地用途、土地等级、地价和共用情况等进行调查。

土地权属调查的基本工作流程包括：准备工作、实地调查、地籍编号、填写地籍调查表、绘制宗地草图、土地权属调查文件资料的整理归档，这里不再赘述。

6.2.3 地籍测量

地籍测量是指在土地权属调查的基础上，为获取和表达宗地权属界址点、线、位置、形状、数量、质量等基本地籍信息所进行的专业测绘工作，为地籍管理服务，主要由地籍平面控制测量和地籍细部测量组成。

地籍测量的主要任务是通过野外采集的平面图数据及权属调查草图等信息，

绘制出标准地籍分幅图、宗地图，并生成相应的各宗地的面积量算表，以地籍街坊为单位汇总出界址点成果表和面积统计表、各级土地分类统计表等，为政府提供精确的统计数字，为土地管理部门进行管理、规划提供科学依据。

地籍测量的基本内容是测定土地及其附着物的权属、位置、数量、质量和利用状况等信息。具体内容包括：地籍基本控制点和地籍图根控制点的测量；行政区划界线和土地权属界线及界址点坐标的测量；地籍分幅图、宗地图等的地籍图测绘；对地块和宗地面积进行测算、平差和统计。地籍测量遵循"先控制后碎部、由高级到低级、从整体到局部"的原则，工作程序是地籍控制测量、不动产权属调查、地籍细部测量、内业资料整理。

6.3 不动产登记

6.3.1 不动产登记概述

1. 不动产登记的概念

不动产登记是《民法典》确立的一项物权制度，根据《不动产登记暂行条例》，不动产登记是指经权利人或利害关系人申请，由国家不动产登记机构依法将不动产权利归属及其变动事项记载于不动产登记簿的行为，其中不动产指土地、海域以及房屋、林木等定着物。不动产登记的根本目的是对权利进行公示。所谓公示，是指将物权变动的意思公开向社会公众表彰。物权公示的效力，是物权公示所产生的法律效果。物权是排他性财产权，是对世权和绝对权，物权的变动必须通过法定的公示方式才能产生法律效力。我国实行不动产统一登记制度。不动产登记的类型主要包括首次登记、变更登记、转移登记、注销登记、更正登记、异议登记、预告登记、查封登记等。

我国的不动产登记在国民经济和社会发展中发挥着极其重要的作用。①维护了土地的社会主义公有制。通过不动产登记，明确了国家土地所有权和集体土地所有权，为切实维护土地的社会主义公有制提供了重要的法律依据和保障。②维护了不动产权利人的合法权益。国有土地和农民集体所有的土地可以依法确定给单位或者个人使用，通过不动产登记，表彰依法取得的土地使用权，基于国家公信力，土地权利人的合法权益将得到保障。房产所有人及他物权人通过不动产登记，其合法权益同样受到国家的保护。③维护了正常的不动产市场秩序。不动产登记是对不动产市场实施有效监管的主要措施。在交易过程中，通过登记对交易的合法性进行审查，对不动产权属变动关系进行确认有效地促进了市场的规范化，维护了正常的市场秩序。④有效保护耕地。在对土地用途变更登记进行审核时，凡是不符合土地用途管制要求，随意将农业用地转变为非农业建设用地，非法占用耕地的，均不得办理土地变更登记手续。⑤为社会提供了重要的基础信息，是国家掌握不动产动态变化的一个重要的信息源，是国家收取不动产租、税、费的依据，也是国家基础数据的重要组成部分。

不动产登记应遵循依法、依申请、审查、属地登记四条基本原则。首先，不动产登记必须依法进行。登记义务人必须依法向登记机关申请，提交有关的证明文件资料，并按照登记机关的要求到现场指界等；登记机关必须依法对登记义务人的申请进行审查、确权和在登记簿上进行登记；不动产权利经登记后的效力由法律、法规和政策规定，任何单位和个人都不能随意夸大或缩小登记的效力。这些要求维护了不动产登记在法律上的严肃性和公正性；其次，登记机关办理不动产登记，一般都应当由相关权利人或权利变动当事人首先向登记机关提出申请，即向登记机关提出明确的意思表示。申请方式有权利人单独申请和权利人与义务人共同申请两种；再次，登记机关对登记申请和地籍调查的结果必须进行审查，审查的内容主要包括两个方面：一是形式审查，审查登记申请所提交的各种文件资料是否为登记所必须具备的要件；二是实质审查，审查所申请的不动产权利或权利变动事项是否符合国家有关法律和政策。经过审查，有的还需要通过公示，凡符合登记要求的，应予以登记。否则，不予登记。最后，不动产登记遵循"属地登记、分级管辖"的原则，不动产所在的县级行政单元是不动产登记的主体责任机构。

2. 不动产登记的理论基础：三种登记制度

(1) 契据登记制

契据登记制是历史上最初出现的不动产登记制度，首创于法国，又称法国登记制。土地权利的取得、变更及丧失，只要经当事人订立契据（契约）即生效力。但是登记只是为了证明双方的交易关系，从而能对第三人起到对抗作用，以维护交易安全，而不是登记生效的必要条件。目前采用契据登记制的国家或地区有法国、比利时、苏格兰、意大利、西班牙、挪威、日本、葡萄牙、巴西、美国多数州等。

契据登记制的特点如下：①订立契据即可生效。不动产权利的变动，以登记作为对抗第三人的要件，即不动产权利的取得或变更，依当事人意思订立契约，即已发生法律效力，向登记机关提出登记公示只是为对抗第三人。②形式审查。登记人员对于登记的申请，采用形式审查，至于契据所载权利事项，有无瑕疵，一般不过问。③登记无公信力。虽经登记，但在法律上没有公信力。例如，已登记的事项，若实体上认为不成立而无效时，就可以推翻。④登记非强制。不动产权利登记与否，由当事人决定，法律并无强制规定。⑤登记簿采取人的编成主义。契据登记制登记簿编成不以不动产为准，而以不动产权利人登记次序之先后编制。登记完毕仅在契约上注记经过，不发权利书状。⑥动态登记。不仅登记现状，也登记变更情况，为动态登记。

(2) 权利登记制

权利登记制规定，对于土地权利的变更，仅有当事人表示意见一致及订立契据，尚不能生效，必须由登记机关按法定登记形式进行实质审查，确认权利的得失与变更，才能生效，并供第三者查阅，即土地权利变更，不经登记不生效。权利登记制系德国创立，也称德国登记制，目前采用权利登记制的国家有德国、奥地利、瑞士、荷兰、捷克、匈牙利、埃及等。

权利登记制的特点：①登记是生效的必要条件。不动产物权的取得或变更，以登记为其发生效力，如不登记，当事人虽订有契约，也不能对抗第三人，而在法律上亦不发生物权变动效力。②实质审查。登记人员对于登记申请，有实质的审查权，审查申请所必须具备的形式要件，不动产权利变动原因与事实是否符合，缴付文件有无瑕疵，证明无误后方予登记。③登记具有公信力。登记簿上所载权利事项，即使在实体法上由于登记原因不成立，或有无效、撤销的情形，亦不得以其来对抗善意第三人。也就是说公众可信赖已登记权利，具有确定的效力。④登记具有强制性。不动产物权的取得、设定、变更、丧失，非经登记不发生效力。⑤登记簿采取物的编成主义。即依不动产物的编号先后次序编制，登记完毕，不发权利书状，仅在契约上加注记登记经过。⑥登记以不动产权利之静态为主。登记簿先登记不动产权利之现在状态，再反映不动产之变动情形。

（3）托伦斯登记制

托伦斯登记制认为，为了便于不动产物权的转移，不动产物权经登记后，便具有确认产权的效力。权利人拥有政府颁发的相关权利证书，可以证明是法律认可的不动产权利。此登记制度为托伦斯爵士于1858年在澳洲首创，他对权利登记制进行改良，主张以权利证书替代契据，从而保证权利可靠，且便于转移。目前实行托伦斯登记制的国家或地区有澳大利亚、英国、新西兰、加拿大、菲律宾、泰国、美国少数州等。

托伦斯登记的特点：①不动产权利未经登记不生效。②登记非强迫性。即不强制一切不动产必须向政府申请登记，登记与否，由当事人自行决定。③采取实质审查。登记人员对于登记申请，有实质审查的权限，登记原因及证明文件要详细审查是否有误。必须公告时应经过公告程序，尔后才能确定登记。④登记具有公信力。不动产一经登记，即有不可推翻的效力，国家保证其权利，任何人应信赖其登记。⑤发给权利证书。登记完毕，登记机关发给权利人土地权利证书（与登记记录相同），作为取得土地权利的凭证，并有附图，以辅助登记簿及文字说明的不足。⑥地上如设定权利负担，应为负担登记。已登记土地上如有抵押权等他物权设定时，应办理他物权设定与变更登记。⑦登记人员负登记错误的损害赔偿责任。⑧登记簿采取物的编成主义，并用地籍图辅助登记簿。

3. 我国不动产登记制度的演变：从"九龙治水"到多头合一

严格意义上，中国在民国以前没有真正形成以公示为目的的不动产登记制度，古代的不动产登记是伴随征收赋税而存在的，次要目的才是提供凭证。民国建立以后，1922年北京颁布房地产登记条例，建立了不动产登记制度。然而从法律角度看，直到1986年《土地管理法》颁布后，我国不动产登记制度才开始得到国家立法的确立。1987年7月建设部发布了《城镇房屋所有权登记暂行办法》；同年 9 月，国务院发布了《全国土地登记规则》，为了不动产登记制度的推行奠定了基础。此后，又相继颁布了《土地登记规则》《城市房地产管理法》《城市房屋权属登记管理办法》等，不断地规范着不动产登记的法律。随着法律的完善、实践工作的进行，我国不动产登记制度体系逐步建立起来。

虽然 2007 年《物权法》的实施确立了不动产统一登记的制度和原则（2021年 1 月 1 日起《民法典》生效实施后废止），但没有明确不动产统一登记的实施方法、统一登记的范围，没有具体确定应当由哪个机构负责不动产的统一登记，不动产登记实际上呈现一个分散的状态。土地、房屋、森林、草原、海域等不动产分别属于不同的政府职能部门进行行政管理，相应类型不动产的登记分散在土地管理部门、房产管理部门、林业管理部门、草原管理部门、海洋行政管理部门、地质矿产管理等部门，呈现"九龙治水"的管理格局。

随着经济社会的发展，市场经济对归属清晰、权责明确的产权制度要求越来越高，不动产登记统一化的呼声越来越高。2013 年 11 月 20 日，国务院常务会议决定整合不动产登记职责、建立不动产统一登记制度。2015 年 3 月 1 日，《不动产登记暂行条例》正式实施，不动产统一登记的法律基础得到明确。国土资源部也陆续发布不动产登记簿证样式（试行），包括《不动产登记簿》《不动产权证书》《不动产登记证明》等。2018 年 3 月，中华人民共和国第十三届全国人民代表大会第一次会议表决通过了关于国务院机构改革方案的决定，批准成立中华人民共和国自然资源部。2020 年 5 月 28 日，十三届全国人大三次会议表决通过了《民法典》，自 2021 年 1 月 1 日起施行。从法律基础和行政机构改革的角度，将土地、矿产、海域、水、湿地、森林、草原等资源调查和确权登记职能统一，为解决长期困扰资源管理的政出多门、标准混乱、重复调查、权籍不明等问题夯实了基础，在管理机构上实现了"多头合一"，是自然资源集中统一管理的重要标志。

6.3.2 不动产首次登记

不动产首次登记，是指不动产权利第一次登记。未办理不动产首次登记的，不得办理不动产其他类型登记，但法律、行政法规另有规定的除外。市、县人民政府可以根据情况对本行政区域内未登记的不动产，组织开展集体土地所有权、宅基地使用权、集体建设用地使用权、土地承包经营权的首次登记。不动产首次登记涉及的不动产类型多样，种类复杂，但是都具有类似的流程与核心环节，核心是不同类型不动产产权的权利人及其利害关系人的申请环节，以及不动产登记机构的审批环节。下面以国有建设用地使用权首次登记和他物权设定首次登记为例，展示不动产首次登记工作的流程和特点。

1. 划拨国有建设用地使用权首次登记

划拨国有土地使用权是土地使用者通过划拨方式获取的国有土地使用权，除法律、行政法规另有规定外，一般没有期限的限制。划拨国有土地使用权首次登记是对一宗土地上新确认的以划拨方式取得的国有土地使用权进行的土地产权第一次登记。土地使用权的划拨，是指经县级以上地方人民政府依法批准，在土地使用者缴纳补偿、安置等费用后将该幅土地交付其使用，或者将国有土地使用权无偿交付给土地使用者使用的行为。

划拨国有土地使用权首次登记的申请人为划拨国有土地使用者。须办理划拨国有土地使用权首次登记的有以下三种情形：①新开工的大中型建设项目使用划拨国有土地的；②其他项目使用划拨国有土地的；③集体土地依法转为国有土地后，原集体土地使用者继续使用该国有土地的。相对应的申请时限分为以下三种：①新开工的大中型建设项目使用划拨国有土地的，建设单位应当在接到县级以上人民政府发给的建设用地批准书之日起64日内，持建设用地批准书申请土地预告登记，建设项目竣工验收后，建设单位应当在竣工验收之日起64日内。持验收报告和其他有关文件申请国有土地使用权首次登记。②其他项目使用划拨国有土地的，土地使用单位或者个人应当在接到县级以上人民政府批准用地文件之日起64日内，持批准用地文件申请国有土地使用权首次登记。③集体土地依法转为国有土地后，原集体土地使用者继续使用该国有土地的，应当在土地所有权性质变更后64日内办理首次登记。

2. 出让国有建设用地使用权首次登记

出让国有建设用地使用权首次登记是对一宗地上设立的出让国有土地使用权进行的土地登记。其中，出让是指国家将国有土地使用权在一定年限内让渡给土地使用者，由土地使用者向国家支付土地使用权出让金的行为。出让方式一般有协议、招标、拍卖和挂牌。我国相关法律、法规规定，工业、商业、旅游、娱乐和商品住宅等各类经营性用地以及同一土地有两个以上意向用地者，应当采取招标、拍卖等公开竞价的方式出让。

办理出让国有建设用地使用权首次登记有两种情形：①出让国有土地使用权按出让合同约定，受让方一次支付全部出让金的，在支付出让金后30日内，申请出让国有建设用地使用权首次登记；②出让国有土地使用权成片开发，按出让合同约定一次出让，受让方分期付款、分期取得土地使用权的，在每期付款30日内，申请国有建设用地使用权首次登记。

3. 租赁国有建设用地使用权首次登记

租赁国有建设用地首次登记是对一宗地上设立的租赁国有建设用地使用权进行的土地登记。这里的租赁，是指土地使用者与县级以上人民政府土地行政主管部门签订一定年限的土地租赁合同，并支付租金的行为。国有土地租赁是国有土地有偿使用的一种形式，是出让方式的补充。根据相关法律、法规的规定，国有土地租赁有一定的适用范围。

国有土地租赁可以根据具体情况实行短期租赁和长期租赁。对短期使用或用于建修临时建筑物的土地，应实行短期租赁，短期租赁年限一般不超过5年。对需要进行地上建筑物、构筑物建设后长期使用的土地，应实行长期租赁，具体租赁期限由租赁合同约定，但最长租赁期限不得超过法律规定的同类用途土地出让最高年期。

租赁国有建设用地使用权首次登记的申请人为承租人。依法向国家承租国有土地的，承租人应当在签订租赁合同之日起 30 日内，申请租赁国有建设用地使用权首次登记。

4. 作价出资或入股国有建设用地使用权首次登记

作价出资或者入股国有建设用地使用权首次登记是对一宗地上设立的作价出资或者入股国有建设用地使用权进行的土地登记。作价出资或者入股方式是指国家以一定年期的国有土地使用权作价，作为出资投入改组后的新设企业，该土地使用权由新设企业持有，可以依照土地管理法律、法规关于出让土地使用权的规定转让、出租和抵押。

作价出资或者入股国有建设用地使用权首次登记的申请人为改组后的新设企业。国家将国有土地使用权以作价出资（入股）方式让与改组后的新设企业，该企业应当在签订作价出资（入股）合同之日起 30 日内提出登记申请。

5. 授权经营国有建设用地使用权首次登记

授权经营国有土地使用权首次登记是对一宗地新确认的以授权经营方式取得的国有土地使用权进行的土地登记。国有土地使用权授权经营是国家为了支持国有企业改革和发展，进一步推行土地有偿使用制度，对改制的国有企业涉及的划拨土地使用权进行资产处置的一种方式，是国家根据需要将一定年期的国有土地使用权作价后授权给经国务院批准设立的国家控股公司，由作为国家授权投资机构的国有独资公司和集团公司经营管理的行为。其实质是：在让渡土地使用权时本应收取的土地有偿使用收益，以授权经营方式重新投入国有企业，用于增加国有企业的国家资本金，是一种政府的投资行为。当前，有资格采取授权经营方式处置划拨土地资产的行业和企业主要包括：自然垄断行业、提供重要公共产品和服务的行业、支柱产业和高新技术产业中的重要骨干企业。

授权经营国有土地使用权首次登记申请人为被授权经营土地使用权的国家控股公司、国有独资公司、集团公司。土地产权人应在取得国有土地使用权经营管理授权书后 30 日内申请国家授权经营国有土地使用权首次登记。

授权经营国有土地使用权首次登记需要报人民政府批准，经人民政府批准后，方可进行办理登记。被授权经营土地使用权的公司若将被授权经营的土地租赁给下属企业使用，其下属企业应办理他物权设定登记。

6. 他物权设定首次登记

他物权设定首次登记包括多种类型不动产的抵押权、地役权等他物权设定，这里以土地使用权设定抵押权为例。土地使用权抵押登记是对已完成土地使用权登记的宗地上设立抵押权所进行的土地登记。土地使用权抵押是土地使用权人把土地使用权作为担保财产，以保证自己或第三人履行债务的行为。通过土地使用权抵押，债权人可以取得土地使用权的变价处分权和就卖得价金优先受偿权。

土地使用权抵押登记的申请人为抵押权人和抵押人。依法抵押土地使用权的，抵押权人和抵押人应当持土地权利证书、主债权债务合同、抵押合同以及相关证明材料，申请土地使用权抵押登记。同一宗地多次抵押的，以抵押登记申请先后为序办理抵押登记。抵押权人和抵押人应与抵押合同签订双方一致。

土地使用权抵押登记时要注意：①根据有关法律、法规和相关文件精神，用于抵押的土地使用权必须是通过有偿出让或转让方式取得，并已办理土地登记手续的土地使用权。不得设定抵押权的财产有以下几种：土地所有权；耕地、宅基地、自留地、自留山等集体所有的土地使用权；学校、幼儿园、医院等以公益为目的的事业单位、社会团体的教育设施、医疗卫生设施和其他社会公益设施；所有权、使用权不明或者有争议的财产；依法查封、扣押、监管的财产；依法不得抵押的财产。②当地上存在房屋等建筑物或其他定着物时，土地使用权抵押时，其地上建筑物及其他定着物随之抵押；地上建筑物及其他附着物抵押时，其使用范围内的土地使用权也随之抵押。③抵押贷款期限应小于土地使用期限减去已使用期限的剩余期限，且抵押贷款金额应小于土地评估价值。

土地使用权抵押权设定登记不涉及土地所有权、使用权的变更，因此，土地使用权抵押权设定登记不需报人民政府批准，经土地行政主管部门批准后，即可直接进行注册登记。

6.3.3 其他主要的不动产登记类型

1. 变更登记和转移登记

首次登记后所产生的不动产权利信息发生变化的，需要根据不同的情况申请变更登记或转移登记，其中涉及权利人变化的情形应办理转移登记，权利人不变、不动产其他信息变化的应办理变更登记。根据我国《不动产登记暂行条例实施细则》的规定，下列情形之一的，不动产权利人可以向不动产登记机构申请变更登记：

（1）权利人的姓名、名称、身份证明类型或者身份证明号码发生变更的；

（2）不动产的坐落、界址、用途、面积等状况变更的；

（3）不动产权利期限、来源等状况发生变化的；

（4）同一权利人分割或者合并不动产的；

（5）抵押担保的范围、主债权数额、债务履行期限、抵押权顺位发生变化的；

（6）最高额抵押担保的债权范围、最高债权额、债权确定期间等发生变化的；

（7）地役权的利用目的、方法等发生变化的；

（8）共有性质发生变更的；

（9）法律、行政法规规定的其他不涉及不动产权利转移的变更情形。

因下列情形导致不动产权利转移的，当事人可以向不动产登记机构申请转移登记：

（1）买卖、互换、赠与不动产的；

（2）以不动产作价出资（入股）的；

（3）法或者其他组织因合并、分立等原因致使不动产权利发生转移的；

（4）不动产分割、合并导致权利发生转移的；

（5）继承、受遗赠导致权利发生转移的；

（6）共有人增加或者减少以及共有不动产份额变化的；

（7）因人民法院、仲裁委员会的生效法律文书导致不动产权利发生转移的；

（8）因主债权转移引起不动产抵押权转移的；

（9）因需役地不动产权利转移引起地役权转移的；

（10）法律、行政法规规定的其他不动产权利转移情形。

2. 更正登记

发现登记的结果有误或遗漏时，由权利人、利害关系人申请或由登记机关依职权更正原登记内容的不动产登记类型。更正登记具有以下特点：①它是对登记簿上已有记载的更正；②它是对不正确登记行为的改正；③更正登记一般不会发生不动产物权变动。

更正登记在出现不正确登记时发生。按导致更正登记发生的情形按时点可以分为两类：一是始点不正确登记，即首次登记时就发生的不正确登记；二是变更的不正确登记，即在日常登记时发生的不正确登记。按导致更正登记发生的情形按原因分为以下几类：①因登记人员登记过程中的过失造成错误或遗漏登记；②因登记义务人申请过程中的过失导致的不正确登记；③因登记人员、登记义务人或他们共同的主观故意行为导致的不正确登记；④因不动产物权变动的法律行为欠缺导致的不正确登记。

对于土地登记而言，错登和漏登的情形主要有以下几种：土地权利人名称错误、共有土地各共有权人权利比率错误或遗漏、土地权利登记错误、权利内容错误或遗漏等。错误或遗漏原因主要是：原始登记文件错误，登记申请人弄虚作假、伪造证件和文件，登记人员审查疏忽或书写错误。

更正登记分为两类：一是申请更正登记，即由民事主体（利害关系人）引发的更正登记。二是直接更正登记，是指不经当事人的申请，登记机关的登记人员可依一定法律程序直接完成更正登记。申请更正登记是更正登记程序的基本原则，直接更正登记则是例外程序，只有在法定情形下才适用。

更正登记请求权是实施申请更正登记的前提。它是指受不正确登记影响的人，对因更正而受影响的人，请求同意进行更正登记的权利。若被请求人不同意时，可以提起诉讼。更正登记请求权对真正权利人意义重大。更正登记请求权的行使目的是得到与更正登记有利益关系的他人的同意，而该同意是更正登记的条件。更正登记请求权在性质上属于物权请求权。更正登记请求权是因为更正登记而产生，更正登记是因为不正确登记而存在的，因此当不正确登记消灭时，更正登记也消灭，更正登记请求权也就随之消灭了。

3. 异议登记

异议登记指利害关系人对登记簿上有关权利主体、内容的正确性存有异议而向不动产登记机关提出申请，并将其异议在土地登记簿中加以记载的过程。异议登记的目的是限制登记簿上的权利人的权利，以保障提出异议登记的利害关系人的权利，以此保护权利人和利害关系人的利益，是为更正登记之前所采取的一种临时措施。

发生更正登记的需要，而登记簿记载的权利人不同意更正的，利害关系人可以申请异议登记。对于符合异议登记条件的，自然资源行政主管部门应当将相关事项记载于土地登记簿，并向申请人颁发异议登记证明，同时书面通知不动产登记簿记载的土地权利人。

异议登记期间，未经异议登记权利人同意，不得办理不动产权利的变更登记或设定不动产抵押权。

有下列情形之一的，异议登记申请人或者登记簿记载的不动产权利人可以持相关材料申请注销异议登记：①异议登记申请人在异议登记之日起 15 日内没有起诉的；②人民法院对异议登记申请人的起诉不予受理的；③人民法院对异议登记申请人的诉讼请求不予支持的。异议登记失效后，原申请人就同一事项再次申请异议登记的，自然资源行政主管部门不予受理。

4. 注销登记

注销登记是因某种原因而导致产权人登记的权利消灭时，登记机关依法注销其登记簿上的权利的一种登记。注销登记是登记制度的重要组成部分，是产权明晰的保障，是确保不动产交易安全、维护市场秩序的重要法律手段。

根据注销登记发生方式，将其分为申请注销登记和直接注销登记。申请注销登记是以当事人的申请为条件而进行的注销登记，注销登记的原因主要是权利人的权利本身已经灭失，如标的物的灭失、权利期限届满、权利人放弃其权利等，其登记程序的发生以当事人的申请为条件。直接注销登记是登记机关依照法律规定的职权，在当事人应当申请而未申请或根本无须当事人的申请，而直接对某一登记权利进行注销的一种登记，直接注销的原因主要是基于权利被依法强制移转，或者权利本身不具有合法性，注销登记不以当事人提出申请为条件。

因不动产权利消灭或其他原因致使原登记内容失去效力的，登记机关应将已登记的内容进行注销。在我国，土地权利注销登记主要包括以下几种情况：①集体所有的土地依法被全部征收或者农村集体经济组织所属成员依法成建制转为城镇居民的集体土地所有权、集体土地使用权注销登记；②国家组织移民，农民集体成建制迁移后不再使用的原农村集体土地所有权、集体土地使用权注销登记；③因自然灾害等原因造成土地权利灭失的土地使用权或者土地所有权注销登记；

④县级以上人民政府依法收回国有土地使用权的国有土地使用权注销登记；⑤国有土地使用权出让或者租赁期限届满，未申请续期或续期申请未获批准的国有土地使用权注销登记；⑥土地他物权终止的土地他物权注销登记。

注销登记的程序一般可分为登记申请、地籍调查（有必要的）、审核、注册（销）登记、注销（收回）或更改土地权利证书等几个阶段。注销土地登记一般需由土地权利人（土地所有权人、土地使用权人和土地他物权人）向土地登记机关提出注销土地登记申请。

申请注销登记，申请人应当提交注销不动产登记申请书和不动产标的物灭失或不动产权利终止证明文件。不动产登记人员对注销土地登记的审核，其步骤与名称、地址和不动产用途变更登记相同。对注销不动产登记证明材料的审核是注销不动产登记审核的重点，应着重从以下几个方面进行审核：①注销不动产登记证明材料的开具单位应当为有批准权的部门；②注销不动产登记证明材料上的单位名称应当是单位的全称，所盖公章应与单位名称一致；③证明内容与其他相关内容应一致无误；④注销不动产登记证明材料应是真实、合法和有效的。注销不动产登记不需报人民政府审批，由自然资源行政主管部门审核通过后可直接进行注册登记。

5. 预告登记

预告登记指当事人约定转让不动产权利时，为了限制债务人处分该土地，保障债权人将来取得不动产权利而进行的登记，对于保障当事人的权利、保护交易安全、维护市场信用具有重要作用。预告登记制度为保全请求权提供了保障，但它并不改变请求权本来的法律关系，预告登记中不动产权利义务人，仍然享有抗辩权。

当事人签订不动产权利转让的协议后，可以按照约定持转让协议申请预告登记。对符合预告登记条件的，自然资源行政主管部门应当将相关事项记载于不动产登记簿，并向申请人办法预告登记证明。预告登记后，债权消灭或自能够进行不动产登记之日起上个月内当事人未申请不动产登记的，预告登记失效。预告登记期间，未经预告登记权利人同意，不得办理不动产权利的变更登记或者不动产抵押权、地役权登记。

6. 查封登记

查封登记指不动产登记机关根据司法机关的要求，对不动产进行权属限定，禁止对执行人或其他人进行转移或处理等行为，导致改变不动产权属现状而开展的登记。在进行查封登记后的时效里，登记名义人对其不动产权利的处分对债权人不产生效力。

自然资源行政主管部门应当根据人民法院提供的查封裁定书和协助执行通知书，报经人民政府批准后将查封或者预查封的情况在不动产登记簿上加以记载。

自然资源行政主管部门在协助人民法院执行查封登记时，不对生效法律文书和协助执行通知书进行实体审查。自然资源行政主管部门认为人民法院的查封、预查封裁定书或其他生效法律文书错误的，可以向人民法院提出审查建议，但不得停止协助执行事项。不动产使用权在预查封期间登记在被执行人名下的，预查封登记自动转为查封登记。

查封、预查封期限届满或者人民法院解除查封的，查封、预查封登记失效。自然资源行政主管部门应当注销查封、预查封登记。对被人民法院依法查封、预查封的不动产使用权，在查封、预查封期间，不得办理不动产权利变更登记或不动产抵押权、地役权登记。

6.3.4　自然资源统一确权登记

为贯彻落实党中央、国务院关于生态文明建设决策部署，建立和实施自然资源统一确权登记制度，在不动产登记的基础上，对水流、森林、山岭、草原、荒地、滩涂、海域、无居民海岛以及探明储量的矿产资源等自然资源的所有权和所有自然生态空间统一进行确权登记。2019 年 7 月 11 日，《自然资源统一确权登记暂行办法》由自然资源部、财政部、生态环境部、水利部、国家林业和草原局发布，标志着中国开始全面实行自然资源统一确权登记制度，自然资源确权登记迈入法治化轨道。自然资源统一确权登记是我国不动产登记制度的重要补充和完善，对于推动建立归属清晰、权责明确、保护严格、流转顺畅、监管有效的自然资源资产产权制度，实现山水林田湖草整体保护、系统修复、综合治理，具有重要意义。不动产登记和自然资源统一确权登记的全面开展，也实现了覆盖全部国土空间的产权登记体系，是完善我国空间治理能力现代化的重要基础。

6.4　土地统计与信息管理

6.4.1　土地统计制度

土地统计制度是我国土地管理法中明确的、国家统计制度的必要组成部分，主要包括初始和年度土地统计制度、国家和基层土地统计报表制度。

1. 初始和年度土地统计制度

（1）初始土地统计

初始土地统计是土地统计工作的起点，它是在某一时点上首先开展的土地统计，以这一时点的数据作为历年统计的初始值。我国在 20 世纪 80 年代中期开展的以县级为单位的土地利用现状调查，是迄今较为全面、系统的大规模土地资源调查，是查清各种土地利用分类面积及其分布和利用状况的全面调查。所以，为保证土地数据的连续性和现势性，应该将土地利用现状调查的结束作为初始土地统计的起点，土地利用现状调查的成果作为初始土地统计的依据。同时，初始土地统计也可以在初始土地登记后进行，把初始土地登记的各类土地利用面积作为初始土地统计的基本依据资料。初始土地统计在初始土地登记的基础上进行，可以保证土地统计面积的精确性和稳定性，而不会因在土地登记时的权属地界改变而引起统计数据的变更。同时，土地登记的成果又是进行土地权属统计的基础数据，是分析和研究权属变化原因和结果的依据。由此可见，土地利用现状调查成果和土地登记文件都是初始土地统计的重要信息来源。

我国在 20 世纪 90 年代初开始的城镇（村庄）地籍调查是以查清每一宗地的界址、权属、用途和面积等为目的的调查。对于城镇（村庄）地籍调查来说，当时它有自己的土地分类系统、城镇地籍调查成果可以作为城镇土地统计的起点。

（2）年度土地统计

随着时间的推移，土地的数量、质量、分布和利用状况都在不断地发生变化，因而需要经常不断地修正、补充，甚至更正原有的统计资料。年度土地统计，又称变更或经常土地统计，就是为完成这一任务，保持土地统计资料的及时性和现势性而建立的。年度土地统计是在初始土地统计的基础上开展的对土地变化状况所进行的统计。

年度土地统计是土地统计的必要环节，是保证土地信息更新的常规方法，是反映年内地类面积增减变动程度与趋向的显示器，是基层土地统计资料的主要来源和重要成分，是构成土地统计台账的主体和编写土地统计年报的可靠依据，也是对土地管理工作成果的信息反馈和统计监督的一项措施。

初始土地统计是在某一时点上首先开展的土地统计，是土地统计工作的起点。年度土地统计是为保持土地统计资料的及时性和现势性而建立的，它是初始土地统计的延续、补充和更新。所以，定期开展的土地（变更）调查成果，以及土地出让、划拨和依法审批建设用地的文件、资料等，都是土地统计的基本信息来源和依据。但是，土地统计（变更）调查的精度与方法应与原调查保持一致，这样才能实现整体意义上的衔接。

2. 基层和国家土地统计报表制度

（1）基层土地统计

基层土地统计泛指县级以下的乡（镇）土地管理所和村级生产单位（国有农、牧、渔场的生产队），以及其他非农业建设的用地单位等所从事的土地统计工作，包括年报制作、专题调查的开展、初始和经常土地统计、土地变更调查记录表的建立和管理，以及各项土地统计制度的执行和完善。基层土地统计是反映土地变化最真实可靠的信息，它是特定时期内对某地块基本要素的反映。所以，基层土地统计是以土地利用现状调查中的地类图斑或地块为单位进行统计调查和填报统计报表的。

（2）国家土地统计

国家土地统计是县级以上（含县级）土地管理部门所进行的土地统计设计、

调查、整理和分析等全部土地统计工作。它包括：土地统计的有关制度与方法的设计；按国家统一制定的土地统计报表制度，定期完成《土地变更调查记录表》的填报和汇总；检查和监督国家下达的用地计划执行情况，为国家制定政策、编制规划提供科学的土地信息等方面的工作。

基层土地统计是国家土地统计的基础，国家土地统计是对全国各地土地统计信息的汇总与整理。县级土地统计是国家土地统计的基础，也是基层土地统计的归宿。所以，县级土地管理部门的统计工作，是国家土地统计和基层土地统计结合的桥梁。

（3）土地统计报表系列

土地统计报表包括基层土地统计报表和国家土地统计报表两个系列，基层土地统计报表是以地类图斑或地块为单位进行填报的，它是基层土地统计报告单位的初始土地统计和年度土地统计的专用表，并起到基本表、过录表和汇总表的作用。国家土地统计报表则是以基层土地统计报告单位为基础进行填报的，它不仅起到基本表、过录表和汇总表的作用，而且还为完成国家《土地统计报表》的填报提供准确的土地数据。土地统计报表系列主要有：土地变更调查记录表、土地统计台账、土地统计簿和年内地类变化平衡表以及国土资源综合统计报表等，各报表之间的关系及其汇总统计过程详见图6-1。

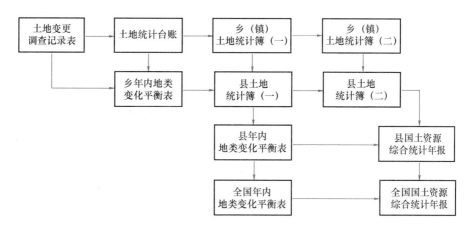

图6-1　土地统计报表系统及其统计关系图

1）土地变更调查记录表

它是基层单位通过表格形式对土地变化最初记载的一种记录，是进行土地统计调查（包括变更地籍调查和土地变更外业调查）时，记载地类图斑、土地权属变化前后情况的原始记录表，它详细地记载每一宗土地要素的变化状况。土地变更调查记录表不仅是土地统计报表的重要来源，也是各种核算（业务核算、会计核算、统计核算）的共同基础，还是记录土地变更前后现状和土地变更情况的一种重要文据。它不仅是内业变更成果上图以及变更土地登记的依据，也是填写反映土地各权属单位用地情况的统计台账和年内地类变化平衡表的依据。

2）土地统计台账

现行土地统计制度把土地统计台账建在"乡"和"县"两级土地统计报告单位，土地统计台账是按照编制土地统计报表、进行土地统计分类与分析的要求，将原始资料科学分类、系统整理、按时间顺序集中汇录的一种登记表册，它是介于《土地变更调查记录表》与《统计报表》之间的过渡记录，目的是把各时期、各用地部门分散的、具体的土地变更调查记录资料系统化、条理化、档案化。

3）《乡（镇）、县土地统计簿》

土地统计台账建立之后，还需要汇总出乡、县土地统计簿，以便掌握各乡和全县的国有、集体土地的分类面积和总面积，以及国有土地的分系统用地情况。

①《乡（镇）土地统计簿（一）》。根据各乡（镇）土地统计台账上各土地权属单位合计的土地总面积以及各地类面积，转抄到本乡（镇）土地统计簿上。如果说台账是按图斑进行面积统计，那么统计簿则是按土地权属单位进行面积汇总。

②《乡（镇）土地统计簿（二）》。根据各乡（镇）土地统计台账或统计簿（一）上所有土地权属单位的集体所有土地和国有土地的总面积及其分类面积，逐一过录到《乡（镇）土地统计簿（二）》上，国有土地按其主管部门再进一步划分和综合为若干个所属系统，如农业、林业、工业、能源、地矿、铁路、交通、司法、宗教、军队等系统以及国有后备土地进行汇总，并可得到各乡（镇）的集体土地和国有土地的总面积及其分类面积。

③《县土地统计簿（一）》

根据得到的全县各《乡（镇）土地统计簿（一）》上的"集体土地合计"和"国有土地合计"逐一过录到《县土地统计簿（一）》上，汇总出全县集体土地和国有土地的总面积及其分类面积，即得到《县土地统计簿（一）》。

④《县土地统计簿（二）》

转抄《县土地统计簿（一）》的"集体土地合计"和"国有土地合计"，并汇总出全县土地总面积及其分类面积，国有土地要按其主管部门再进行综合，划分为若干个所属系统，如农业、林业、工业、能源、地矿、铁路、交通、司法、宗教、军队等系统以及国有后备土地进行汇总，反映全县国有土地分系统的用地情况，得到《县土地统计簿（二）》。

4）《年内地类变化平衡表》

根据县土地统计簿形成县年内地类变化平衡表，并据此得到县国土资源综合统计年报，进一步统计汇总得到全国年内地类变化平衡表和全国国土资源综合统计年报。上述土地统计过程中最初的土地变更调查记录表和最后形成的年内地类变化平衡表样表参见表6-1、表6-2。

土地变更调查记录表样表　　　　　　　　　　　　　　　　表6-1

土地坐落：　　　　　乡（镇）　　　　　村　　　所在图幅号：　　　　长度单位：m　面积单位：亩

NO.：

变更前图斑				变更后图斑				地类变更部分			备注
权属单位名称	图斑号	地类编码	面积	权属性质	权属单位名称	图斑号	地类编码	面积	权属性质	地类编码		
										变更前	变更后	面积	

草图：

面积量算				
变更后图斑号	地类代码	量算面积	平差后面积	量算方法或计算公式

备注：

填表人：　　　　　　填表日期：　　　　　　检查人：　　　　　　检查日期：

年内地类变化平衡表样表

表6-2
单位:亩

土地统计单位:

行政单位编码:

变更后地类		农用地						建设用地				未利用地		合计
变更前地类		合计	耕地	园地	林地	牧草地	其他农用地	合计	居民点工矿用地	交通用地	水利设施	合计	未利用土地	其他土地	合计
年初面积															
年内减少面积															
年内增加面积															
年末面积															
农用地	合计														
	耕地														
	园地														
	林地														
	牧草地														
	其他农用地														
建设用地	合计														
	居民点工矿用地														
	交通用地														
	水利设施														
未利用地	合计														
	未利用土地														
	其他土地														

6.4.2　地籍档案管理与信息系统

1. 地籍档案管理

地籍档案是土地档案的核心，是国土资源管理档案的重要组成部分。地籍档案具有数量大、形式多样、保存分散的特点。各级土地管理机关在进行地籍管理活动中产生大量的地籍管理文件材料，尤其是在地籍管理工作中进行的土地利用现状调查、城镇地籍调查以及土地登记发证，面广量大，涉及城镇、农村的千家万户，这些文字材料经过立卷归档后，在一个县的数量即可达上万卷。而且地籍档案的形式也是多种多样的，例如文字、图表、胶片、磁带、磁盘、光盘、硬盘等。

地籍档案具有动态性和现势性的特点。动态性和现势性是地籍档案区别于其他土地档案最突出的特点。由于受自然因素和社会经济发展变化的影响，土地的数量、质量、分布和使用情况都经常处在变化之中，因此，记载地籍管理活动的地籍档案就具有动态性和现势性的特点。例如，在初始土地登记之后，土地产权及土地用途等发生变更时，登记名义人应及时向土地所在地的土地登记机关申请变更登记，土地登记机关在办理变更土地登记手续时，需调阅土地登记档案，并根据变更结果更新相应地籍图、土地登记簿、土地登记归户册等文件资料上的有关内容。土地登记文件资料更新工作是一项经常性的工作，土地登记工作的这个特点使得地籍档案具有动态性和现势性的特点。

地籍档案管理的内容包括档案收集、档案整理、档案鉴定、档案保管、档案统计和档案利用。档案收集就是把那些具有利用价值的调查、登记、统计等的文字图纸、表、册、卡、音像及其他有关文件材料，在任务完成后，收集齐全，集中保存起来。档案的收集工作是档案管理的起点。档案的整理工作是把凌乱、分散的地籍及相关材料，进行系统化、条理化整理。档案的鉴定是指对保存的档案去粗取精、确定档案的保存价值的工作。为了更长远地利用档案，需要对档案采取保护措施，延长档案的使用寿命，保管工作就是使档案保持完整与安全的一项经常性工作。档案统计是以数字形式反映档案数量、状况的基础工作。提供利用是档案管理的目的，是档案管理工作水平的集中体现。

地籍档案保管期限是用表册形式反映地籍档案的内容和形式，并指明其保管期限的一种指导性文件。地籍档案保管期限表一般由顺序号、档案名称和保管期限等部分组成。地籍档案的保管期限分为永久保存、长期保存和短期保存三种。凡是有重要凭证和长久查考、利用价值的作为永久保存；凡在16～50年内具有查考、利用、凭证作用的为长期保存；凡在15年内具有查考、利用、凭证作用的为短期保存。城镇地籍权属调查、登记发证、年度统计等材料均为永久保存。一般专业会议、培训、工作总结、简报等为长期或短期保存。

地籍档案统计是以表册、数字的形式，反映地籍档案及地籍档案工作的有关情况。建立和健全地籍档案统计制度可以更好地了解与掌握地籍档案和地籍档案工作情况，研究它们的规律性，以便对地籍档案实行科学管理。地籍档案统计工作主要包括对地籍档案的收进、管理、利用等情况进行登记和统计两部分。登记是对地籍档案的收进、移出、整理、鉴定和保管的数量和状况的记录，地籍档案的登记通常采用卷内文件目录、案卷目录、收进登记簿和总登记簿、利用者登记卡、借阅与借出登记簿以及地籍档案利用效果的登记表等形式。统计，亦称基本统计，其主要形式有统计年报。填写统计年报的数量要以原始记录为依据，并要求做到准确、可靠，并按规定定期报送主管部门和同级档案部门。

2. 地籍信息系统

地籍信息系统，是以计算机为基础，用管理理论和信息技术建立起来为地籍管理业务服务的信息系统。同传统的地籍管理相比，地籍信息系统为国土资源管理提供了优良的工作环境、简捷的工作程序，大大缩短了工作时间，节省了大量的人力、财力和存储空间，同时可以避免资料的丢失与损坏，具有高效率、高质量和高效益等优越性。

根据我国地籍管理及计算机技术的发展趋势，将网络化、集成化、实用化作为系统开发的基础，考虑到地籍资料的现势性、准确性与完整性，地籍信息系统的建设应注重以下几点：①以建立完整的地籍资料处理模式为前提，而不是单独处理某一类资料；②软件运行环境的限制要少，增加实用性；③要求系统存储的信息便于更新、查询，能及时提供现势性好的地籍信息；④处理好图形与属性数据的连接问题，实现它们之间的双向检索；⑤对地籍信息进行统计与分析，为有关部门的决策提供科学依据。

6.5 本章小结

本章详细阐述了从地籍调查到不动产登记再到统计与信息管理的我国地籍管理全链条主要内容，从基本概念、基础理论、制度演进、管理特点等多个维度勾勒了我国地籍管理的全貌，使读者能够理解我国当前地籍管理工作的主要内容和重点，以及其服务于构建产权明晰的不动产体系所起到的积极作用。其中不动产登记部分的理论和实务内容，对于本专业领域内的学生和工作人员具有较为直接的指导作用。

思考与练习题

1. 什么是地籍？什么是地籍管理？

2. 地籍分类有哪几种？它们之间有什么实质性的区别？

3. 地籍管理的内容有哪些？相互之间有什么内在联系？

4. 地籍调查是什么？目的是什么？怎么分类？

5. 土地权属调查的任务和内容有哪些？

6. 如何划分调查单元？如何进行地籍编号？

7. 当土地权属出现争议时，如何进行处理？

8. 不动产登记是什么？它有什么作用？有哪几种类型？

9. 简述世界上主要的不动产登记制度及其主要特点。

10. 简述我国不动产登记制度的演变。

11. 简述不动产首次登记的概念及登记基本流程。

12. 简述更正登记、异议登记、注销登记、预告登记和查封登记的概念。

参 考 文 献

[1] 谭峻，林增杰. 地籍管理[M]. 5 版. 北京：中国人民大学出版社，2011.

[2] 谭峻. 房地产产权产籍管理[M]. 3 版. 北京：中国人民大学出版社，2010.

[3] 武立宏. 不动产登记法律制度要论[M]. 北京：中国政法大学出版社，2015.

[4] 黄志伟. 土地登记实务[M]. 台北：五南图书出版，2012.

[5] 拉尔森. 土地登记与地籍系统[M]. 北京：测绘出版社，2011.

[6] 谭峻. 建筑物区分所有权与不动产登记制度研究[M]. 北京：知识产权出版社，2012.

[7] 中国国家标准化管理委员会. 土地利用现状分类：GB/T 21010—2017[S]. 北京：中国标准出版社，2017.

[8] 自然资源部. 第三次全国国土调查技术规程：TD/T 1055—2019[S]. 北京：中国标准出版社，2019.

[9] 国务院. 不动产登记暂行条例[Z]. 2014.

[10] 国土资源部. 不动产登记暂行条例实施细则. [Z]. 2016.

[11] 自然资源部，财政部，生态环境部，水利部，国家林业和草原局. 自然资源统一确权登记暂行办法[Z]. 2019.

土地产权管理

【 本章要点和学习目标 】

　　一是土地产权的类型， 主要包括土地所有权、 土地使用权及土地他项权利的概念、 特点及类型； 二是土地产权获得的内容， 包括土地使用权和他项权利获得的方式和途径； 三是土地产权流转的内容， 主要包括土地产权租赁和土地产权转让的方式、 特征等。 通过本章学习， 重点掌握土地产权的概念、 类型， 了解土地使用权和他项权利获得的方式和途径， 熟悉土地产权租赁、 土地产权转让的相关内容。

7.1 土地产权概念

7.1.1 土地产权

土地产权是指有关土地财产的一切权利的总和。一般用"权利束"加以描述，土地产权包括一系列各具特色的权利，它们可以分散拥有，当聚合在一起时代表一个"权利束"，包括土地所有权及与其相联系的和相对独立的各种权利，如土地所有权、土地使用权、土地租赁权、土地抵押权、土地继承权、地役权等[①]。

7.1.2 土地产权类型

我国土地产权总体上可以分为三大类：土地所有权、土地使用权和土地他项权利。其中土地他项权利包括土地抵押权、土地租赁权、土地继承权、地役权等多项权利。

1. 土地所有权

土地所有权是土地所有者在法律规定的范围内，对其拥有的土地享有的占有、使用、收益和处分的权利，是一定社会形态下土地所有制的法律表现。土地所有权受国家法律的保护，任何单位和个人不得侵犯。土地所有权的行使必须符合国家法律的有关规定。[②] 一般来说，土地所有权属于财产所有权的范畴。

（1）土地所有权的内容

土地所有权内容包括对土地的占有、使用、收益和处分四项权能，同时对土地所有者及其代表行使权利有三条重要的限制：

1）土地所有者及其代表行使权利不得违反法律、行政法规规定的义务。

2）土地所有者及其代表不得违反其与土地使用者签订的土地使用权出让合同或者土地承包合同中约定的义务。

3）土地所有权禁止交易。

我国《土地管理法》规定：城市市区的土地属于国家所有；农村和城郊的土地，除法律规定属于国家所有外，属于农民集体所有；宅基地、自留山，属于农民集体所有。

（2）土地所有权的特征

我国土地所有权的法律特征有以下几点：

1）土地所有权是一项专有权，其权利主体的特定性。土地所有权的权利主体只能是国家或农民集体，其他任何单位或个人都不享有土地所有权。这是由我

---

① 陆红生. 土地管理学总论［M］. 北京：中国农业出版社，2011.

② 邹瑜. 法学大辞典［M］. 北京：中国政法大学出版社，1991.

国实行土地的社会主义公有制决定的。

2）交易的限制性。《土地管理法》第二条第三款规定："任何单位和个人不得侵占、买卖或者以其他形式非法转让土地"。显然，土地所有权的买卖、赠与、互易和以土地所有权作为投资，均属非法，应视作无效。

3）权属的稳定性。由于主体的特定性和交易的限制性，我国的土地所有权处于高度稳定的状态。除《土地管理法》第二条第四款规定："国家为了公共利益的需要，可以依法对土地实行征收或者征用并给予补偿"以外，土地所有权的归属状态不能改变。

4）权能的分离性。土地所有权包括对土地的占有、使用、收益、处分的权利，是一种最全面、最充分的物权。在土地所有权高度稳定的情况下，为实现土地资源的有效利用，法律需要将土地使用权从土地所有权中分离出来，使之成为一种相对独立的物权形态并且能够交易。

5）土地所有权的排他性。即土地所有权的垄断性，就是说一块土地只能有一个所有者，不能同时有多个所有者。

6）土地所有权的追及力。土地为他人非法占有时，无论转入何人或何单位控制，所有权人都可以向他主张权利。

（3）土地所有权的类型

我国土地所有权分为国家土地所有权和集体土地所有权，自然人不能成为土地所有权的主体。中华人民共和国是国家土地所有权的统一和唯一的主体，由其代表全体人民对国有土地享有独占性支配的权利。在我国《宪法》《民法典》《土地管理法》等法律中，对国家土地所有权作了明确规定。《土地管理法》第九条规定："城市市区的土地属于国家所有；农村和城市郊区的土地，除由法律规定属于国家所有的以外，属于农民集体所有；宅基地和自留地、自留山，属于农民集体所有。"

集体土地所有权是由各个独立的集体组织享有的对其所有的土地的独占性支配权利。根据我国《土地管理法》第九条的规定，属于集体所有的土地，是指除法律规定属于国家所有的农村和城市郊区的土地。集体所有的土地主要是耕地及宅基地、自留地、自留山，还包括法律规定集体所有的森林、山岭、草原、荒地、滩涂等土地。至于法律没有规定为集体所有的森林、山岭、草原、荒地、滩涂等土地，则属于国家所有。

集体土地所有权的主体，即享有土地所有权的集体组织，根据《民法典》第二百六十二条、《土地管理法》第十一条的规定，有以下三类：①村农民集体所有的，由村集体经济组织或者村民委员会对土地进行经营、管理；②如果村范围内的土地已经分别属于村内两个以上农村集体经济组织的农民集体所有的，由村内各该农村集体经济组织或者村民小组经营、管理；③土地已经属于乡（镇）农民集体所有的，由乡（镇）农村集体经济组织经营、管理。

2. 土地使用权

土地使用权这一概念在《民法典》中没有直接的规定,但在我国《土地管理法》《城市房地产管理法》等法律中有明确规定。土地使用权,是指单位和个人按照法律规定,对交由其使用的国有土地和农民集体土地的占有、使用、收益以及依法处分的权利。《土地管理法》第十条规定:"国有土地和农民集体所有的土地,可以依法确定给单位或者个人使用。使用土地的单位和个人,有保护、管理和合理利用土地的义务。"国有土地和农民集体所有的土地可以依法确定给单位或者个人使用,体现了土地所有权和土地使用权相分离的基本原则。《民法典》中用益物权规定的土地承包经营权、建设用地使用权、宅基地使用权都属于土地使用权。

(1)土地使用权的特征

土地使用权具有以下特征:

1)土地使用权是在国有土地和集体土地所有权的基础之上派生出来的一种权利,这一权利是依据土地所有权的存在而存在,没有土地所有权也就没有土地使用权。

2)土地使用权的目的,是获得土地的使用价值,从土地利用活动中获得经济利益或为其他活动提供空间场所。

3)土地使用权是对土地的直接占有、支配权和一定范围内的处分权。

4)土地使用权具有一定的稳定性。一方面土地使用权人只要依法使用土地,就不受他人非法干涉,包括不受土地所有权人的干涉。另一方面土地使用权虽没有期限,但一般期限比较长。比如农民集体所有的土地由本集体经济组织的成员承包经营从事种植业、林业、畜牧业、渔业生产的,土地承包经营期限为30年。国有土地使用权出让最高年限,居住用地70年,工业用地50年等。

5)土地使用权一般仅限于地上、地表和地下的一定空间范围。根据《宪法》和有关法律的规定,地下矿藏、文物、埋藏物等属于国家,土地使用权人不能因为对土地具有使用权,而认为对上述财物具有权利。

6)使用土地的单位和个人,有保护、管理和合理利用土地的义务。对于土地资源的利用不仅是权利人对自己权利的行使,而且还关系到其他社会成员生存的权利。

(2)土地使用权的类型

1)土地承包经营权。土地承包经营权是在我国农村改革中产生的,在调动农民的积极性,推进生产力发展等方面,显示出巨大的威力。这种承包经营关系反映在法律上,就产生了土地承包经营权这个特定的概念。根据《民法典》《土地管理法》《农村土地承包法》等法律规定,土地承包经营权是指土地承包经营权人依法对其承包经营的耕地、林地、草地等享有占有、使用和收益的权利。土地承包经营权是一项独立的物权,在依法取得后,承包权人就有在承包经营的土地上依法占有、使用、收益的权利,这些合法的权益受法律的保护。

2）建设用地使用权。建设用地使用权是按土地用途划分的一个土地使用权类型，它包括国有建设用地使用权和集体建设用地使用权。《民法典》主要规定了国有建设用地使用权，《民法典》第三百四十四条规定，建设用地使用权人依法对国家所有的土地享有占有、使用和收益的权利，有权利用该土地建造建筑物、构筑物及其附属设施。建设用地使用权具有以下特点：

首先，在设立范围上，建设用地使用权可以在土地的地表、地上或者地下分别设立。新设立的建设用地使用权，不得损害已设立的用益物权。我国土地所有权属于国家所有或集体所有的性质，决定了土地上下空间的所有权属于国家或集体，当事人只能通过设定建设用地使用权等取得对地上、地下空间的使用权利。在分层设立建设用地使用权时，不同层次的权利人是按照同样的规定取得建设用地使用权的，在法律上他们的权利和义务是相同的，地位是平等的；不同的是各个建设用地使用权的空间范围、位置有区别。

其次，在设立方式上，《民法典》第三百四十七条规定："设立建设用地使用权可以采取出让或者划拨等方式。工业、商业、旅游、娱乐和商品住宅等经营性用地以及同一土地有两个以上意向用地者的，应当采取招标、拍卖等公开竞价的方式出让，严格限制以划拨方式设立建设用地使用权"。采取招标、拍卖、协议等出让方式设立建设用地使用权的，当事人应当采取书面形式订立建设用地使用权出让合同。按照《土地管理法实施条例》第二十七条规定，建设用地使用权还可以国有土地租赁、国有土地使用权作价出资或入股的方式设立。

再次，在权利内容上，建设用地使用权人有权将建设用地使用权转让、互换、出资、赠与或者抵押，但法律另有规定的除外。因设立方式不同，出让建设用地使用权和划拨建设用地使用权权利、义务不同。以划拨方式取得的建设用地使用权转让时，应经过行政审批，并缴纳相应的土地出让金或土地收益。建设用地使用权转让、互换、出资或者赠与的，附着于该土地上的建筑物、构筑物及其附属设施一并处分。建筑物、构筑物及其附属设施转让、互换、出资或者赠与的，该建筑物、构筑物及其附属设施占用范围内的建设用地使用权一并处分。

最后，建设用地使用权期限届满后如何续期问题，《民法典》第三百五十九条对住宅建设用地和非住宅建设用地区别对待。住宅建设用地使用权期限届满的，自动续期。非住宅建设用地使用权期限届满后的续期，依照法律规定办理。

3）宅基地使用权。根据《民法典》《土地管理法》等法律规定，宅基地使用权是经依法审批由农村集体经济组织分配给其成员用于建造住宅的、没有使用期限限制的一种土地权利。宅基地使用权人依法对集体所有的土地享有占有和使用的权利，有权依法利用该土地建造住宅及其附属设施。

3. 土地他项权利

土地他项权利指土地所有权和土地使用权以外与土地有密切联系的权利。土地他项权利是在他人土地上享有的权利，主要有地役权、地上权、空中权、地下权、土地租赁权、土地借用权、耕作权、土地抵押权等。

（1）土地他项权利的特点

1）土地他项权利是在他人土地上享有的权利。也就是说，土地他项权利的客体是他人土地所有权、使用权的客体。土地他项权利不仅有对抗一般人的效力，即能够排斥其他任何人的不法干涉和妨碍，而且有特别对抗土地所有权人、使用权人的效力，即能够对后者的某些权利行使加以必要的限制。

2）土地他项权利的主体是土地所有权人、使用权人以外的，与土地所有权人、使用权人之间存在着某种法律关系的民事主体。这些关系可以是法律、行政法规设定的，也可以是法律行为（当事人之间的协议）或者其他合法行为设定的。建立这些法律关系的共同目的，就是维护他项权利人对该土地享有的某种合法利益。

3）土地他项权利不受一物一权主义的限制。在同一土地上，只能有一个所有权，并且这个所有权只能派生一个土地使用权，但是这并不妨碍在同一土地上设立多种甚至同种多个的他项权利。例如，一块土地，其四邻均享有通行权，其使用权人可将其分段出租，也可以在其上设置数个抵押权。所以，土地他项权利可以同时满足多种的和多人的土地利用需求。

4）土地他项权利依存于土地所有权、使用权，又是对该所有权、使用权的一种限制。这种限制，表现为他项权利人对土地为某种利用行为的权利，或者他项权利人请求土地所有权人、使用权人在利用该土地时为某种行为或不为某种行为的权利。

5）土地他项权利是长期存续的权利，因而通常有加以登记的必要。土地他项权利的意义在于对土地所有权、使用权以外的各种长期性土地权利进行确认和管理，以充分保护土地所有权人、使用权人以外的人们在土地上的各种合法使用权益，维持与土地有关的各种民事关系的稳定有序，从而协调多方面的土地利用需求，促进土地的合理有效利用，并维护社会安定。

（2）土地他项权利的主要类型

目前中国实行土地公有制，土地他项权利的种类不多，但随着土地使用制度的改革，已逐步派生出各种各样的他项权利。

1）抵押权。经有偿出让的土地使用权可以用来抵押。抵押开始，抵押权人即取得土地使用权的抵押权，这个抵押权必须经土地登记机关加以确认。抵押终止，抵押权即告消灭。抵押人破产的，抵押权人可以从土地使用权拍卖转让收益中得到补偿。

2）租赁权。经出让的土地使用权可以出租，承租人对所承租的土地有租赁权，这是中国的一种较为特殊的土地他项权利。租赁权经土地登记可以保护土地承租人在租期内对土地的合法使用。

3）地役权。《民法典》对相邻用地的通行、排水等权利相邻关系的形式作了规定。这种在他人土地通行、排水的权利称为地役权。相邻关系是通过法律规定的，不必经相邻各方约定而对土地所有权和使用权进行限制，所以不需要再作为土地他项权利予以确认。但将邻里之间的通行权、排水权等进行权利登记，可以更好地保护土地产权各有关方面的合法权益。

4）耕作权。指按照规定或约定，在已经明确了土地使用权的土地上，在不妨碍土地使用人的土地使用权的条件下，种植农作物，在大型靶场、试验场内有限制地种植树木和农作物等。设置这种他项权利，主要是从合理利用土地的原则出发的。耕作权一般都长期地依附于土地使用权，取消这种他项权利时，还要给耕作权人以适当补偿。

5）借用权。通过借用而使用别人的土地，可以认为借用人具有借用权。这是中国特殊历史条件下产生的一种他项权利形式。20 世纪 50 ~ 60 年代，通过借用协议使用土地的相当多，且一般协议内容简单，有的有期限，有的没有期限，有的写明不作某用途时即退还等。这些问题，往往通过补签协议，增加限制条件继续借用，对借用方加以权利上的明确，有利于土地使用的稳定。

6）空中权和地下权。主要是针对地表土地使用权而言的。空中权如桥梁、渡槽、架空电线、空中楼阁（水中、地面以柱角支撑的亭台、房屋）等。地下权如地下隧道、地下商场等。空中权与地下权的成立是以地表土地使用权已经确定且与空中、地下权利主体不一致为条件的。这是一种可以独立转让、抵押和出租的权利，其权利内容和价值与土地使用权有时基本相同。

总之，土地他项权利是一种发展和变化中的土地权利，对其进行确认和登记，一方面，可以区别土地所有权和使用权与他项权利的地位关系，保障土地所有权和使用权的正常行使不受干扰；另一方面，对土地的所有权和使用权进行了明确的限制，保护了土地所有权和使用权以外的有关土地的合法权益不被忽视和损害。此外，设定他项权利，还有利于土地所有权和使用权各项权能的分离和实现，对完善土地的权属管理和适应土地使用制度的改革有重要的作用。

7.1.3　土地产权管理

土地产权管理即对土地所有权和使用权的管理。具体来说，是指土地所有者依靠一定的组织管理机构，根据土地法规和有关制度，按照规定的程序和相应的技术措施，确定、变更保护土地所有权和使用权的一系列活动过程。

1. 土地产权管理的基本原则

（1）维护社会主义的土地公有制；

（2）认真贯彻执行国家的土地政策和法律法规；

（3）必须有利于合理、节约地利用土地，有利于充分发挥土地的两重性作用；

（4）统筹兼顾，全面安排，保证土地规划的实现和经济社会发展的统一性、整体性。

2. 土地产权管理的主要任务

（1）巩固和不断完善社会主义的土地公有制；

（2）保护并监督土地资源的合理利用；

（3）预防和调解土地权属纠纷；

（4）调动土地使用者开发、合理利用土地的积极性，促进经济社会发展。

3. 土地产权管理的内容

（1）土地所有权和使用权的确立；

（2）土地权属的变更；

（3）土地权属纠纷的处理；

（4）对违反土地政策法令行为进行惩处等。

土地产权管理的核心是保护一切合法的土地所有权和使用权，即保护城市土地的国家所有权和农村土地的集体所有权不受侵犯，不准任何单位和个人随意占用国有土地和集体土地，严格按照规定办理国家和集体建设征用和占用土地，禁止侵占、买卖或者以其他形式非法转让土地。城镇国有土地使用权可以依照法律规定转让、出租和抵押。

7.2 土地产权获得

7.2.1 土地使用权获得

土地使用权获得的方式主要有出让、划拨、转让等。

1. 以出让方式取得国有土地使用权

土地使用权出让是国家以土地所有者的身份，将一定地块的国有土地使用权，有期限地让与土地使用者，并由土地使用者向国家支付土地使用金的行为。

（1）土地使用权的出让方式

1）土地招标。招标出让国有土地使用权是指市、县人民政府土地行政主管部门发布招标公告，邀请特定或者不特定的公民、法人和其他组织参加国有土地使用权投标，根据投标结果确定土地使用者的行为。

在招标出让中土地主管部门要根据出让土地的具体情况编制招标文件，并实施投标的登记，投标人在登记时必须缴纳投标保证金，并提交营业执照的副本、法人代表人证明等文件。投标人在按照招标文件的要求编制标书后，在规定的时间内将标书密封投入指定标箱。经由专家组成的评标委员会按照评标标准对企业提交后投标文件进行评审后，在规定的时间地点开标。在中标人确定后，招标人应向中标人发出《中标通知书》，中标人则在《中标通知书》约定的时间，按照招标文件与土地管理部门签订《国有土地使用权出让合同》。公开招标的投标单位不能少于三家，如果少于三家则招标人应当停止开标。在公开招标中投标企业投标的价格是重要的评标因素，但评标委员会为了防止土地开发的后续资金无法到位，出现土地闲置浪费现象，开发商的从业经验和实力也是评标委员们重点关注的要点。

2）土地拍卖。拍卖出让国有土地使用权是指市、县人民政府土地行政主管部门发布拍卖公告，由竞买人在指定时间、地点进行公开竞价，根据出价结果确定土地使用者的行为。

土地的主管部门根据被拍卖土地的特征编制拍卖文件，竞买人在竞买申请截止日期前提出竞买申请，交纳不少于拍卖文件规定的保证金，并同样提交法定代表人证明书等资信证明。竞买人通过审查后，得到印有编号的竞买标志牌，拍卖会在拍卖公告规定的时间、地点进行。参加的竞买人同样不能少于三人，否则应终止拍卖。在拍卖中最终的成交价格必须高于拍卖方所制定的底价，否则也需终止拍卖。拍卖成交后，竞得人按照《拍卖成交书》规定的时间和土地管理部门签订《国有土地使用权出让合同》。土地拍卖中最重要的原则是"价高者得"，与其他形式的拍卖原理相同。

3）土地挂牌。挂牌出让国有土地使用权是指市、县人民政府土地行政主管部门发布挂牌公告，按公告规定的期限将拟出让宗地的交易条件在指定的土地交易场所挂牌公布，接受竞买人的报价申请并更新挂牌价格，根据挂牌期限截止时的出价结果确定土地使用者的行为。

政府土地主管部门编制挂牌文件，竞买人在规定日期前提出竞买申请，按规定交纳保证金、提交法定代表人证明书等资信证明后提交竞买申请书。在挂牌文件规定的挂牌起始日期，挂牌人应该将挂牌宗地的位置、面积、用途、使用年限、规划要求、起始价、增价规则、增价幅度等内容，在土地交易市场挂牌公布，符合条件的竞买人应按照文件的要求填写竞买报价单，在挂牌期限内竞买人可多次报价。如果在挂牌期限内只有一个竞买人，且报价不低于挂牌底价，并符合其他交易条件的，挂牌成交；在挂牌期限内有两个或两个以上竞买人报价的，报价最高者为竞得人；报价相同的，先提交报价单者为竞得人。但报价低于底价者除外，在挂牌期限内无应价者或者竞买人的报价均低于底价或均不符合其他交易条件的，挂牌不成交。挂牌交易的挂牌期限不得少于十个工作日。竞买人确定后，挂牌人应当向竞买人发出《挂牌成交确认书》。竞得人应该根据《挂牌成交确认书》所约定的时间与市国土房管局签订《国有土地使用权出让合同》。挂牌同样遵循"价高者得"的原则，不同之处在于不是现场报价，由于挂牌是以书面的形式报价，所引发的关注程度及曝光不如招标与拍卖。

4）协议出让。协议出让是指国家以协议方式将国有土地使用权在一定年限内出让给土地使用者，由土地使用者向国家支付土地使用权出让金的行为。它主要适用于工业项目、市政公益事业项目、非盈利项目及政府为调整经济结构、实施产业政策而需要给予扶持、优惠的项目，采取此方式出让土地使用权的出让金不得低于国家规定所确定的最低价。以协议方式出让土地使用权，没有引入竞争机制，不具有公开性，人为因素较多，因此对这种方式要加以必要限制，以免造成不公平竞争、以权谋私及国有资产流失。

5）国有土地租赁。国有土地租赁是指国家将国有土地出租给使用者使用，由使用者与县级以上人民政府土地行政主管部门签订一定年期的土地租赁合同，并支付租金的行为。国有土地租赁是国有土地有偿使用的一种形式，是出让方式的补充。国有土地租赁的期限有短期租赁和长期租赁两种形式。短期使用，或者用于修建临时建筑物的土地，应实行短期租赁，租赁期一般不超过5年；需要进行地上建筑物、构筑物建设后长期使用的土地，应实行长期租赁，租赁期限由租赁合同约定，但最长租赁期限不得超过同类用途土地出让的最高年限。

（2）土地使用权出让的适用范围

首先，招标拍卖挂牌出让土地使用权范围：

1）供应商业、旅游、娱乐、工业用地和商品住宅等各类经营性用地以及有竞争要求的工业用地；

2）其他土地供地计划公布后一宗地有两个或者两个以上意向用地者的；

3）划拨土地使用权改变用途，《国有土地划拨决定书》或法律、法规、行政规定等明确应当收回土地使用权，实行招标拍卖挂牌出让的；

4）划拨土地使用权转让，《国有土地划拨决定书》或法律、法规、行政规定等明确应当收回土地使用权，实行招标拍卖挂牌出让的；

5）出让土地使用权改变用途，《国有土地划拨决定书》或法律、法规、行政规定等明确应当收回土地使用权，实行招标拍卖挂牌出让的；

6）法律、法规、行政规定明确应当招标拍卖挂牌出让的其他情形。

其次，协议出让国有土地使用权范围：

出让国有土地使用权，除依照法律、法规和规章的规定应当采用招标、拍卖或者挂牌方式出让外，方可采取协议方式，主要包括以下情况：

1）供应商业、旅游、娱乐和商品住宅、工业用地等各类经营性用地以外用途的土地，其供地计划公布后同一宗地只有一个意向用地者的；

2）原划拨、承租土地使用权申请办理协议出让，经依法批准，可以采取协议方式，但《国有土地计划决定书》、《国有土地租赁合同》、法律、法规、行政规定等明确应当收回土地使用权重新公开出让的除外；

3）划拨土地使用权转让申请办理协议出让，经依法批准，可以采取协议方式，但《国有土地划拨决定书》、法律、法规、行政规定等明确应当收回土地使用权重新公开出让的除外；

4）出让土地使用权人申请续期，经审查准予续期的，可以采用协议方式。

此外，协议出让国有土地使用权还有禁止性规定：

1）以协议方式出让国有土地使用权的出让金不得低于按国家规定所确定的最低价；

2）协议出让最低价不得低于新增建设用地的土地有偿使用费、征地（拆迁）补偿费用以及按照国家规定应当缴纳的有关税费之和，有基准地价的地区，协议出让最低价不得低于出让地块所在级别基准地价的70%。低于最低价时国有土地使用权不得出让。

（3）土地使用权的出计年限

土地使用权出让最高年限：居住用地 70 年，工业用地 50 年，教育、科技、文化、卫生、体育用地 50 年，商业、旅游、娱乐用地 40 年，综合或者其他用地 50 年。

2. 以划拨方式获得国有土地使用权

土地使用权划拨，是指县级以上人民政府依法批准，在土地使用者缴纳补偿、安置等费用后将该幅土地交付其使用，或者将土地使用权无偿交付给土地使用者使用的行为。即划拨土地使用权不需要使用者出钱购买土地使用权，而是经国家批准其无偿的、无年限限制地使用国有土地。但取得划拨土地使用权的使用者依法应当缴纳土地使用税。

以划拨方式取得土地使用权的，除法律、行政法规另有规定外，没有使用期限的限制。虽然无偿取得划拨土地使用权没有年限限制，但因土地使用者迁移、解散、撤销、破产或者其他原因而停止使用土地的，国家应当无偿收回划拨土地使用权，并可依法出让。因城市建设发展需要和城市规划的要求，也可以对划拨土地使用权无偿收回，并可依法出让。无偿收回划拨土地使用权的，其地上建筑物和其他附着物归国家所有，但应根据实际情况给予适当补偿。

以划拨方式取得国有土地使用权的情形：根据《城市房地产管理法》第二十四条的规定，下列建设用地的土地使用权，确属必需的，可以由县级以上人民政府依法批准划拨：

（1）国家机关用地和军事用地；

（2）城市基础设施用地和公益事业用地；

（3）国家重点扶持的能源、交通、水利等项目用地；

（4）法律、行政法规规定的其他用地。

以划拨方式取得土地使用权的，经主管部门登记、核实，由同级人民政府颁发土地使用权证。

转让、出租、抵押的限制性规定：划拨土地使用权一般不得转让、出租、抵押，但符合法定条件的也可以转让、出租、抵押：即土地使用者为公司、企业、其他组织和个人，领有土地使用权证，地上建筑物有合法产权证明，经当地政府批准其出让并补交土地使用权出让金或者以转让、出租、抵押所获收益抵交出让金。未经批准擅自转让、出租、抵押划拨土地使用权的，没收其非法收入，并根据其情节处以相应罚款。

3. 以转让方式获得国有土地使用权

土地使用权转让是指土地使用者将土地使用权再转移的行为，即土地使用者将土地使用权单独或者随同地上建筑物、其他附着物转移给他人的行为。原拥有土地使用权的一方称为转让人，接受土地使用权的一方称为受让人。

土地使用权的转让方式包括出售、交换和赠与。未按土地使用权出让合同规定的期限和条件投资开发、利用土地的，土地使用权不得转让。土地使用者通过转让方式取得的土地使用权，其使用年限为土地使用权出让合同规定的使用年限减去原土地使用者已使用年限后的剩余年限。

土地使用权转让时，其地上建筑物、其他附着物所有权随之转让。地上建筑物、其他附着物的所有人或者共有人，享有该建筑物、附着物使用范围内的土地使用权。土地使用者转让地上建筑物、其他附着物所有权时，其使用范围内的土地使用权随之转让，但地上建筑物、其他附着物作为动产转让的除外。土地使用权转让价格明显低于市场价格的，市、县人民政府有优先购买权。土地使用权转让的市场价格不合理上涨时，市、县人民政府可以采取必要的措施。

7.2.2 土地他项权利获得

土地他项权利因其具体权利类型不同，取得方式亦有差别。作为民事财产权利的一种，土地他项权利可以通过以下方式取得：

（1）基于法律、行政法规的直接规定取得，如《确定土地所有权和使用权的若干规定》第九条（电力通信经营单位享有的他项权利）、第五十四条（立体交叉和平面交叉使用土地时享有的他项权利）。

（2）根据与土地所有权人或者土地使用权人订立的协议取得。

（3）基于其他合法行为取得。根据法理和实践，取得土地他项权利的依据还可以是行政行为（政府决定）、司法行为（法院判决）等，例如，市政部门关于建设地下铁路的决定，政府批准电信公司利用某企业使用的国有土地敷设地下电缆，法院在处理土地相邻纠纷时依法作出的确权判决。

7.3 土地产权流转

土地产权流转是指土地使用权的流转，主要有租赁和转让两种方式。

7.3.1 土地产权租赁

土地产权租赁是关于土地使用权的租赁，是指土地使用者将土地使用权单独或者随同地上建筑物、其他附着物租赁给他人使用，由他人向其支付租金的行为。土地使用权出租不是单一的出租土地，而是出租人将土地使用权连同地上建筑物及其他附着物租赁给承租人使用、收益，承租人以支付租金为代价取得对土地及地上建筑物、其他附着物的使用及收益的权利。出租人和承租人的租赁关系由双方通过订立租赁合同确定。

1. 租赁方式

根据土地使用权获得的途径不同，土地使用权的租赁主要有通过出让、转让等方式取得土地使用权的出租，而通过划拨方式取得的土地使用权不得擅自出租。

2. 租赁特征

（1）用于出租的地块必须符合有关法律规定的条件。

（2）土地使用权出租应当签订租赁合同。

土地使用权出租双方当事人就土地租赁达成协议，签订租赁合同。

（3）土地使用者出租土地使用权须依法申请。

土地使用者需要出租土地使用权的，必须持有土地使用权证以及地上建筑物、其他附着物产权证明等合法证件，向所在的市、县人民政府土地行政主管部门提出书面申请。

（4）地上建筑物、其他附着物随之出租。

出租土地使用权，其地上建筑物、其他附着物随之出租；出租地上建筑物、其他附着物使用权，其使用范围内的土地使用权随之出租。

3. 租赁条件

出让土地使用权的出租条件是出租人对土地的开发必须达到法律规定的或土地使用权出让合同约定的标准。划拨土地使用权一般不得出租，符合下列条件的，经市、县人民政府土地行政主管部门和房产管理部门批准，其划拨土地使用权和地上建筑物、其他附着物所有权可以出租：

（1）土地使用者为公司、企业、其他经济组织和个人；

（2）领有国有土地使用证；

（3）具有地上建筑物、其他附着物合法的产权证明；

（4）签订土地使用权出让合同。

7.3.2 土地产权转让

土地产权转让也是关于土地使用权的转让，是土地使用者将土地使用权再转移的行为。土地使用权转让时，土地使用权出让合同和登记文件中所载明的权利、义务随之转移，其地上建筑物、其他附着物的所有权转让，应当依照规定办理过户登记。土地使用权和地上建筑物、其他附着物所有权分割转让的，应当经市、县人民政府土地管理部门和房产管理部门批准，并依法办理过户登记。土地使用权转让须符合上述规定，否则即为非法转让。

1. 转让方式

关于土地使用权转让的方式，《中华人民共和国城镇国有土地使用权出让和转让暂行条例》第十九条规定有出售、交换和赠与三种方式。后《城市房地产管理法》第三十七条略作发展，将转让的方式规定为买卖、赠与或者其他合法方式。一般来说，主要包括以下几种方式：

（1）买卖

作为土地使用权转让的最广泛的方式，买卖以价金的支付为土地使用权的对价。由于"买卖"是土地使用权"转让"的主要表现形式，我们通常所说的土地使用权"转让"指的就是土地使用权"买卖"。"转让"有广义、狭义两个概念之分，当"转让"是广义概念时，它包括所有的以权利主体变更为目的的土地使用权的转移行为；当"转让"是狭义概念时，它与买卖具有同样的含义。

（2）抵债

抵债是买卖的一种特殊形式，只不过价金支付的条件和期限不同而已。在土地使用权买卖时，土地使用权的转移和价金的支付是对等进行的，而在以土地使用权抵债时，价金支付在前，所抵之债视为已付之价金。

（3）交换

以交换的方式转让土地使用权的，土地使用权的对价不是价金，而是其他财产或特定的财产权益。土地使用人将土地使用权转移给受让人，以此取得受让人提供的其他财产或特定的财产权益。

（4）作价入股

作价入股介于买卖和交换之间，既类似买卖，又类似交换。说它类似买卖，是因为将土地使用权用来作价，所作之价如同买卖之价金；说它类似交换，是因为土地使用权被用来入股，所得之股如同其他财产或特定的财产权益。

（5）合建

在开发房地产时，合建与以土地使用权作价入股都属于一方出地、他方出钱建房的合作形式。为合作建房的目的而设立独立法人的，土地使用权转让的对价是股权；不设立独立法人，而采取加名的方式，或甚至不加名、仅以合建合同约定合作各方产权分配的，土地使用权的对价是房屋建成以后的产权。因合建而分配产权以后原土地使用人虽然拥有部分房屋产权及该房屋占用范围和公用面积的土地使用权，却不再拥有原来意义上的土地使用权，可视为交换的一种特殊形式，即用地人以部分土地使用权换取房屋产权。

（6）赠予

赠予是用地人将其土地使用权无偿转移给受赠人的法律行为。以赠予方式转让土地使用权的，土地使用权的转移没有直接的对价，它无需价金的支付或财产权利的提供作为对应条件。但土地使用权赠予合同可能会附加其他条件，如用地人在将土地赠予给学校使用时，可能会将土地的使用限于与教育有关的目的。

（7）继承

在用地人是自然人时，用地人的死亡会使其继承人取得相应的土地使用权。在用地人是法人或其他组织时，其合并或分立也会导致合并或分立之后的主体取得相应的土地使用权。通过继承取得土地使用权时，土地使用权的转移也没有直接的对价，但可能会有间接的对价，如在通过合并取得土地使用权的法律关系中，新公司继承了原公司的财产，也会继承原公司的债务，新公司取得土地使用权的对价，可能以承担原公司的其他债务的方式体现出来。

2. 转让特征

土地使用权的转让是不动产物权的转让，该行为除可能涉及合同法的诸多规定外，还具有不动产物权变动的各项特点，包括：

（1）土地使用权与地上建筑物、附着物一同转移

关于土地与地上物，理论上有一元主义和二元主义之说。所谓一元主义，是将土地和其地上物视为一个整体的权利，或如德国民法，将建筑物视为地上权之附属物；或如日本民法之相反规定，将地上权视为建筑物之附属物。采一元主义者，附属物不得离开主体权利而独立存在。所谓二元主义，是把土地和地上物视为两个独立的权利，两者互不附属。二元主义并无绝对不妥，如果房产被视为是一种独立的权利，并能对其占用的土地权利建立相应的补偿制度，两种独立的权利也可相安无事。在中国，有地方政府分设国土管理和房产两个部门分别归口管理土地使用权和地上建筑物，并对其分别发证，但因两种权利之间缺乏相互协调和补偿的法律规定，在土地使用权与房产权分属不同当事人时，当事人对各自权利的处分常常互相排斥、互相抵触，致使人们对二元主义产生误解。

（2）权利义务一同转移

这里的权利义务，是指土地使用权从土地所有权分离时出让合同所载明的权利义务及其未行使和未履行部分。如土地的用途，出让合同约定为住宅用地，无论该地块的土地使用权经过多少次转让，均不因为转让而变成其他用途。再如土地上的抵押权，其作为物上负担的一种，具有追及效力，其随土地使用权的转让一并转让，不因转让而归于消灭，抵押权人在土地使用权转让后仍可在该块土地设定的抵押担保的范围内享有优先受偿的权利。

至于土地使用权的年限，应以出让合同设定的年限减去转让时已经使用的年限，其得数视为出让合同尚未履行之权利与义务，在转让土地使用权时随同转让。

（3）土地使用权的转让需办理变更登记

中国现行立法对物权变动采取登记要件主义，即土地使用权转让合同的签订并不直接意味着土地使用权的转移，土地使用权的转移以登记为要件，转让合同中的受让人不是在转让合同签订以后，而是在土地使用权依法登记到受让人名下以后方取得土地使用权。这与国外物权法律中的意思主义和形式主义有很大的不同。前者以变动物权的契约为充分条件，当事人达成变动物权的契约，即使未行登记或交付，变动即为发生；后者也称物权行为无因性理论，指物权的变动不仅有变动物权的债权契约，更有一个独立于债权契约之外的、以物权的变动为目的物权行为。所谓无因，是指不把约定价金支付的债权契约作为物权变动的原因，而是把物权的变动，或物权行为本身就视作一种契约，物权行为不因债权契约成立而成立，或无效而无效。

7.4 本章小结

本章首先介绍土地产权的相关内容，包括土地产权的概念、土地产权的类型，重点分析了土地所有权、土地使用权及土地他项权利的概念、特点及类型；

其次介绍了土地产权获得的内容，包括土地使用权和他项权利获得的方式和途径，主要分析了出让、划拨、转让三种方式的区别和联系；最后从土地产权租赁和土地产权转让两个方面介绍了土地产权流转的内容。

思考与练习题

> 1. 什么是土地产权？主要包括哪些类型？
> 2. 土地使用权的获得方式主要有哪几种？
> 3. 土地使用权转让的特点和方式有哪些？

参 考 文 献

[1] 中华人民共和国宪法.
[2] 中华人民共和国民法典.
[3] 中华人民共和国土地管理法.
[4] 中华人民共和国土地管理法实施条例.
[5] 中华人民共和国城市房地产管理法.
[6] 中华人民共和国城镇国有土地使用权出让和转让暂行条例.
[7] 中华人民共和国农村土地承包法.
[8] 陆红生. 土地管理学总论[M]. 北京：中国农业出版社，2011.
[9] 邹瑜. 法学大辞典[M]. 北京：中国政法大学出版社，1991.

土地市场管理

【本章要点和学习目标】

　　本章介绍了土地市场和土地市场管理的概念、土地市场管理的历史演变、土地市场管理现状、土地市场管理的改革及完善。通过本章学习，我们应该熟悉土地市场和土地市场管理的概念、土地市场管理的历史演变，掌握现行土地市场管理的制度和政策。

8.1　概述

8.1.1　土地市场概述

1. 土地市场的概念

土地市场是商品经济的范畴，它有狭义和广义之分。狭义的土地市场是指以土地为交易对象进行交易的场所；广义的土地市场是指在进行土地商品交易过程中发生的一切经济关系的总和。

我国实行土地的社会主义公有制，即全民所有制和劳动群众集体所有制。《土地管理法》规定："全民所有，即国家所有土地的所有权由国务院代表国家行使。""城市市区的土地属于国家所有。农村和城市郊区的土地，除由法律规定属于国家所有的以外，属于农民集体所有；宅基地和自留地、自留山，属于农民集体所有。""任何单位和个人不得侵占、买卖或者以其他形式非法转让土地。土地使用权可以依法转让。"因此，土地市场交易的实质是土地使用权，并形成了城市土地使用权市场和农村土地使用权市场。

2. 土地市场的特点

（1）非移动性

在土地交易过程中，由于其位置的固定性，土地本身不发生移动，只发生产权的转移，其实质是土地产权的交易。土地登记是完成权属变动、获得法律认可的必要环节，因此，在土地交易后必须进行土地登记，以保护土地交易双方的合法权益。

（2）地域性

土地位置的固定性，决定了土地市场具有较强的地域性特征。在不同的地区，土地市场的供求状况、价格水平、价格走势等都是不同的，因此它是一个地区性市场。

（3）供给弹性小

作为一种稀缺的不可再生资源，土地具有总量不变和用途变更困难的特点，其自然供给无弹性，经济供给弹性很小。因此，在特定的市场内，土地价格主要由需求来决定。

（4）竞争不充分性

土地的供给弹性小、土地市场的地域性，容易导致土地市场竞争的不充分和垄断性。在我国现行的土地制度下，政府掌握着土地市场的调控权和供应权，土地价格不完全由供求关系决定，使土地交易具有不完全竞争或垄断性的特征。

3. 土地市场的功能

（1）优化配置土地资源

土地作为重要的生产要素，是任何经济活动都必须依赖和利用的经济资源之一。随着社会经济的发展、经济活动规模的扩大，对土地的需求日益多样化，必然要求人类利用一定的机制在不同的土地用途之间合理配置有限的土地资源。土地资源配置方式有两种：计划机制和市场机制。计划机制是通过政府干预和经济计划调节资源的配置；市场机制是通过市场对资源进行配置。一般来说，与计划机制相比，市场机制能更有效实现土地资源的最优配置。

（2）实现土地资产价值

土地是人类赖以生存和繁衍的重要资源，又是具有价值的资产。计划机制配置土地资源，难以体现土地的经济价值。只有通过市场交易才能实现土地资产价值。而且，在竞争性市场中，土地价格由供求双方决定，能够理顺土地所有者、土地经营者、土地使用者之间的土地收益分配关系，促进土地资源的合理有效利用。

（3）优化产业结构

作为市场机制中对市场经济起调节作用的价格机制，是宏观经济的重要调控手段。它可以调节市场的消费需求方向和需求结构的变化，协调资源在社会各个生产部门的分配。在土地市场中，价格机制可以调节土地资源在不同产业之间的合理配置，实现产业结构和生产力布局的调整，推动社会经济的健康发展。

（4）完善市场体系

市场体系是相互联系的各类市场的有机统一体。按照市场流通商品属性，市场体系可分为一般商品市场、生产要素市场、文化及特殊市场等。健全的社会主义市场体系是建立社会主义市场经济体制的必要条件。党的十七大报告提出："加快形成统一开放竞争有序的现代市场体系。这既是对今后发展市场体系总的目标要求，也是对中国改革开放30年来在发展市场体系方面的经验总结。商品市场是现代市场体系的基础，要素市场的培育、发展和扩大，是现代市场体系成熟和完善的重要标志。"党的十九大报告提出："加快完善社会主义市场经济体制。经济体制改革必须以完善产权制度和要素市场化配置为重点"。土地是最基本的生产要素，土地市场是生产要素市场最基本的组成部分之一。只有实现土地的市场化配置，才能健全市场体系，最大限度地发挥市场机制的作用。

4. 土地市场结构

党的十一届三中全会后，中国开始的经济体制改革带来资源配置方式由计划配置向市场配置的转换，市场机制在土地资源配置中的作用越来越显著。由于我国城市和农村分别采取两种不同的土地所有制形式。城市土地实行国家所有制，农村土地实行集体所有制。改革开放后，政府逐步开放土地市场，形成了由城市土地使用权市场、农村土地使用权市场构成的土地市场结构。

（1）城市土地使用权市场

城市土地使用权市场按土地使用权交易的层次可分为城市土地使用权一级市场和城市土地使用权二级市场。

城市土地使用权一级市场是指国家作为土地所有权主体与土地使用权主体之

间所发生的土地产权交换关系。一级市场的交易方式主要有协议、招标、拍卖、挂牌、租赁等。不同的交易方式其市场化程度存在一定的差异。

城市土地使用权二级市场是指土地使用权主体把从一级土地市场上所取得的一定期限的土地使用权或以其他形式取得的土地使用权转让、转租给经土地所有权主体许可的其他土地使用权主体以及再转让、再转租活动中所发生的经济关系。二级市场的交易方式主要有转让、出租、抵押等。

（2）农村土地使用权市场

农村土地使用权市场按地类可分为农村集体所有农用地使用权市场、农村集体建设用地使用权市场。其中农村集体建设用地使用权市场包括农村集体经营性建设用地使用权市场和农村集体宅基地使用权市场。

农村集体所有农用地使用权市场是指农村家庭承包的土地通过合法的形式，将经营权或使用权转让给其他农户或其他经济组织的行为过程中发生的一切经济关系总和。2008年10月12日，十七届三中全会通过《中共中央关于推进农村改革发展若干重大问题的决定》指出，按照依法自愿有偿原则，允许农民以转包、出租、互换、转让、股份合作等形式流转土地承包经营权，发展多种形式的适度规模经营。《中华人民共和国农村土地承包经营权证管理办法》规定，通过招标、拍卖和公开协商等方式承包荒山、荒沟、荒丘、荒滩等农村土地，经依法登记取得农村土地承包经营权证的，可以采取转让、出租、入股、抵押或者其他方式流转。

农村集体经营性建设用地使用权市场是指集体土地所有者在一定年期内将农村集体经营性建设用地使用权以出让、出租等形式让与土地使用者，由土地使用者向集体土地所有者支付土地有偿使用收益的行为，以及农村集体经营性建设用地的使用权人以转让、出资、赠与或抵押等形式处分农村集体经营性建设用地的行为。

农地集体宅基地使用权市场是指农村集体宅基地使用权通过合法的形式流转过程中发生的一切经济关系总和。关于农村宅基地，《土地管理法》规定："国家允许进城落户的农村村民依法自愿有偿退出宅基地，鼓励农村集体经济组织及其成员盘活利用闲置宅基地和闲置住宅"。

8.1.2 土地市场管理概述

1. 土地市场管理的概念

市场管理是指国家利用行政、法律手段和经济措施，对生产者和经营者在市场上从事的商品交换活动进行管理。其任务是维护市场秩序，保护合法经营，取缔非法活动，做好市场服务工作，活跃和发展商品流通，保障消费者权益。

土地市场管理是指政府运用经济、法律和行政等手段，对土地市场进行培育、管理、调控。包括供应、交易及其管理等活动。其任务是规范土地使用权交易行为，维护土地市场交易秩序，促进土地市场健康发育，从而实现土地资源的有效配置。

2. 土地市场管理的原则

（1）促进土地资源的有效配置原则

土地是人类社会生存和发展的物质基础。在社会经济的可持续发展过程中，土地资源是一个重要的基础和根本保证。随着经济的不断发展和工业化、城市化进程的加快，实现有效的土地利用成为一个非常重要的议题。土地有效利用的重要途径是土地资源优化配置。而资源的优化配置主要靠的是市场途径，市场经济是实现资源优化配置的有效形式。社会主义市场经济要依靠两种手段来优化土地资源的配置，即发挥市场手段优化土地资源配置和国家宏观调控手段的作用，市场对土地资源有效配置起基础性作用。因此，政府在土地市场管理时，既要通过制度、政策规范土地市场主体行为，对土地市场实行控制管理，又要鼓励和引导土地市场交易者在法律、法规和政策允许的范围内充分发挥积极性，活跃土地市场。

（2）依法管理的原则

在市场经济条件下，市场机制是配置土地资源的基础性手段。市场机制的有效运行需要相应的制度基础，这些都需政府来制定和强制执行。政府管理职能的一个重要内容是为市场机制的有效运作提供基础性制度保障，运用经济手段、法律手段和必要的行政手段纠正市场失灵，以保证市场交易的效率和公正性，确保市场机制运行的基本秩序及市场主体的合法权益不受侵犯。

（3）多手段组合运用的原则

管理手段，是保证管理方法发挥作用的工具，其核心思想包括强制、交换、惩罚、激励、沟通与说服等。相对应的形成了行政手段、经济手段、法律手段、思想工作手段等。在土地市场管理中，行政手段、经济手段、法律手段等发挥着各自的作用，共同维护着土地市场的发展。就各种管理手段的作用和适应性而言，经济手段和法律手段相比行政手段更利于土地市场的发展，行政手段更适于迅速对全局活动有效控制的情况。在实际管理活动中，应针对具体情况采取相应的组合方式。

3. 土地市场管理的手段

（1）行政手段

行政手段是指依靠行政组织的权威，运用命令、指示等强制性的方式，对土地市场施加直接影响，达到对土地市场宏观调控的管理手段。它能够快速有效的规范土地使用权交易行为，建立公开、公平、公正的市场环境。我国实行土地公有制，为了维护土地市场秩序，政府必须采取一定的行政手段对市场进行宏观调控以弥补市场机制的不足。在市场经济活动中，政府的行政手段主要用于对土地市场交易活动进行必要的干预。如土地利用规划管理、土地供应计划调控、土地用途管制、不动产登记管理等。

（2）经济手段

经济手段是一种通过调节各方面利益关系，刺激土地市场交易主体行为动力的管理手段。经济手段的运用，有利于处理物质利益关系、调动各方面积极性、主动性和创造性。金融政策、税收政策、价格政策、产业政策等常见的经济手段被应用于不同时期的土地市场管理活动，用以调控市场，维持土地市场正常运行。如《中华人民共和国城镇国有土地使用权出让和转让暂行条例》规定："土地使用权转让价格明显低于市场价格的市、县人民政府有优先购买权"。对于国家鼓励发展的产业用地，政府会采取低税率政策；反之，则采取高税率政策。

（3）法律手段

法律手段是一种运用法律规范和具有法律规范性质的各种行为规则进行管理的方法，具有强制性、规范性、概括性、稳定性和可预测性。法律手段的运用，有利于稳定管理秩序、规范管理活动，并使之制度化。如《城市房地产管理法》规定："采取双方协议方式出让土地使用权的出让金不得低于按国家规定所确定的最低价"。《国务院关于加强土地调控有关问题的通知》（国发〔2006〕31号）提出："建立工业用地出让最低价标准统一公布制度"。随后发布的如《全国工业用地出让最低价标准》规定："工业用地必须采用招标拍卖挂牌方式出让，其出让底价和成交价格均不得低于所在地土地等别相对应的最低价标准"。《中华人民共和国城镇国有土地使用权出让和转让暂行条例》规定："土地使用权转让的市场价格不合理上涨时，市县人民政府可以采取必要的措施"。

8.2 土地市场管理的历史演变

改革开放以后，我国政府逐步确立社会主义市场经济体制改革目标，我国经济逐步实现由计划经济向市场经济的转型，呈现典型的渐进市场化改革特征，经济活动中资源的配置方式也由主要利用计划机制转向主要利用市场机制。在此制度环境下，我国政府逐步开放土地市场，土地交易权经历了一个从严格限制交易到鼓励交易的松动过程。

8.2.1 城市土地市场管理

传统计划经济体制下城市土地"无偿、无限期、无流动"的制度安排极大地影响到土地资源利用效率的发挥。改革开放后，我国政府在坚持城市土地国有制的前提下，逐步建立起城市土地的"有偿、有期限、可流动"制度安排，形成了以政府供应为主的土地一级市场和以市场主体之间转让、出租、抵押为主的土地二级市场。

1. 第一阶段：土地开始从无偿使用向有偿使用转变

1979年7月，第五届全国人民代表大会第二次会议通过的《中华人民共和国中外合资经营企业法》规定："中国合营者的投资可包括为合营企业经营期间提供的场地使用权。如果场地使用权未作为中国合营者投资的一部分，合营企业应向中国政府交纳使用费"。1982 年，深圳特区开始按城市土地等级向土地使用者收取使用费。但是，同年 12 月颁布的《宪法》规定："任何组织或者个人不得侵占、买卖、出租或者以其他形式非法转让土地"。1984 年，广州和抚顺两市对部分土地开展土地使用费征收的试点工作。1986 年，上海开始对三资企业使用的土地收取土地使用费。这些地区的试点，表明我国城市土地从无偿使用向有偿使用转变迈出了第一步。

1987 年 11 月，国家确定在深圳、上海、天津、厦门、福州等地进行城市土地使用制度改革试点，各试点城市按照国有土地所有权和使用权分离的原则，在保留城市土地国有的前提下，通过协议、招标、拍卖等方式将土地使用权出让给使用者，出让后的土地使用权可以进行转让、出租和抵押。1988 年 12 月，《土地管理法》进行了修改，规定"国家依法实行国有土地有偿使用制度""国有土地和集体所有的土地的使用权可以依法转让"。1990 年 5 月，国务院发布的《中华人民共和国城镇国有土地使用权出让和转让暂行条例》规定："依法取得的城镇国有土地使用权在使用年限内可以转让、出租、抵押或者用于其他经济活动，合法权益受国家法律保护"。

2. 第二阶段：国家不断深化改革，努力建立统一、公开的土地市场

进入 21 世纪以后，城市土地市场化改革不断深入。国有土地使用权招标拍卖挂牌出让的范围进一步扩大，不仅普遍建立了经营性土地招标拍卖挂牌出让制度，更是将工业用地纳入招标拍卖挂牌出让范围。2002 年 5 月，国土资源部发布的《招标拍卖挂牌出让国有土地使用权规定》："商业、旅游、娱乐和商品住宅等各类经营性用地，必须以招标、拍卖或者挂牌方式出让"。2003 年 6 月，国土资源部颁布的《协议出让国有土地使用权规定》："以协议方式出让国有土地使用权的出让金不得低于按国家规定所确定的最低价"。这些文件的出台意味着国家努力试图建立统一、公开的土地市场。2004 年 10 月，《国务院关于深化改革严格土地管理的决定》（国发〔2004〕28 号）明确要求："严格控制划拨用地范围，经营性基础设施用地要逐步实行有偿使用。除按现行规定必须实行招标、拍卖、挂牌出让的用地外，工业用地也要创造条件逐步实行招标、拍卖、挂牌出让"。2007 年 9 月，国土资源部发布的《招标拍卖挂牌出让国有建设用地使用权规定》明确规定："将工业用地纳入招标拍卖挂牌出让的范围，明确建设用地使用权可以分层出让，将土地使用权修改为建设用地使用权，进一步规范出让金缴纳和建设用地使用权证书发放"。2008 年，国务院发布的《关于促进节约集约用地的通知》（国发〔2008〕3 号）提出："要严格限定划拨用地范围，及时调整划拨用地目录。今后除军事、社会保障性住房和特殊用地等可以继续以划拨方式取得土地外，对国家机关办公和交通、能源、水利等基础设施（产业）、城市基础设施以及各类社会事业用地要积极探索实行有偿使用"。2011 年 5 月，国土资源部《关于坚持和完善土地招标拍卖挂牌出让制度的意见》（国土资发〔2011〕

63号）认为："国有土地使用权招拍挂出让制度是市场配置国有经营性建设用地的基本制度，它充分体现了公开公平公正竞争和诚实信用的市场基本原则，建立了反映市场供求关系、资源稀缺程度、环境损害成本的价格形成机制，完全符合社会主义市场经济体制的基本方向"。2016年12月，国土资源部、国家发改委等部门联合印发了《关于扩大国有土地有偿使用范围的意见》（国土资规〔2016〕20号，以下简称《意见》）。关于完善公共服务项目用地政策，《意见》提出："公共服务项目用地出让、租赁应遵循公平合理原则，不得设置不合理的供应条件，只有一个用地意向者的，可以协议方式供应"。关于规范国有土地使用权作价出资或者入股、授权经营管理，《意见》明确："作价出资或者入股土地使用权实行与出让土地使用权同权同价管理制度，依据不动产登记确认权属，可以转让、出租、抵押。"关于改革完善国有建设用地供应方式，《意见》提出："地方政府可依据国家产业政策，对工业用地采取先行以租赁方式提供用地，承租方投资工业项目达到约定条件后再转为出让的先租后让供应方式，或部分用地保持租赁、部分用地转为出让的租让结合供应方式。"《意见》又从健全土地二级市场的角度，提出了规范国有土地使用权抵押管理等。

8.2.2 农村土地市场管理

1. 农用地使用权市场管理

（1）第一阶段：在农村建立家庭联产承包责任制，并逐步放开对农民土地交易权的限制

20世纪70年代末期，安徽省凤阳县梨园公社小岗村18户农民将集体耕地承包到户，从此拉开了中国农村改革的序幕。1979年9月的十一届四中全会通过的《中共中央关于加快农业发展若干问题的决定》将"不许包产到户，不许分田单干"的政策规定微调为"不许分田单干"，但同时规定，允许某些副业生产和边远地区、交通不便的单家独户包产到户。1983年1月，中共中央发出《当前农村经济政策的若干问题》（1983年中央1号文件），进一步肯定了家庭联产承包制，认为家庭联产承包责任制既扩大了农民自主权，又坚持了土地等基本生产资料的公有制。

1984年1月，中共中央发出的《关于一九八四年农村工作的通知》（1984年中央1号文件）要求"继续稳定和完善联产承包责任制"；要"鼓励土地逐步向种田能手集中。社员在承包期内，因无力耕种或转营他业而要求不包或少包土地的，可以将土地交给集体统一安排，也可以经集体同意，由社员自找对象协商转包，但不能擅自改变集体承包合同的内容。"这一文件为农地农用流转提供了政策依据。1988年4月，第七届全国人大常委会将《宪法》第十条第四款修改为"任何组织或者个人不得侵占、买卖或者以其他形式非法转让土地。土地的使用权可以依照法律的规定转让"。这一方面在法律层面上明确了土地交易的合法地位，为农民农地交易权的获得奠定了法律基础，另一方面又将农地交易权限

定于农业用途。

1992 年，中国共产党确立了建立社会主义市场经济体制的改革目标。与此相适应，我国政府不断赋予农民长期而有保障的土地使用权，而且积极鼓励农地农用流转。1995 年 3 月，国务院批转的农业部《关于稳定和完善土地承包关系意见的通知》（国发〔1995〕7 号）通知指出，要"建立土地承包经营权流转机制"。1998 年 10 月，十五届三中全会通过的《中共中央关于农业和农村工作若干重大问题的决定》明确要求，要抓紧制定确保农村土地承包关系长期稳定的法律法规，赋予农民长期而有保障的土地使用权；土地使用权的合理流转，要坚持自愿、有偿的原则依法进行，不得以任何理由强制农户转让。

（2）第二阶段：不断完善家庭承包经营权流转市场

进入 21 世纪后，我国政府不断完善家庭承包经营权流转市场，并通过法律形式给予规范。2002 年 8 月颁布的《农村土地承包法》将土地承包经营权流转政策上升为法律规定。"通过家庭承包取得的土地承包经营权可以依法采取转包、出租、互换、转让或者其他方式流转""国家保护承包方依法、自愿、有偿地进行土地承包经营权流转"，同时规定："承包期内发包方不得收回承包地"。2005 年 1 月颁布的《农村土地承包经营权流转管理办法》又为农用地流转管理提出了具体的指导意见。2008 年，中央一号文件《关于切实加强农业基础设施建设进一步促进农业发展农民增收的若干意见》指出："各地要切实稳定农村土地承包关系，认真开展延包后续完善工作，确保农村土地承包经营权证到户""加强农村土地承包规范管理，加快建立土地承包经营权登记制度""按照依法自愿有偿原则，健全土地承包经营权流转市场""农村土地承包合同管理部门要加强土地流转中介服务，完善土地流转合同、登记、备案等制度"。2014 年，中央一号文件《关于全面深化农村改革加快推进农业现代化的若干意见》提出："完善农村土地承包政策。在坚持和完善最严格的耕地保护制度前提下，赋予农民对承包地占有、使用、收益、流转及承包经营权抵押、担保权能。"2019 年，中共中央、国务院发布的《关于坚持农业农村优先发展做好"三农"工作的若干意见》（2019 年中央 1 号文件）提出，要深化农村土地制度改革。保持农村土地承包关系稳定并长久不变，研究出台配套政策，指导各地明确第二轮土地承包到期后延包的具体办法，确保政策衔接平稳过渡。完善落实集体所有权、稳定农户承包权、放活土地经营权的法律法规和政策体系。在基本完成承包地确权登记颁证工作基础上，开展"回头看"，做好收尾工作，妥善化解遗留问题，将土地承包经营权证书发放至农户手中。健全土地流转规范管理制度，发展多种形式农业适度规模经营，允许承包土地的经营权担保融资。

2. 农村集体建设用地使用权市场管理

（1）第一阶段：农村集体建设用地使用权流转的政策限定开始松动

1982 年 5 月，《国家建设征用土地条例》（国发〔1982〕80 号）明确规定："全民所有制单位同农村社队联合投资建设的项目，需要使用农村社队集体所有土地的，视同国家建设征用土地，按照本条例的规定办理。""城镇集体所有制单位进行建设或同农村社队联合投资建设的项目，需要使用农村社队集体所有土地的，比照本条例的规定办理。"1985 年 1 月，中共中央、国务院发出的《关于进一步活跃农村经济的十项政策》提出："规划区内的建设用地，可设土地开发公司实行商品化经营"；"允许农村地区性合作经济组织按规划建成店房及服务设施自主经营可出租"。1995 年 3 月，国家土地管理局发布的《确定土地所有权和使用权的若干规定》（国〔1995〕国土籍字第 26 号）明确提出了农村集体建设用地使用权的概念，并规定："农民集体经依法批准以土地使用权作为联营条件与其他单位或个人举办联营企业的，或者农民集体经依法批准以集体所有的土地的使用权作价入股，举办外商投资企业和内联乡镇企业的，集体土地所有权不变。"

尽管国家对集体所有土地使用权流转的相关禁止性规定放松了限定，但1998 年 8 月新修订的《土地管理法》仍规定："任何单位和个人进行建设，需要使用土地的，必须依法申请使用国有土地。依法申请使用的国有土地包括国家所有的土地和国家征用的原属于农民集体所有的土地。"

（2）第二阶段：推进农村集体建设用地市场化改革

进入 21 世纪以后，我国政府开始重视农村集体建设用地市场化改革。2004年 10 月，国务院发布的《关于深化改革严格土地管理的决定》（国发〔2004〕28 号）提出："在符合规划的前提下，村庄、集镇、建制镇中的农民集体所有建设用地使用权可以依法流转"。2007 年 12 月，国务院办公厅下发《关于严格执行有关农村集体非农建设用地法律和政策的通知》（国办发〔2007〕71 号），强调"农民集体所有的土地使用权不得出让、转让或者出租用于非农业建设。符合土地利用总体规划并依法取得建设用地的企业发生破产、兼并等情形时，所涉及的农民集体所有建设用地使用权方可依法转移。其他农民集体所有建设用地使用权流转，必须是符合规划、依法取得的建设用地，并不得用于商品住宅开发"。2008 年 10 月，党的十七届三中全会通过的《中共中央关于推进农村改革发展若干重大问题的决定》指出："在土地利用规划确定的城镇建设用地范围外，经批准占用农村集体土地建设非公益性项目，允许农民依法通过多种方式参与开发经营并保障农民合法权益。逐步建立城乡统一的建设用地市场，对依法取得的农村集体经营性建设用地，必须通过统一有形的土地市场、以公开规范的方式转让土地使用权，在符合规划的前提下与国有土地享有平等权益"。2013 年党的十八届三中全会通过的《中共中央关于全面深化改革若干重大问题的决定》指出："在符合规划和用途管制前提下，允许农村集体经营性建设用地出让、租赁、入股，实行与国有土地同等入市、同权同价。"2014 年中央一号文件《关于全面深化农村改革加快推进农业现代化的若干意见》指出："引导和规范农村集体经营性建设用地入市。在符合规划和用途管制的前提下，允许农村集体经营性建设用地出让、租赁、入股，实行与国有土地同等入市、同权同价。加快建立农村集体经营性建设用地产权流转和增值收益分配制度。"2019 年，中共中央、国务院发布的《关于坚持农业农村优先发展做好"三农"工作的若干意见》（2019年中央 1 号文件）提出，要完善配套制度，全面推开农村集体经营性建设用地入市改革，加快建立城乡统一的建设用地市场。这些文件的出台标志着政府开始在政策上引导和规范农村集体经营性建设用地市场交易。

8.3 土地市场管理现状

中国土地市场管理的演变历程表明，随着计划经济向市场经济的转型，政府逐步放开土地市场，市场机制开始在土地资源配置中发挥作用。在城市逐步建立起城市土地的"有偿、有期限、可流动"制度安排，形成了以政府供应为主的土地一级市场和以市场主体之间转让、出租、抵押为主的土地二级市场；在农村逐渐形成了农地承包经营权流转市场。随着中国市场经济体制改革的深入推进，为了加强土地管理，维护土地的社会主义公有制，保护、开发土地资源，合理利用土地，促进社会经济的可持续发展，政府土地市场管理沿着不断提高土地资源市场化配置的方向演进。

8.3.1 城市土地市场管理

政府继续坚持城市土地国有制，沿袭了招标、拍卖、挂牌等有偿有期限出让国有土地的方式，并在此基础上通过出台法律法规，不断强化市场机制的作用。

1. 土地一级市场管理

国家在实行国有土地有偿使用制度的基础上，积极推进城市国有土地市场化配置，扩大国有土地有偿使用范围。现行法律要求，建设单位使用国有土地，应当以出让等有偿使用方式取得。以出让等有偿使用方式取得国有土地使用权的建设单位，按照国务院规定的标准和办法，缴纳土地使用权出让金等土地有偿使用费和其他费用后，方可使用土地。建设单位使用国有土地的，应当按照土地使用权出让等有偿使用合同的约定使用土地；确需改变该幅土地建设用途的，应当经有关人民政府自然资源主管部门同意，报原批准用地的人民政府批准。其中，在城市规划区内改变土地用途的，在报批前，应当先经有关城市规划行政主管部门同意。

2. 土地二级市场管理

（1）明确建设用地使用权转让形式

将各类导致建设用地使用权转移的行为都视为建设用地使用权转让，包括买卖、交换、赠与、出资以及司法处置、资产处置、法人或其他组织合并或分立等形式涉及的建设用地使用权转移。

（2）明晰不同权能建设用地使用权转让的必要条件

以划拨方式取得的建设用地使用权转让，需经依法批准，土地用途符合

《划拨用地目录》的，可不补缴土地出让价款，按转移登记办理；不符合《划拨用地目录》的，在符合规划的前提下，由受让方依法依规补缴土地出让价款。以出让方式取得的建设用地使用权转让，在符合法律法规规定和出让合同约定的前提下，应充分保障交易自由；原出让合同对转让条件另有约定的，从其约定。以作价出资或入股方式取得的建设用地使用权转让，参照以出让方式取得的建设用地使用权转让有关规定，不再报经原批准建设用地使用权作价出资或入股的机关批准；转让后，可保留为作价出资或入股方式，或直接变更为出让方式。

（3）规范以有偿方式取得的建设用地使用权出租管理和划拨建设用地使用权出租管理

以出让、租赁、作价出资或入股等有偿方式取得的建设用地使用权出租或转租的，不得违反法律法规和有偿使用合同的相关约定。以划拨方式取得的建设用地使用权出租的，应按照有关规定上缴租金中所含土地收益，纳入土地出让收入管理。宗地长期出租，或部分用于出租且可分割的，应依法补办出让、租赁等有偿使用手续。建立划拨建设用地使用权出租收益年度申报制度，出租人依法申报并缴纳相关收益的，不再另行单独办理划拨建设用地使用权出租的批准手续。

（4）明确不同权能建设用地使用权抵押的条件

以划拨方式取得的建设用地使用权可以依法依规设定抵押权，划拨土地抵押权实现时应优先缴纳土地出让收入。以出让、作价出资或入股等方式取得的建设用地使用权可以设定抵押权。以租赁方式取得的建设用地使用权，承租人在按规定支付土地租金并完成开发建设后，根据租赁合同约定，其地上建筑物、其他附着物连同土地可以依法一并抵押。

（5）规范交易流程

建立"信息发布—达成意向—签订合同—交易监管"的交易流程。交易双方可通过土地二级市场交易平台等渠道发布和获取市场信息；可自行协商交易，也可委托土地二级市场交易平台公开交易；达成一致后签订合同，依法申报交易价格，申报价格比标定地价低20%以上的，市、县人民政府可行使优先购买权。地方政府对违反有关法律法规或不符合出让合同约定、划拨决定书规定的，不予办理相关手续。

8.3.2 农村土地市场管理

随着我国进入城乡一体化和产业转型升级的新阶段，政府进一步赋予农民较自由的土地交易权，很好地促进了农村土地市场的发展。

1. 农用地使用权市场管理

农民集体所有和国家所有依法由农民集体使用的耕地、林地、草地，以及其他依法用于农业的土地，采取农村集体经济组织内部的家庭承包方式承包，不宜采取家庭承包方式的荒山、荒沟、荒丘、荒滩等，可以采取招标、拍卖、公开协商等方式承包，从事种植业、林业、畜牧业、渔业生产。家庭承包的耕地的承包期为三十年，草地的承包期为三十年至五十年，林地的承包期为三十年至七十年；耕地承包期届满后再延长三十年，草地、林地承包期届满后依法相应延长。发包方和承包方应当依法订立承包合同，约定双方的权利和义务。承包经营土地的单位和个人，有保护和按照承包合同约定的用途合理利用土地的义务。

2. 农村集体经营性建设用地使用权市场管理

当前施行的《土地管理法》破除了长期以来农村集体经营性建设用地不能与国有建设用地同权同价、同等入市的制度性障碍，给予了合法身份并明确了交易方式：土地利用总体规划、城乡规划确定为工业、商业等经营性用途，并经依法登记的集体经营性建设用地，土地所有权人可以通过出让、出租等方式交由单位或者个人使用，并应当签订书面合同，载明土地界址、面积、动工期限、使用期限、土地用途、规划条件和双方其他权利义务。这一规定涉及的集体经营性建设用地出让、出租等，应当经本集体经济组织成员的村民会议三分之二以上成员或者三分之二以上村民代表的同意。通过出让等方式取得的集体经营性建设用地使用权可以转让、互换、出资、赠与或者抵押，但法律、行政法规另有规定的或者土地所有权人、土地使用权人签订的书面合同另有约定的除外。集体经营性建设用地的出租，集体建设用地使用权的出让及其最高年限、转让、互换、出资、赠与、抵押等，参照同类用途的国有建设用地执行。

3. 农村宅基地使用权市场管理

国家允许进城落户的农村村民依法自愿有偿退出宅基地，在征得宅基地所有权人同意的前提下，鼓励农村村民在本集体经济组织内部向符合宅基地申请条件的农户转让宅基地。鼓励村集体和农村盘活利用闲置宅基地和闲置住宅，通过自主经营、合作经营、委托经营等方式，依法依规发展农家乐、民宿、乡村旅游等。城镇居民、工商资本等租赁农房居住或开展经营的，要严格遵守合同法的规定，租赁合同的期限不得超过二十年。合同到期后，双方可以另行约定。但是，严禁城镇居民到农村购买宅基地，严禁下乡利用农村宅基地建设别墅大院和私人会馆。严禁借流转之名违法违规圈占、买卖宅基地。

8.4　土地市场管理的改革与完善

8.4.1　城市土地市场

随着市场经济体制改革的深入推进，国家不断深化国有土地有偿使用制度改革。通过缩小划拨用地范围、改进国有工业用地供地方式等，完善土地出让制度；积极探索并推出"限地价、竞房价""限房价、竞地价""两集中供地"试点等政策措施，稳定地价。但在具体实施过程中存在着市场化配置不充分、出让规定执行不严、部分政策缺乏弹性等问题，阻碍城市土地市场化改革进程。未来城市土地市场化改革：一是要严格执行国家对工业用地容积率、绿地率、出让底价等要求，杜绝"零地价""价格倒挂"等价格问题；二是要丰富多种供地方式，增加企业用地的可选择性，让企业既可以土地出让方式取得用地，也可采取租赁、入股等方式获得，利于流转和盘活闲置的工业用地；三是要构建弹性土地供应机制，合理界定地方政府在土地市场中的角色和地位，减少行政干预；四是要加快培育更加成熟的土地二级市场，充分开发存量土地。

8.4.2　农村土地市场

就农用地使用权市场而言，尽管国家鼓励农地承包经营权流转，但是现实中的农民土地承包经营权市场流转发生率偏低，流转范围小，交易规模不大。未来应该在确权的基础上，继续鼓励农地承包经营权流转，稳定农民从事农业经营的信心。

就农村集体经营性建设用地使用权市场而言，应充分考虑农村集体经营性建设用地分布零散、入市条件、使用期限、收益分配、中介服务等问题。未来农村集体经营性建设用地入市改革：一是要继续推进和完善入市的方式，解决农村集体经营性建设用地分布零散的问题；二是明确入市对象范围和入市主体，保障土地市场交易安全；三是明确农村集体经营性建设用地使用权再次入市的条件、使用年限、合同签订、办理程序、用途管制、受让或承租土地使用权再转让、转租及再抵押、提前收回土地使用权、转让出租收益分配，以及对各种违法行为查处等方面的规定和要求；四是明确农村集体经营性建设用地的使用期限；五是积极探索农村集体经营性建设用地入市收益分配制度，合理确定土地增值收益的分配方式，协调地方政府、集体经济组织、农民之间的收益分配关系，保证农村集体经营性建设用地入市中农民集体和农民的土地处分和收益权能的实现；六是建立集体经营性建设用地入市的信息、咨询、预测和评估等服务系统，促进农村集体经营性建设用地流转。

就农村宅基地使用权市场而言，鼓励进城居住的农村村民依法自愿有偿转让宅基地使用权给本集体内部成员，并不能实现宅基地的有效利用和宅基地资产价值的体现。未来农村宅基地使用权市场改革：完善法律法规和制度政策，赋予农民宅基地完整且充分的权能，放松对宅基地使用权流转的管制，逐步推进宅基地使用权在不同集体经济组织成员之间流转，有条件的地区可适时放开城乡之间宅基地的流转；允许宅基地使用权的抵押、担保和转让。

8.5　本章小结

土地市场是商品经济的范畴，它有狭义和广义之分。狭义的土地市场是指以土地为交易对象进行交易的场所；广义的土地市场是指在进行土地商品交易过程中发生的一切经济关系的总和。我国实行土地的社会主义公有制，土地市场交易的实质是土地使用权。我国城市和农村分别采取两种不同的土地所有制形式，城市土地实行国家所有制，农村土地实行集体所有制。改革开放后，政府逐步开放土地市场，形成了由城市土地使用权市场、农村土地使用权市场构成的土地市场结构。

土地市场管理是指政府运用经济、法律和行政等手段，对土地市场进行培育、管理、调控，其任务是规范土地使用权交易行为，维护土地市场交易秩序，促进土地市场健康发育，从而实现土地资源的有效配置。在中国政府确立社会主义市场经济体制改革目标的制度环境下，土地交易权经历了一个从严格限制交易到鼓励交易的松动过程。中国土地市场管理的演变历程表明，随着计划经济向市场经济的转型，政府逐步放开土地市场，市场机制开始在土地资源配置中发挥作用。在城市逐步建立起城市土地的"有偿、有期限、可流动"制度安排，形成了以政府供应为主的土地一级市场和以市场主体之间转让、出租、抵押为主的土地二级市场；在农村逐渐形成了农地承包经营权流转市场。随着中国市场经济体制改革的深入推进，为了加强土地管理，维护土地的社会主义公有制，保护、开发土地资源，合理利用土地，促进社会经济的可持续发展，沿着不断提高土地资源市场化配置的方向演进成为政府土地市场管理的必然选择。

思考与练习题

1. 土地市场和土地市场管理的概念是什么？
2. 土地市场的特点有哪些？
3. 简述我国土地市场结构现状。
4. 简述我国土地市场管理的演变特征。
5. 简述我国土地市场管理的现状。

参 考 文 献

[1] 王蕙，李尚红. 对我国农村家庭联产承包责任制消极效应的若干思考[J]. 湖北经济学院学报(人文社会科学版)，2008，5(1)：21-23.

[2] 牟燕. 中国土地市场化改革的路径选择[D]. 南京：南京农业大学，2013.

[3] 马凯. 中国农村集体非农建设用地市场演化机制研究[D]. 南京：南京农业大学，2009.

[4] 成立，魏凌.《土地管理法》修订的背景、问题与方向[DB/OL]. 不动产登记，2019-02-14.

[5] 黄奇帆. 深化土地要素市场化配置改革，开启中国第三次土改新元年[DB/OL]. 新浪财经，2020-06-01.

土地行政管理体制

【 本章要点和学习目标 】

　　本章介绍了土地行政管理体制的概念及影响因素、 土地行政管理体制的演变、 现行的土地行政管理体制、 土地行政管理体制的改革与发展。 通过本章学习， 我们应该熟悉土地行政管理体制的相关概念、土地行政管理体制的历史演变， 掌握现行土地行政管理体制及相关的制度和政策。

9.1 土地行政管理体制概述

9.1.1 土地行政管理体制概念

土地行政管理体制是指土地行政管理机构的设置、管理职责权限的划分及其运行等方面的体系和制度。其包括各级土地行政管理机构的设置及相互关系，各级土地行政管理机构的职责和权限划分，各种职责和权限的相互关系及运行方式。土地管理体制的核心是土地管理部门与其外部相关管理机关之间、土地管理内部各职能部门之间以及土地管理体系上下级之间特别是中央与地方之间行政职权的划分。土地管理机构是土地管理的组织形式和组织保证，职责权限是土地管理的职能形式和功能保证，运行方式是土地管理组织形式和职能形式的动态反映和动态结合。

9.1.2 土地行政管理体制构成

土地行政管理体制主要由管理职能、领导体制、组织机构等组成。

1. 管理职能

2018 年，为适应建设社会主义市场经济体制的需要，国务院优化了政府组织结构，明确职能职责，减少交叉管理。为统一行使全民所有自然资源资产所有者职责，统一行使所有国土空间用途管制和生态保护修复职责，着力解决自然资源所有者不到位、空间规划重叠等问题，将国土资源部的职责，国家发展和改革委员会的组织编制主体功能区规划职责，住房和城乡建设部的城乡规划管理职责，水利部的水资源调查和确权登记管理职责，农业部的草原资源调查和确权登记管理职责，国家林业局的森林、湿地等资源调查和确权登记管理职责，国家海洋局的职责，国家测绘地理信息局的职责整合，组建自然资源部，作为国务院组成部门。其主要职责是，对自然资源开发利用和保护进行监管，建立空间规划体系并监督实施，履行全民所有各类自然资源资产所有者职责，统一调查和确权登记，建立自然资源有偿使用制度，负责测绘和地质勘查行业管理等。

2. 领导体制

土地行政管理部门是各级人民政府的工作部门，在本部门内部实行行政首长负责制。土地行政管理部门上下级之间在业务上是领导与被领导关系。根据 2004 年中央组织部《关于调整省以下国土资源主管部门干部管理体制的通知》（组通字〔2004〕22 号）、《国务院关于做好省级以下国土资源管理体制改革有关问题的通知》（国发〔2004〕12 号），当前我国实行的是省以下土地垂直管理体制，即省级以下基层土地行政管理部门的用地审批权和领导干部的人事权由上级土地行政部门管理为主。这可以加强国家对土地资源的宏观调控，进一步强化省级人民政府及其土地行政主管部门的执法监察职责，遏制土地违法行为的发生。

3. 组织机构

土地行政管理组织机构是为执行土地管理政策而依法建立的机构，主要体现在具体的土地行政管理部门内部的机构设置及其职能配置上。土地行政管理的机构设置是指土地行政管理机构的设立、变更、撤销和合并等，其实质是根据土地行政管理组织目标、职能范围所进行的内部分工。土地行政管理机构随着管理环境的变化而变化。目前自然资源部的组织机构主要包括政务办公、综合管理、开发利用、国土空间规划、国土空间用途管制、耕地保护监督、确权登记、国土测绘、地质勘查管理、海洋利用管理、地理信息管理、国家自然资源总督察等若干系统。

9.1.3　土地行政管理体制的影响因素

1. 基本政治制度的影响

政治制度是指统治阶级在特定社会中通过组织政权以实现其政治统治的原则和方式的总和。它包括一个国家的阶级本质，国家政权的组织形式和管理形式，国家结构形式和公民在国家生活中的地位。其实质是对各种政治关系所做的一系列规定。由于国家的类型不同，或同一类型国家所处的具体历史条件不同，其政治制度也会有差异。当代中国政治制度是中国社会主义政治生活中的基本制度，与中国各族人民的利益紧密相连，是中国社会发展、国富民强的制度保证。一个国家的行政管理体制应与基本政治制度相适应，土地行政管理体制作为行政体制的重要组成部分，其性质和运行方向取决于国家的基本政治制度，随着基本政治制度的发展变化而变化。

2. 经济体制的影响

经济制度是国家的统治阶级为了建立、维护和发展有利于其政治统治的经济秩序，而确认或创设的各种有关经济问题的规则和措施。它通过与之相适应的经济体制的运作和改革得以巩固、发展和完善。经济制度构成一个社会的经济基础，决定其政治制度和社会意识形态。党和国家机构职能体系是中国特色社会主义制度的重要组成部分，需要适应社会生产力进步、经济基础变化而不断变化。对土地行政管理体制而言，要与社会经济的发展、经济体制的变革相适应；随着经济体制的变革，土地管理体制必然随之变革。中华人民共和国成立以来，我国的经济体制经历了社会主义计划经济、社会主义有计划的商品经济和社会主义市场经济等多个发展阶段。相对应的，我国的土地管理体制，包括行政机关的设置、行政职能的划分以及运行都有相应的变化。

3. 土地制度的影响

土地制度是人们在一定社会经济条件下，因土地的归属和利用问题而产生的所有土地关系的总称。它既是一种经济制度，又是一种法权制度，是土地经济关系在法律上的体现，是我国基础的政治经济制度。土地行政管理的实质是维护国家及统治阶级的利益。因此，土地制度的性质决定土地行政管理的性质，不同的土地制度，要求有不同的土地行政管理体制。

改革开放以来，我国进行了土地使用制度的改革，土地行政管理体制也进行了相应的变革。如 1982 年，深圳特区开始按城市土地等级不同收取不同标准的使用费，揭开了国有土地使用制度改革的序幕；1986 年，国家通过了《土地管理法》，成立了国家土地管理局。

随着经济体制改革的不断深入和人口、资源与环境的矛盾加剧，严格控制耕地向建设用地转变成为土地管理改革的重要任务。为此，1998 年修订的《土地管理法》规定"国家实行土地用途管制制度"。2006 年，为实行最严格的耕地保护制度、合理调整中央与地方关系、保证国家宏观调控政策的有效落实、提高土地管理行政执行力，国务院建立了国家土地督察制度，在国土资源部设立国家土地总督察办公室，向地方派驻 9 个国家土地督察局。

2018 年，为解决自然资源所有者不到位、空间规划重叠等问题，国务院组建了自然资源部。自然资源部统一行使所有国土空间用途管制的职责，将主体功能区规划、土地利用规划、城乡规划等空间规划融合为统一的国土空间规划，实现"多规合一"，进一步加强土地资源的保护和合理开发利用。

4. 政府机构改革的影响

改革开放以来，为适应社会主义市场经济发展的需要，国家积极推进政府机构改革，各方面机构职能不断深入优化、逐步规范，有力推动了改革开放和社会主义现代化建设。随着改革的深入推进，中国特色社会主义进入新时代，我们要坚持和发展中国特色社会主义制度，推进国家治理体系和治理能力现代化。面对新时代新任务提出的新要求，为解决一些政府机构设置和职责划分不够科学、职责缺位和效能不高等问题，必须按照坚持和发展中国特色社会主义的要求，深化党和国家机构改革，调整优化政府机构职能，全面提高政府效能，为经济、社会、政治、文化、生态文明等领域改革持续深化提供体制支撑和保障。

2018 年 3 月 4 日，中共中央发布《关于深化党和国家机构改革的决定》。在深化党和国家机构改革的背景下，土地行政管理体制进行了改革和调整。

9.2 土地行政管理体制的演变

中华人民共和国成立以后，我国土地行政管理体制的演变经历了三个重要的阶段：一是 1949—1978 年，中国土地行政管理由城乡土地相对统一管理体制向城乡土地多头分散管理体制转变；二是 1978—2018 年，中国土地行政管理由城乡土地多头分散管理体制向集中统一管理体制转变；三是 2018 年以后，中国土地行政管理进入深化改革阶段。

9.2.1 1949—1978 年：城乡土地相对统一管理向城乡土地多头分散管理转变

中华人民共和国成立之初，全国上下开展了轰轰烈烈的土地改革运动，废除地主阶级的封建土地所有制，实行耕者有其田的农地制度。为适应土地改革和社会管理的需要，1950 年成立了地政局，卜设在政务院内务部。地政局作为全国土地管理机构，负责管理全国的土地改革、国家建设用地管理等工作，由此形成了城乡土地相对统一的管理体制。

随后，因政府管理部门分工的细化，土地管理工作开始向各部门分散。1952 年，新成立的建筑工程部接管城市基建规划及考核工作。1953 年，由地政局和房产局合并组成了地政房产管理委员会；后又改为房地产管理局。1954 年，国家撤销地政局，在农业部下设土地利用总局。1956 年，在土地利用总局的基础上，集中有关部门的人员组合成立农垦部，负责全国所有荒地的开发和国营农场的建设工作；新成立城市服务部负责城市房地产管理工作；内务部负责土地遗留问题处理和部分征地划拨工作。至此，专门从事土地管理工作的国家职能部门被取消，城乡土地相对统一的管理体制结束，土地管理进入城乡土地多头分散管理阶段。国务院多个行政主管部门管理本系统、本部门所使用的土地，形成了各自为政、政出多门的分散土地管理体制。如综合计划、农业、林业等经济部门不同程度地管理着农村土地的开发、利用以及农地的国家征用；规划、城建、财税等部门不同程度地对城市土地具有管理权。

尽管 1949—1958 年，国家在土地制度改革、土地管理等方面取得了显著成绩，初步形成了社会主义土地管理体系，对建立和巩固社会主义政治经济制度起到了很大的作用。但是，1958—1976 年，随着我国政治、经济形势的几经波折，土地行政管理体系受到严重影响。在这一阶段，从中央到地方的多头分散土地管理体制和单一的行政管理手段，导致土地利用缺乏统一的规划指导和数量控制，土地利用管理失控的情况较为严重。

9.2.2　1978—2018 年：城乡土地多头分散管理向集中统一管理转变

1978 年以后，国家工作重点向经济建设上转移，逐步确立社会主义市场经济体制改革的目标。随着社会主义经济建设的发展，对土地使用制度也进行了调整。在农村土地制度安排上，实施农业生产的家庭经营制度。在城市土地制度安排上，逐步建立城市土地的有偿有期限可流动制度。土地使用制度改革促进着城镇化、工业化的加速发展，耕地减少问题开始显现，加强土地管理逐步成为党和国家工作的重点。

1981 年 4 月，国务院颁布的《关于制止农村建房侵占耕地的紧急通知》规定，农村各项建设用地，必须统一规划，合理布局，节约用地。1982 年 2 月，国务院颁布的《村镇建房用地管理条例》要求，各地建房要规定用地指标，建立审批制度。1982 年 5 月，国务院颁布的《国家建设征用土地条例》，进一步加强了对征用土地的管理。1982 年国务院在农业渔业部下设土地管理局，行使国务院授权归口管理全国土地的职能。

为进一步加强土地管理工作，解决土地利用和管理工作中的问题。1986 年 2

月，国务院第 100 次常务会议针对加强土地管理工作进行了研究并决定：针对我国人多地少、土地后备资源相对不足的情况，确定全国土地资源统一管理体制，成立直属国务院的土地管理机构——国家土地管理局，负责全国土地、城乡地政统一管理工作。同年 8 月，国家土地管理局正式挂牌办公。其主要职责是：贯彻执行国家关于土地的法律、法规和政策；主管全国土地的调查、登记和统计工作；组织有关部门编制土地利用总体规划；管理全国的土地征用和规划工作；负责需要国务院批准的征、拨用地的审查、报批；调查研究、解决土地管理中的重大问题；对各地各部门的土地利用情况进行检查监督，并做好协调工作，会同有关部门解决土地纠纷、查处违法占地案件。此后，依据党中央、国务院的要求，各级政府相继成立土地管理机关。这一土地管理体制改革，从职能上实现了土地资源由多头分散管理向集中统一管理的转变，形成了"条块结合、块块为主"的管理体制格局：在业务上实施垂直管理，上下级土地管理部门间以政策和业务指导为主，下级接受上级部门的"条条"管理；在行政上实施分级管理，同级地方政府通过管理人、财、物行政领导地方土地管理部门，每一级地方政府内部划分出的土地管理职能部门，受本级政府的"块块"管理。

随着改革开放形势的发展需要，在土地资源管理职能逐渐趋于加强和集中的同时，国家陆续出台土地管理法律法规，使土地行政管理走上法制化的道路。1986 年 6 月 25 日，第六届全国人民代表大会常委会第十六次会议通过《土地管理法》，明确要求"各级人民政府必须贯彻执行十分珍惜和合理利用土地的方针，全面规划，加强管理，保护，开发土地资源，制止乱占耕地和滥用土地的行为"。1988 年《宪法》和《土地管理法》的修改，加大了对土地管理和行政处罚的力度。

为了更好地协调解决新的土地国家管理体制下的职能分工，妥善解决土地管理部门与其他部门的职能衔接与协调问题，1990 年 5 月 19 日，国务院发布了《对建设部、国家测绘总局与国家土地管理局有关职能分工的意见》（国发〔1990〕31 号），明确了各有关职能部门在城市规划与建设用地管理、城市综合开发与建设用地管理、土地与房屋的权属管理、国有土地使用权的出让和转让、地籍管理和地籍测绘管理等方面的职责及分工，协调了各相关部门之间的关系。

然而，随着经济体制改革的深化和土地利用的利益驱动，在这种"条块结合、块块为主"的管理体制下，土地资源管理部门无法监督地方政府的行为，更难以处罚地方政府主导的违法行为，存在逾越法律自行其是的现象，使耕地保护形势十分严峻。为此，1998 年 8 月 29 日，第九届全国人大常委会第四次会议审议通过了《土地管理法》修订方案，重新划分了中央和地方的土地管理职权，将涉及土地管理、宏观决策性的权力集中在中央与省两级政府，同时，将土地管理执行性的权力下放到市县政府；明确了国务院土地行政主管部门统一负责全国土地的监督和管理工作，县级以上地方人民政府土地行政主管部门的设置及其职责，由省（自治区、直辖市）人民政府根据国务院有关规定确定。这标志着我国土地管理体制转变为国家和省两级管理以省为主的模式，这将有利于加强中央和省级政府对土地宏观调控的职能，强化土地资产国家管理的力度。

随着我国社会主义市场经济体制的逐步建立与完善以及国土资源管理的发展需要，建立相对集中的国土资源管理体制日益急迫。1998 年，由地质矿产部、国家土地管理局、国家海洋局、国家测绘局共同组建了国土资源部，作为国务院的组成部门。下设办公厅、政策法规司、规划司、财务司、耕地保护司、地籍管理司、矿产开发管理司、土地利用管理司、矿产资源储量司、地质环境司、地质勘察司、执法监察局、国际合作与科技司、人事教育司 14 个职能司（厅）。其主要职能是土地资源、矿产资源、海洋资源等自然资源的规划、管理、保护与合理利用。至此，我国从陆地到海洋，从土地到矿产，实行了集中统一的管理。这一资源管理体制的改革，从职能上实现了国土资源由部门分散管理向相对集中管理的过渡，基本形成了我国国土资源从地上到地下，从陆地到海洋的立体管理框架。国土资源部对省级人民政府国土资源主管部门实行业务领导，省级人民政府国土资源主管部门主要领导干部的任免，需征得国土资源部的同意。2000 年，我国大部分省（自治区、直辖市）在土地、地矿、海洋和测绘部门的基础上组建了新的国土资源管理部门。通过改革，省级国土资源管理机构进一步理顺了原来与计委、建设、规划、水利等部门的交叉职能，实现"一事一部门管理"，为全面统一规划管理保护和开发利用资源提供了有力的制度保障。

国家为进一步加强对国土资源的宏观调控，强化省级人民政府保护国土资源的责任，落实最严格的耕地保护制度，推进依法行政，推动国民经济和社会可持续发展。2004 年中央组织部出台《关于调整省以下国土资源主管部门干部管理体制的通知》（组通字〔2004〕22 号），从干部管理体制对我国国土资源管理体制作了重大调整，地（市）、县（市）国土资源主管部门的领导干部实行双重管理体制，以上一级国土资源主管部门党组（党委）管理为主，地方党委协助管理。2004 年 4 月 21 日，国务院下发了《关于做好省级以下国土资源管理体制改革有关问题的通知》（国发〔2004〕12 号），明确了省级以下国土资源管理机构实行垂直管理，将省级以下国土资源管理部门的土地审批权和主要领导任免权上收至省级政府。2004 年 10 月，国务院下发《关于深化改革严格土地管理的决定》（国发〔2004〕28 号），明确农用地转用和土地征收的审批权在国务院和省、自治区、直辖市人民政府。各省、自治区、直辖市、人民政府不得违反法律和行政法规的规定下放土地审批权。这一国土资源管理体制改革是用"条条"来限制"块块"，进一步理顺省级以下国土资源行政管理体制，完善土地利用审批管理体制，强化省级人民政府及其国土资源主管部门的执法监察职能。

为了切实加强土地管理工作，完善土地执法监察体制，中央决定建立国家土地督察制度。2006 年 7 月 13 日，国务院办公厅下发《关于建立国家土地督察制度有关问题的通知》（国办发〔2006〕50号），决定由国务院授权国土资源部代表国务院对各省（自治区、直辖市）以及计划单列市人民政府土地利用和管理情况进行监督检查。在国土资源部设立国家土地总督察办公室，负责组织实施国家土地督察制度，向全国派驻9个国家土地督察局，代表国家土地总督察履行监督检查职责。土地督察专员对包括省一级在内的地方国土资源管理部门的人事任免、土地管理执法享有弹劾、否决、督办、检查、人员调动等五大权利。

至此，相对集中管理、自上而下监督的土地统一管理模式基本形成，即国务院国土资源行政主管部门统一负责全国土地的管理和监督工作；在管理体制上，实行中央与省双层管理、省级以下垂直管理的体制。

随着我国经济体制改革的不断深化，土地统一管理体制也在改革中不断完善。2014年，国土资源部成立了不动产登记局，加挂在地籍管理司下，负责承担指导监督全国土地登记房屋登记林地登记草原登记海域登记等不动产登记工作。不动产登记局的挂牌成立，为实施不动产统一登记管理，建立登记机构、登记簿册、登记依据和信息平台"四统一"的不动产登记制度提供了组织保障。同年11月，国务院颁布《不动产登记暂行条例》，为全面开展不动产统一登记提供了法规依据。为解决土地利用总体规划与城市发展总体规划的协调与衔接问题，2016年，《中共中央国务院关于进一步加强城市规划建设管理工作的若干意见》（中发〔2016〕6号）提出，加强城市总体规划和土地利用总体规划的衔接，推进两图合一。在有条件的城市探索城市规划管理和国土资源管理部门合一。按照这一文件的要求，为了从管理职能上实现"两规合一"，促进城市规划转型与土地利用方式转变相互融合，使空间规划与土地利用规划更一致，更好地发挥规划的引领和控制作用，很多省市积极推进规划、国土机构合并。

1978—2018年，随着我国经济体制改革不断深化，我国土地行政管理体制不断改革，建立了与社会主义市场经济相适应的城乡统一管理体制，形成了中央与省双层管理、省级以下垂直管理的模式。政府职能转变到宏观调控、社会管理和公共服务方面来，城乡土地管理事权经历了单一、拓展和完善的过程，土地管理方式由单一的行政管理向运用行政、经济、法律和科技等手段的综合管理转变。

9.2.3 2018年以后：进入深化改革阶段

随着中国经济发展从追求高速度向追求高质量的转变，生态文明建设成为中国特色社会主义事业"五位一体"总体布局中的重要内容。国土是生态文明建设的空间载体，统筹兼顾国土空间保护与发展成为新时代的改革要求。为提升国土空间治理能力和效率，国家启动了规划体制改革创新。2018年3月，国务院进行机构改革，组建自然资源部。新组建的自然资源部将几个部委的规划职能整合到一起，统一行使所有国土空间用途管制职责，履行全民所有各类自然资源资产所有者职责，在管理体制上实现了国土空间的全要素管控。

　　2019 年 4 月 14 日，中共中央办公厅、国务院办公厅印发的《关于统筹推进自然资源资产产权制度改革的指导意见》提出，加快自然资源统一确权登记，将全民所有自然资源资产所有权代表行使主体登记为国务院自然资源主管部门，清晰界定全部国土空间各类自然资源资产的产权主体，划清各类自然资源资产所有权、使用权的边界。建立健全登记信息管理基础平台，提升公共服务能力和水平。建立健全国土空间用途管制制度、管理规范和技术标准，对国土空间实施统一管控。同年 5 月，中共中央、国务院印发了《关于建立国土空间规划体系并监督实施的若干意见》（中发〔2019〕18 号），将主体功能区规划、土地利用规划、城乡规划等空间规划融合为统一的国土空间规划，实现"多规合一"并监督实施。

　　为贯彻落实党的十九届四中全会和中央经济工作会议精神，中央政府在严格保护耕地、节约集约用地的前提下，进一步深化"放管服"改革，改革土地管理制度，赋予省级人民政府更大用地自主权。2020 年 3 月 12 日，国务院发布的《关于授权和委托用地审批权的决定》（国发〔2020〕4 号）提出，将国务院可以授权的永久基本农田以外的农用地转为建设用地审批事项授权各省、自治区、直辖市人民政府批准。试点将永久基本农田转为建设用地和国务院批准土地征收审批事项委托部分省、自治区、直辖市人民政府批准。自然资源部要加强对各省、自治区、直辖市人民政府用地审批工作的指导和服务，明确审批要求和标准，切实提高审批质量和效率。

　　为了完善土地管理体制，加快要素价格市场化改革。2020 年 3 月 30 日，中共中央、国务院印发的《关于构建更加完善的要素市场化配置体制机制的意见》提出，实施城乡土地统一调查、统一规划、统一整治、统一登记。推动制定不动产登记法。完善城乡基准地价、标定地价的制定与发布制度，逐步形成与市场价格挂钩动态调整机制。

　　2018 年以来，随着国家生态文明建设的推进，我国土地行政管理体制改革不断深化，建立了与生态文明建设相适应的资源资产管理体制，实现了以单一的资源管理为主向资源资产管理的职能转变，提升了资源利用和保护的治理能力。

9.3　现行的土地行政管理体制

9.3.1　土地行政管理机构的设置

　　1949 年中华人民共和国成立至今，土地管理机构和管理体制经历了统一、分散、再统一的演变。

　　根据党的十九届三中全会审议通过的《深化党和国家机构改革方案》、第十三届全国人民代表大会第一次会议审议批准的国务院机构改革方案和国务院第一次常务会议审议通过的国务院直属特设机构、直属机构、办事机构、直属事业单位设置方案，2018 年，为统一行使全民所有自然资源资产所有者职责，统一行使所有国土空间用途管制和生态保护修复职责，着力解决自然资源所有者不到位、空间规划重叠等问题，将国土资源部的职责，国家发展和改革委员会的组织编制主体功能区规划职责，住房和城乡建设部的城乡规划管理职责，水利部的水资源调查和确权登记管理职责，农业部的草原资源调查和确权登记管理职责，国家林业局的森林、湿地等资源调查和确权登记管理职责，国家海洋局的职责，国家测绘地理信息局的职责整合，组建自然资源部，作为国务院组成部门。新组建的自然资源部统一负责全国土地的管理和监督工作。

自然资源部下设 25 个职能司（厅、局），其中涉及土地行政管理业务的职能司（厅、局）包括：法规司、自然资源调查监测司、自然资源确权登记局、自然资源所有者权益司、自然资源开发利用司、国土空间规划局、国土空间用途管制司、国土空间生态修复司、耕地保护监督司、国土测绘司、国家自然资源总督察办公室、执法局。地方各级自然资源管理机构基本设立了与自然资源部内设司（厅、局）对应的处（科）室。

9.3.2 土地行政管理机构的职责

1. 自然资源部的主要职责

根据第十三届全国人民代表大会第一次会议审议并批准的国务院机构改革方案，政府组建了自然资源部。作为负责全国土地行政管理的机构，自然资源部的土地行政管理职责主要是制定土地管理政策，指导地方各级土地行政管理工作，监督检查地方各级土地行政管理机构贯彻执行国家土地管理政策情况。其主要职责如下所述：

（1）负责规范土地管理秩序

拟订土地管理法律法规草案，制定部门规章并监督检查执行情况。

（2）负责土地资源调查监测评价

制定土地资源调查监测评价的指标体系和统计标准，建立统一规范的土地资源调查监测评价制度。实施土地资源基础调查、专项调查和监测。负责土地资源调查监测评价成果的监督管理和信息发布。指导地方土地资源调查监测评价工作。

（3）负责土地资源确权登记工作

制定土地资源确权登记、权籍调查、不动产测绘、争议调处、成果应用的制度、标准、规范。建立健全全国土地资源登记信息管理基础平台。负责土地登记资料收集、整理、共享、汇交管理等。指导监督全国土地确权登记工作。

（4）负责土地资源资产有偿使用工作

建立土地资源资产统计制度，负责土地资源资产核算。制定土地使用权划拨、出让、租赁、作价出资、转让和土地储备等政策，合理配置土地资源资产。负责土地资源资产价值评估管理。负责农村集体建设用地使用权流转管理。

（5）负责土地资源的合理开发利用

组织拟订土地资源发展规划和战略，制定土地资源开发利用标准并组织实施，建立政府公示土地资源价格体系，组织开展土地资源分等定级价格评估，开展土地资源利用评价考核，指导节约集约利用。组织研究土地资源管理涉及宏观调控、区域协调和城乡统筹的政策措施。

（6）负责建立空间规划体系并监督实施

推进主体功能区战略和制度，组织编制并监督实施国土空间规划和相关专项规划。开展国土空间开发适宜性评价，建立国土空间规划实施监测、评估和预警体系。组织划定生态保护红线、永久基本农田、城镇开发边界等控制线，构建节约资源和保护环境的生产、生活、生态空间布局。建立健全国土空间用途管制制度，研究拟订城乡规划政策并监督实施。组织拟订并实施土地资源年度利用计划。负责土地、海岛等国土空间用途转用工作。负责土地征收征用管理。

（7）负责统筹国土空间生态修复

牵头组织编制国土空间生态修复规划并实施有关生态修复重大工程。负责国土空间综合整治、土地整理复垦、海岛修复等工作。牵头建立和实施生态保护补偿制度，制定合理利用社会资金进行生态修复的政策措施，提出重大备选项目。

（8）负责组织实施最严格的耕地保护制度

牵头拟订并实施耕地保护政策，负责耕地数量、质量、生态保护。组织实施耕地保护责任目标考核和永久基本农田特殊保护。完善耕地占补平衡制度，监督占用耕地补偿制度执行情况。

2. 省级自然资源管理机构职责

省级自然资源管理机构的土地行政管理职责主要是贯彻落实党中央关于土地资源工作的方针政策和决策部署。其主要职责如下所述。

（1）承担规范土地管理秩序的责任

贯彻执行国家土地管理政策，依据国家法律法规制定和实施有关土地管理的地方规范性文件。

（2）承担土地资源调查监测评价的责任

组织实施本行政区域内土地资源基础调查、专项调查、动态监测和分析评价工作，建立、健全土地动态信息监测体系，并负责核实和上报土地资源调查监测评价成果。指导下级土地资源调查监测评价工作。

（3）承担土地资源确权登记管理责任

组织开展本行政区域内土地资源确权登记、权籍调查、不动产测绘等工作；承办并组织调处土地权属纠纷。负责本行政区域内土地登记资料收集、整理、汇交等工作。

（4）承担土地资源资产有偿使用管理的责任

拟订本行政区域内的土地使用权划拨、出让、租赁、作价出资、转让和土地储备管理等办法。负责本行政区域内土地资源资产价值评估管理工作。负责本行政区域内农村集体建设用地使用权的流转管理工作。

（5）承担土地资源合理开发利用的责任

建立本行政区域土地资源价格体系，组织开展土地资源分等定级价格评估、公布等工作。贯彻落实土地资源管理涉及宏观调控、区域协调和城乡统筹的政策措施。

（6）承担国土空间规划体系建构的责任

组织编制并监督实施本行政区域内的国土空间规划和相关专项规划。组织开展本行政区域国土空间开发适宜性评价。组织划定本行政区域内的生态保护红线、永久基本农田、城镇开发边界等控制线。组织拟订并监督实施本行政区域内的土地资源年度利用计划。贯彻落实国土空间用途管制政策，承担由本级负责的土地用途转用审批工作。制定和实施土地征收征用管理办法。

（7）承担国土空间生态修复的责任

拟订本行政区域内国土空间综合整治、土地整理复垦、海岛修复等管理办法并进行指导监督工作。贯彻执行生态保护补偿政策。

（8）承担耕地保护的责任

贯彻执行耕地保护政策，制定和实施占用耕地补偿管理办法，确保耕地面积占补动态平衡。

3. 省级以下自然资源管理机构职责

省级以下自然资源管理机构的土地行政管理职责主要是贯彻执行国家和省（自治区、直辖市）有关土地管理法律法规、方针政策。其主要职责有：①宣传、贯彻、执行国家有关土地管理法律法规、方针政策，拟定本行政区域内土地管理办法并组织实施。②开展土地资源调查监测评价工作，并负责核实和填报有关土地资料。③开展土地资源确权登记、权籍调查、不动产测绘等工作，调处土地权属纠纷。④组织实施土地使用权划拨、出让、租赁、作价出资、转让和土地储备等工作。开展土地资源资产价值评估工作。开展农村集体建设用地使用权流转工作。⑤开展土地资源分等定级价格评估、公布等工作。执行土地资源管理涉及宏观调控、区域协调和城乡统筹的政策措施。⑥组织编制和实施本级国土空间规划、相关专项规划、土地资源利用年度计划。执行国家关于土地资源合理开发利用、国土空间用途管制等政策。组织实施土地征收征用工作。⑦组织开展国土空间综合整治、土地整理复垦、海岛修复等工作。执行国家关于生态保护的政策。⑧拟订并实施本行政区域内耕地保护措施，严格执行占用耕地补偿制度。

9.4 土地行政管理体制的改革与发展

由于以大量消耗资源为特征的粗放型发展模式和缺乏统筹与协调的管理，我国自然资源呈现衰弱态势，自然资源保护面临较大的困难。2018年，国务院机构改革，成立自然资源部。新组建的自然资源管理部门通过对自然资源的统一管理和规划，加强自然资源的保护和合理开发利用，实现生态文明下的可持续发展。

随着我国经济飞速发展和人民生活水平不断提高，对自然资源管理工作的要求会同步提高。自然资源管理部门要调整与优化自然资源管理手段和方法，提高与完善自然资源的管理和使用水平，为我国经济和社会发展提供有力保障。土地资源是自然资源的重要组成部分，深化土地行政管理体制改革势在必行。通过深化改革，进一步消除体制性障碍，改善政府管理方式和手段，切实解决经济社会发展中的突出矛盾和问题，推动科学发展，促进社会和谐，更好地维护人民群众的利益。

9.4.1 深化土地行政管理体制改革的方向和基本原则

深化土地行政管理体制改革，要着力转变职能、理顺关系、优化结构、提高效能，做到权责一致、分工合理、决策科学、执行顺畅、监督有力，为社会经济发展提供体制保障。

深化土地行政管理体制改革，必须坚持以人为本、执政为民，把维护人民群众的根本利益作为改革的出发点和落脚点；必须坚持与完善社会主义市场经济体制相适应，与建设社会主义民主政治和法治国家相协调；必须坚持解放思想、实事求是、与时俱进，正确处理继承与创新的关系；必须坚持发挥中央和地方两个积极性，在中央的统一领导下，鼓励地方立足实际改革创新。

9.4.2 土地行政管理体制的改革与完善

1. 推进政府职能转变

中央政府要加强土地宏观管理，更多地运用经济手段、法律手段并辅之以必要的行政手段调节土地利用行为，进一步减少和下放具体管理事项，把更多的精力转到制定战略规划、政策法规和标准规范上，维护国家法制统一和政令统一，增强宏观调控的科学性、预见性和有效性。地方政府要确保中央方针政策和国家法律法规的有效实施，提高地方政府积极性与决策能力，加强对本地区土地利用的统筹协调，强化执行和执法监管职责。

2. 强化法治管理

各级政府要根据制度和政策的调整，加快出台相关法律法规等，提高土地管理制度的执行能力，规范执法行为，做好依法行政。

（1）要加快制定和完善土地资源的规划、合理开发、利用、治理和保护等方面的法律。地方人大应按照国家法律的要求，加快出台土地资源管理的地方条例。

（2）加强对行政权力的监督，强化责任追究。一要，加强政府层级监督，充分发挥监察、审计等专门监督的作用；二要，高度重视新闻舆论监督和人民群众监督，完善政务公开制度，及时发布信息，提高政府工作透明度，切实保障人民群众的知情权、参与权、表达权、监督权。

（3）健全对各级党政领导者的问责制度，明确问责范围，规范问责程序，加大责任追究力度，提高政府执行力、公信力和依法行政效率。同时，加强土地管理部门的执法力量和软硬条件，提高执法水平。

3. 创新土地管理手段

（1）发挥激励机制在土地管理中的作用，强化土地资源开发利用与保护的外部性监管。通过建立土地资源开发利用在经济上的约束和激励机制，提高土地资源的开发利用率和水平。通过建立节约集约利用的标准规范体系和激励约束机制，促进土地资源的节约集约利用。

（2）发挥现代科技在土地管理中的作用。要在现有的信息技术基础上，通过构建一个通用的基础信息平台，实现规划的体系、目标和管理的衔接与统一，完善"一张图"管到底的管理体制。

9.5 本章小结

土地行政管理体制是指土地行政管理机构的设置、管理职责权限的划分及其运行等方面的体系和制度。其包括各级土地行政管理机构的设置及相互关系，各级土地行政管理机构的职责和权限划分，各种职责和权限的相互关系及运行方式。土地行政管理体制主要由管理职能、领导体制以及组织机构等组成。2018年，为适应建设社会主义市场经济体制的需要，国务院优化政府组织结构，明确职能职责，减少交叉管理，组建了自然资源部。新组建的自然资源部统一负责全国土地的管理和监督工作。其土地行政管理职责主要是对土地资源开发利用和保护进行监管，建立国土空间规划体系并监督实施，履行全民所有土地资源资产所有者职责，统一调查和确权登记，建立土地资源有偿使用制度等。

中华人民共和国成立以后，我国土地行政管理体制的演变经历了三个重要的阶段：一是1949年至1978年，中国土地行政管理由城乡土地相对统一管理体制向城乡土地多头分散管理体制转变；二是1978年至2018年，中国土地行政管理由城乡土地多头分散管理体制向集中统一管理体制转变，形成了中央与省双层管理、省级以下垂直管理的模式。三是2018年以后，中国土地行政管理进入深化改革阶段，建立了与生态文明建设相适应的资源资产管理体制。政府职能转变到宏观调控、社会管理和公共服务方面来，城乡土地管理事权经历了单一、拓展和完善的过程，土地管理方式由单一的行政管理向运用行政、经济、法律和科技等手段的综合管理转变。

思考与练习题

1. 土地行政管理体制由哪几部分构成？
2. 土地行政管理体制的影响因素有哪些？
3. 简述我国土地行政管理体制的演变特征。
4. 简述我国现行土地行政管理机构及其职能。
5. 简述当前我国土地行政管理体制改革面临的困境。

参 考 文 献

［1］　白钢．中国政治制度史（下卷）［M］．天津：天津人民出版社，2002．

［2］　朱道林．土地管理学［M］．2 版．北京：中国农业大学出版社，2016．

［3］　曲福田．土地行政管理学［M］．2 版．北京：中国农业出版社，2011．

［4］　曲福田，诸培新．土地经济学［M］．北京：中国农业出版社，2015．

［5］　张维宸．为何要成立自然资源部［J］．中国新闻周刊，2018（17）：38-39．

［6］　乔思伟．农村土地制度实现重大突破——自然资源部法规司司长魏莉华解读新土地管理法［J］．华北国土资源，2019（5）：12-15．

［7］　刘鹤．深化党和国家机构改革是一场深刻变革［N］．人民日报，2018-3-13．

10

土地利用与管理展望

【本章要点和学习目标】

　　本章探讨我国未来土地利用与管理的发展方向，对目前正在进行的土地利用与管理领域重大问题进行剖析和开放式讨论，旨在为大家提供一个深度思考的基础。围绕土地要素市场化改革、土地产权体系改革与土地管理改革三个维度，对改革中的重点内容进行阐述和讨论，使读者能够深入理解我国土地利用与管理的改革逻辑和发展方向。

全面深化改革是我国当前社会经济发展的重要方略，是完善中国特色社会主义制度，不断推进国家治理体系和治理能力现代化的关键举措。从党的十八届三中全会审议通过《中共中央关于全面深化改革若干重大问题的决定》开始，一系列改革举措稳步推进，明确了经济、法制、文化、社会治理、生态文明体制等领域的改革方向，其中"要素市场化改革"和"生态文明体制改革"对未来土地利用与管理提出了新的要求，对未来的土地产权体系、土地利用与管理产生长远影响。

10.1　土地要素市场化改革的战略方向

完善要素市场化配置是建设统一开放、竞争有序市场体系的内在要求，是坚持和完善社会主义基本经济制度、加快完善社会主义市场经济体制的重要内容。为此，中共中央、国务院发布了《关于构建更加完善的要素市场化配置体制机制的意见》，成为我国未来土地产权和土地管理改革的战略指南，未来土地管理将在以下四个战略方向上有所突破。

首先，建立健全城乡统一的建设用地市场。加快修改完善《土地管理法实施条例》，完善相关配套制度，制定出台农村集体经营性建设用地入市指导意见。全面推开农村土地征收制度改革，扩大国有土地有偿使用范围。建立公平合理的集体经营性建设用地入市增值收益分配制度。建立公共利益征地的相关制度规定。

其次，深化产业用地市场化配置改革。健全长期租赁、先租后让、弹性年期供应、作价出资（入股）等工业用地市场供应体系。在符合国土空间规划和用途管制要求前提下，调整完善产业用地政策，创新使用方式，推动不同产业用地类型合理转换，探索增加混合产业用地供给。

再次，鼓励盘活存量建设用地。充分运用市场机制盘活存量土地和低效用地，研究完善促进盘活存量建设用地的税费制度。以多种方式推进国有企业存量用地盘活利用。深化农村宅基地制度改革试点，深入推进建设用地整理，完善城乡建设用地增减挂钩政策，为乡村振兴和城乡融合发展提供土地要素保障。

最后，完善土地管理体制。完善土地利用计划管理，实施年度建设用地总量调控制度，增强土地管理灵活性，推动土地计划指标更加合理化，城乡建设用地指标使用应更多由省级政府负责。在国土空间规划编制、农村房地一体不动产登记基本完成的前提下，建立健全城乡建设用地供应三年滚动计划。探索建立全国性的建设用地、补充耕地指标跨区域交易机制。加强土地供应利用统计监测。实施城乡土地统一调查、统一规划、统一整治、统一登记。推动制定不动产登记法。

10.2   土地产权体系改革展望

10.2.1   城市土地产权体系改革展望

1. 持续扩大土地有偿使用范围：推进土地要素市场化

自20世纪80年代开展土地市场化改革以来，我国已经从"无偿、无期、无流动"的土地使用制度转变为以"招拍挂"为核心的土地有偿使用制度，1988年《宪法》和《土地管理法》的修改从法律层面确立了城镇国有土地有偿使用制度，土地使用权与所有权分离，可以依法出让转让。此后，以"批租制"为核心的城市建设用地有偿使用范围不断扩大，机制日趋完善，《民法典》明确规定：工业、商业、旅游、娱乐和商品住宅用地等经营性用地以及同一土地有两个以上意向用地者的，应当采取招标、拍卖等公开竞价的方式出让。至此，主要的经营性国有建设用地市场化配置的目标已经实现并以法律形式得以制度化。2016年12月，国土资源部、国家发展和改革委员会等八部委以国土资规〔2016〕20号印发《关于扩大国有土地有偿使用范围的意见》，明确对可以使用划拨土地的能源、环境保护、保障性安居工程、养老、教育、文化、体育及供水、燃气供应、供热设施等项目，除可按划拨方式供应土地外，鼓励以出让、租赁方式供应土地；2020年4月，中共中央、国务院《关于构建更加完善的要素市场化配置体制机制的意见》发布，将扩大国有土地有偿使用范围作为土地要素市场化改革的重要举措。在范围扩大的基础上，改革针对市场需求，深化国有土地配置方式改革，包括租赁、国有土地使用权作价出资、入股、授权经营等方式取得土地权利改革、产业用地弹性供给、存量用地盘活中的创新供给等。上述改革措施服务于土地要素的高效配置和使用。

2. 住宅用地使用权自动续期：夯实产权稳定的社会基础

在众多类型的城市土地中，国有住宅用地由于关系到千家万户的居住权利，其有限的使用权到期之后如何续期的问题成为了全社会关注的焦点，也是未来土地管理需要做出应对和回应的问题。2016年3月温州二手房过户事件引发了公众和决策机构对这一问题的思考，下面通过案例的形式对这一问题进行介绍和评述。

国有住宅用地使用权续期问题的温州案例

2016年3月，温州市民王先生购买了一套市区的二手房，房屋建造于20世纪90年代，办理房产过户手续时，发现原房东的土地证已经于2016年3月4日到期。当地国土部门称，想要办出新的土地证，需要花费房价三成、即几十万元重新购买房产的土地使用权。

王先生表示，"我们的想法是'居住用地土地使用权是70年'，并不知道有过期这回事，我们想都没想到过，现在我们房产过户来了，契证过户来了，土地证却卡在里面，办不来了。"温州市国土局表示，《物权法》规定住宅建设用地使用权届满自动续期，但"自动续期"该如何续期，目前国家尚未出台相关实施细则。近期媒体报道"收取几十万元出让金才能续期"是对信息的误读。温州市国土局称，市区一批20世纪90年代初期的住宅用地使用权到期面临续期的问题。基层国土部门在实际操作过程中无法可依、无章可循，不能办理相关续期手续，给群众带来不便。对此，温州市国土局高度重视，已着手研究相关方案，近期将报上级研究决定，妥善化解这类问题。

国有住宅用地使用权续期问题的温州案例（续）

2016年12月8日，国土资厅函〔2016〕1712号

浙江省国土资源厅：

《关于如何处理少数住宅用地使用权到期问题的请示》（浙土资〔2016〕64号）收悉。经认真研究并征得住房和城乡建设部同意，现将有关问题答复如下：

《物权法》第一百四十九条规定："住宅建设用地使用权期间届满的，自动续期"。《中共中央国务院关于完善产权保护制度依法保护产权的意见》（中发〔2016〕28号）提出："研究住宅建设用地等土地使用权到期后续期的法律安排，推动形成全社会对公民财产长久受保护的良好和稳定预期"。在尚未对住宅建设用地等土地使用权到期后续期作出法律安排前，少数住宅建设用地使用权期间届满的，可按以下过渡性办法处理：

一、不需要提出续期申请。少数住宅建设用地使用权期间届满的，权利人不需要专门提出续期申请。

二、不收取费用。市、县国土资源主管部门不收取相关费用。

三、正常办理交易和登记手续。此类住房发生交易时，正常办理房地产交易和不动产登记手续，涉及"土地使用期限"仍填写该住宅建设用地使用权的原起始日期和到期日期，并注明："根据《国土资源部办公厅关于妥善处理少数住宅建设用地使用权到期问题的复函》（国土资厅函〔2016〕1712号）办理相关手续"。

从上述国有建设用地使用权续期问题的温州案例中我们不难看出，对于国有住宅用地使用权到期后的续期问题，政策上采用了十分审慎的态度，并未给出确定性的回应。案例中的住宅用地使用权批租年限仅为二十年，具有特殊性，无法代表市场上大多数70年期的住宅用地使用权，因此案例中决策者采用"过渡性办法"将20年的特殊情况统一纳入70年期住宅用地使用权之中，但尚未明确70年期到期后的续期方案。

2021 年 1 月 1 日起实施的《民法典》将这一问题的答案向前推进了一大步，《民法典》第三百五十九条规定：住宅建设用地使用权期限届满的，自动续期。续期费用的缴纳或者减免，依照法律、行政法规的规定办理。首先，该法条明确自动续期，将住宅用地和非住宅用地做了明确区分，体现出在产权管理上对于"住宅用地"特殊性的考量；其次，该法条明确了费用的缴纳或者减免两种选择，为后续法律和政策制定指明了方向，具体缴纳费用和减免的细节标准还需后续的改革措施予以明确。

关于国有住宅用地使用权到期应该缴费续期还是免费续期的问题，存在很多种不同的观点和相应论据，两种具有代表性的观点值得关注。

第一种观点可以概括为免费续期，或者象征性收费、（极）低成本续期，其主要理由如下。首先，《民法典》规定了自动续期，只有免费或者极低成本的收费才能够实现自动而非程序繁琐的收费；其次，居住用地是保障居民居住权的，免费续期可以保证居民这一根本权利不会因为无力续期而丧失；第三，免费续期无论对于公民还是政府公共部门而言都是成本最低的一种应对手段，可以减少因政策剧烈变革带来管理成本上升甚至社会不稳定。

关于住宅用地使用权续期的另外一种代表性观点是按照彼时的土地市场价格收费续期，其主要理由如下：①住宅用地出让时一次性支付的土地出让金本质上就是 70 年的地租，租期到期后理应重新计算新一时期的地租；②免费续期催生住宅用地永久使用权，永久使用权形成实质上私人所有权，这与我国的土地公有制相违背；③目前我国许多城市尤其是一线城市房价高企，有无房产、房产数量不同造成了居民之间较大的贫富差距，而房产的快速升值主要是由于城市化的设施提升带来的，而非房产所有者自己的投入，但是增值却流入了房产所有者的腰包。如若采用免费续期，这种公共投入带来的分配不公平会在代际无限传递下去，不利于社会公平。

以上两种观点都有其合理性和不足，反映出当前条件下决策取舍之主要因素，未来我国将会最终采取何种应对方案，在很大程度上取决于社会经济的客观实际以及政策可能带来的正负面效应之间的权衡。

10.2.2 农村土地产权体系改革展望

与日臻完善的城市土地产权和市场体系相比，我国农村土地存在产权不完善、用益物权实现路径不清晰等问题，农村土地产权改革是当前以及未来相当长时间内我国公共政策领域和学术研究的重点问题。近年来，农村土地产权制度改革工作快速推进，自然资源部、农业农村部为主的部委围绕承包地、集体经营性建设用地和宅基地的"三块地"改革陆续出台政策措施。下面将分别从承包地三权分置、集体经营性建设用地、宅基地制度改革和农村土地产权体系改革展望四个方面探讨农村土地产权制度改革问题。

1. 承包地三权分置： 促进土地规模化利用

承包地三权分置被作为一种产权制度创新提出来，主要作用包含两个方面：①通过科学界定三权的内涵、边界以及相互间的关系，来巩固和完善农村的基本经营制度，能够更好地维护、实现农民集体、承包农户以及新型经营主体的权益；②通过实行"三权分置"促进土地资源优化配置，土地作为要素要流动起来，培育新型经营主体发展适度的规模经营，推进农业的供给侧结构性改革。这样就可以为发展现代农业、增加农民收入提供新的路径和制度保证。

"三权分置"对于我国当前的城乡发展具有重要意义。首先，它丰富了双层经营体制的内涵。从"两权分离"到"三权分置"，从集体所有、农户承包经营到集体所有、农户承包、多元经营，"三权分置"展现了我国农村基本经营制度的持久活力，既保持了集体所有权、承包关系的稳定，同时又使土地要素能够流动起来，使农村基本经营制度保持了新的持久的活力；其次，"三权分置"赋予新型经营主体更多的土地经营权，有利于促进土地经营权在更大范围内优化配置，从而提高土地产出率、劳动生产率、资源利用率；最后，"三权分置"实现集体、承包农户、新型经营主体对土地权利的共享，有利于增加农户财产收入，丰富农用地的用益物权。

2. 集体经营性建设用地： 强调统一市场建设

与数量庞大的农村居民点用地相比，集体经营性建设用地占农村全部建设用地的比重不足20%，并且集体经营性建设用地使用权人相对集中，因此成为农村集体土地市场化改革的先锋。2013年11月15日，《中共中央关于全面深化改革若干重大问题的决定》发布，指出要建立城乡统一的建设用地市场，明确在符合规划和用途管制前提下，允许农村集体经营性建设用地出让、租赁、入股，实行与国有土地同等入市、同权同价。经过了多年改革实践，集体经营性建设用地入市的法律基础已经在2019年通过的《土地管理法》修订中得以实现，新修订的《土地管理法》第六十三条规定："土地利用总体规划、城乡规划确定为工业、商业等经营性用途，并经依法登记的集体经营性建设用地，土地所有权人可以通过出让、出租等方式交由单位或者个人使用，通过出让等方式取得的集体经营性建设用地使用权可以转让、互换、出资、赠与或者抵押一系列配套的制度措施也逐步出台，基本实现了与城市国有建设用地的同地同权。"

集体经营性建设用地入市后，所带来的收益如何分配成为一个重要的问题。不仅涉及农民和集体利益的保障，也影响城乡统一建设用地市场的建设。2017年，财政部、国土资源部联合印发《农村集体经营性建设用地土地增值收益调节金征收使用管理暂行办法》（以下简称《暂行办法》），对农村集体经营性建设用地土地增值收益管理作出规范。《暂行办法》是推进农村集体经营性建设用地入市改革试点工作的配套政策，旨在建立兼顾国家、集体、个人的土地增值收益分配机制。《暂行办法》提出，按照建立同权同价、流转顺畅、收益共享的农村集体经营性建设用地入市制度的目标，在农村集体经营性建设用地入市环节取得入市收益的农村集体经济组织，或者再转让环节取得再转让收益的土地使用权人，应向国家缴纳调节金。

3. 宅基地制度改革：强化用益物权

与承包地的三权分置类似，为了提高宅基地利用效率，丰富宅基地用益物权，开展了宅基地"三权分置"改革，即所有权、资格权和使用权。落实宅基地集体所有权，保障宅基地农户资格权，适度放活宅基地和农民房屋使用权，是我国宅基地产权管理的一项制度创新。目前宅基地三权分置的改革仍在探索之中，关于农户资格权的法理研究，三个权利之间的逻辑关系等问题，已经成为理论和政策研究的热点问题。从实践来看，宅基地"三权分置"的具体实现形式十分丰富，各地结合发展乡村旅游、返乡人员创新创业等方式，探索盘活利用农村闲置农房和宅基地、增加农民财产性收入、促进农业发展和乡村振兴。

关于集体建设用地的改革探索仍在进行，为增加租赁住房供应，缓解住房供需矛盾，构建购租并举的住房体系，2017年8月国土资源部会同住房和城乡建设部，制定《利用集体建设用地建设租赁住房试点方案》，根据地方自愿原则，确定第一批在北京、上海、沈阳等13个城市开展利用集体建设用地建设租赁住房试点，在强化宅基地用益物权方面迈出了坚实的一步。

4. 农村土地产权体系改革展望

实现产权明晰、丰富用益物权类型、在效率提升与保障公平之间寻求一个合理的平衡，是当前我国农村土地产权改革的核心目标与原则。稳定的所有权和使用权是保障广大农户和农村集体资产权力的产权基础，而明晰、丰富的用益物权类型则是激发市场主体效率的关键。

集体经营性建设用地总量较小，又与农村产业发展密切相关，因此成为了农村土地产权改革的先锋，经过一段时间的探索已经基本实现与城市建设用地的同地同权。而宅基地和承包地数量较大，既有资产属性又有保障属性，在城镇化快速发展的背景下，这些土地有时扮演着"农民的饭碗""农民的安身立命之所"的角色，有时又成为束缚农民自由流动的羁绊，使农民面临着"离开放弃收益"与"留下来保留收益"之间的两难选择，这也使得针对承包地和宅基地的改革充满挑战，当前采取的"三权分置"在一定程度上缓解了这一难题，但仍未能从根本上建立起边界清晰的权利体系。未来随着进城农民落户全面覆盖，城乡居民社保体系不断完善，承包地和宅基地所负担的社保功能逐渐减弱，一个更加清晰、高效的农村土地产权体系有望建立，更好地促进城乡一体化的土地管理。

10.3　土地管理改革展望

10.3.1　土地管理与经济发展

从生产视角来看，未来土地管理的核心问题是如何强化突出市场作为配置土地资源和资产的基础性作用，并以此为目标界定管理的重点、提升管理的效率，这里探讨近期来看两个方面的重点问题。

1. 国有建设用地有偿使用的市场化改革范围继续扩大

如本章 10.2 所述，经过改革开放以来几十年的持续推进，我国国有建设用地使用权市场已经基本建立并不断完善，未来进一步朝着有偿使用范围扩大的方向发展。2016 年，国土资源部、国家发展和改革委员会、财政部、住房和城乡建设部、农业部、中国人民银行、国家林业局、中国银行业监督管理委员会等八部委下发了《关于扩大国有土地有偿使用范围的意见》（国土资规〔2016〕20号，以下简称《意见》），《意见》提出对可以使用划拨土地的能源、环境保护、保障性安居工程、养老、教育、文化、体育及供水、燃气供应、供热设施等项目，除可按划拨方式供应土地外，鼓励以出让、租赁方式供应土地，支持市、县政府以国有建设用地使用权作价出资或者入股的方式提供土地，与社会资本共同举办企业投资建设。

虽然《意见》中采用了鼓励而非强制，但这却反映出国有建设用地有偿使用范围扩大的初衷，通过建立市场平台鼓励社会资本进入这些领域进行企业化经营，提高这些用地类别的使用效率。鼓励以出让、租赁方式及允许以作价出资或者入股方式配置土地，一方面缩小了划拨用地的范围，另一方面也使企业获得转让、出租、抵押的权利，有利于企业市场化运营。

《意见》的出台也有助于降低企业在公共服务项目领域的用地成本。政府以划拨方式向企业提供土地，对于许多企业而言获得划拨用地的条件苛刻、门槛过高，实际上造成了对于不同竞争主体的不公平。而且企业依法需向政府缴纳土地补偿、安置等相关费用，因不同用地征收、拆迁安置成本不一，有的划拨用地费用可能高于其他用途土地的出让价款。市场化的制度安排可使企业公平竞争，通过有偿使用，转换权利类型，获得更多开发、利用、经营土地的权利。

这项改革虽然仍在进行当中，但其改革方向非常明确，即逐步扩大国有建设用地有偿使用范围，并且在建设用地基础上进一步推进到国有农用地有偿使用，以及国有未利用地使用管理，终极目标是形成所有地类全覆盖的国有土地有偿使用体系。

2. 土地节约集约利用更加强调

土地节约集约利用是我国人多地少的国情所决定的必然出路，而且是仅仅依靠土地市场机制无法解决的典型外部性问题，因此其成为土地管理的核心内容。我国早在十几年前就以国务院通知的形式发布了节约集约用地的管理要求，此后在城市土地集约利用、开发区土地集约利用等重点领域出台了一系列可以操作和考核的评价方法。近来，土地节约集约利用被纳入生态文明体制改革的框架之下，将其作为全面促进资源节约的一个维度，在这样的政策诉求之下，未来土地利用的基本思路是严守底线、调整结构、提升效率、严控增量和盘活存量，大规模外延式扩张的用地时代一去不复返。

10.3.2 土地管理与社会治理

土地利用状态是各种社会经济活动的投影，对土地利用行为的约束和激励会直接影响到不同主体的切身利益。随着我国严格建设用地扩张，强化节约集约用地的政策逐步深入，土地管理的社会属性会逐渐显现。具体而言，未来土地管理的客体一方面是各类土地要素，另一方面则是土地要素背后的多种权利主体。随着不动产登记、自然资源统一确权登记的全覆盖，这些权利主体在土地上所拥有的各种权利都受到法律的确认和保护，作为行政手段的土地管理政策需要充分将已有权利情况纳入决策考虑，否则不仅会影响政策实施的效果，严重的还会违法违规。因此，管理决策过程需要纳入更多的权利主体，了解权利基础和相互关系，倾听权利主体的诉求，并尽可能做最大程度的协调和沟通。以人民为中心、高度参与的协商、多次的上下、左右互动将成为未来土地管理的特征。

城市土地管理方面，随着严格控制建设用地增量、大力推行土地节约集约用地，存量建设用地的再利用成为城市土地利用和管理的重中之重。与增量建设用地不同，存量建设用地利用将涉及更多的利益主体，更多的存量利益调节，管理的难度大大增加。为了推动存量土地利用管理的效率，一方面，要激励原土地使用权人释放土地、参与城镇存量土地再开发的积极性，在符合规划的前提下，鼓励原土地使用权人自行改造；另一方面，调整土地增值的利益分配格局，在地方政府、原土地使用权人、开发单位等主体之间建立利益平衡和调节机制，调动各方参与改造的积极性。

农村土地管理方面，2019 年修订的《土地管理法》将多年来完善集体土地管理的实践经验进行了系统的法律化表达，其核心意旨是全面保障农民的土地权利，维护农村土地利用过程中农民的知情权、听证权以及集体决策权。最新的《土地管理法》第十二条规定"依法登记的土地的所有权和使用权受法律保护，任何单位和个人不得侵犯。"从根本上保护农民的土地承包经营权及宅基地使用权，保证在发生征地时农民具有要求补偿的清晰权力基础。此外，最新的《土地管理法》第四十五条以列举式规定了征收土地必须符合公共利益需要的六种情形，第四十七条规定"县级以上地方人民政府拟申请征收土地的，将征收范围、土地现状、征收目的、补偿标准、安置方式和社会保障等在拟征收土地所在的乡（镇）和村、村民小组范围内公告至少三十日"，从旧法的征后公告转为征地报批前公告，提升了农民的知情权，可以让农民更多地参与到征地过程中。最新的《土地管理法》第四十七条规定"多数被征地的农村集体经济组织成员认为征地补偿安置方案不符合法律、法规规定的，县级以上地方人民政府应当组织召开听证会，并根据法律、法规的规定和听证会情况修改方案"。

10.3.3　土地管理与生态文明

2015 年 9 月 21 日，中共中央、国务院印发了《生态文明体制改革总体方案》，将生态文明建设纳入社会经济总体改革框架之中并赋予重要地位，方案明确提出目标：加快建立系统完整的生态文明制度体系，加快推进生态文明建设，增强生态文明体制改革的系统性、整体性、协同性。该方案提出的四个理念对于今后相当长时间内的土地综合利用和管理具有指导意义：①树立绿水青山就是金山银山的理念，清新空气、清洁水源、美丽山川、肥沃土地、生物多样性是人类生存必需的生态环境，坚持发展是第一要务，必须保护森林、草原、河流、湖泊、湿地、海洋等自然生态。②树立自然价值和自然资本的理念，自然生态是有价值的，保护自然就是增值自然价值和自然资本的过程，就是保护和发展生产力，就应得到合理回报和经济补偿。③树立空间均衡的理念，把握人口、经济、资源环境的平衡点推动发展，人口规模、产业结构、增长速度不能超出当地水土资源承载能力和环境容量。④树立山水林田湖是一个生命共同体的理念，按照生态系统的整体性、系统性及其内在规律，统筹考虑自然生态各要素、山上山下、地上地下、陆地海洋以及流域上下游，进行整体保护、系统修复、综合治理，增强生态系统循环能力，维护生态平衡。

从生态文明改革的目标来看，土地管理工作将面临更高的要求。生态文明改革提出到 2020 年构建起由自然资源资产产权制度、国土空间开发保护制度、空间规划体系、资源总量管理和全面节约制度、资源有偿使用和生态补偿制度、环境治理体系、环境治理和生态保护市场体系、生态文明绩效评价考核和责任追究制度等八项制度构成的产权清晰、多元参与、激励约束并重、系统完整的生态文明制度体系，推进生态文明领域国家治理体系和治理能力现代化。生态文明体制改革目标约束下的未来土地管理重点将围绕以下工作重点开展。

首先是自然资源统一确权登记，健全国土空间用途管制制度。自上而下的用地指标控制体系将精简和强化，开发强度的指标会进一步分解到各县级行政区，并且成为约束性指标。用途管制扩大到所有自然生态空间，划定并严守生态红线，严禁任意改变用途，防止不合理开发建设活动对生态红线的破坏。这给覆盖全部国土空间的监测以及动态监测国土空间变化的技术工具提出了要求。

其次是完善基本农田保护制度，划定永久基本农田红线，按照面积不减少、质量不下降、用途不改变的要求，将基本农田落地到户、上图入库，实行严格保护，除法律规定的国家重点建设项目选址确实无法避让外，其他任何建设不得占用。未来耕地占补平衡制度将进一步完善，在新增建设用地占用耕地规模实行总量控制的基础上，严格实行耕地占一补一、先补后占、占优补优。

再次是土地管理将从狭义的土转向广义的土，即将山、水、林、田、湖、草、海统筹管理。人的命脉在田，田的命脉在水，水的命脉在山，山的命脉在土，土的命脉在树和草。山水林田湖草各要素生态过程相互影响、相互制约，是不可分割的整体。"生命共同体"理念科学界定了人与自然的内在联系和内生关系，蕴含着重要的生态哲学思想，在对自然界的整体认知和人与生态环境关系的处理上为我们提供了重要的理论依据。目前我国正大力推进山水林田湖草生态保护修复，深入探索自然资源资产产权制度、国土空间开发保护制度、资源总量管理和全面节约制度、资源有偿使用等有利于生态系统保护修复的制度体系。在实施生态保护体制机制的基础上，依据当前我国生态保护建设和生态保护体制改革的总体要求，从组织领导、干部绩效考核、资金的筹措与投入，以及营运的管理、基础设施的建设，到监测预警、信息化管理，到公众参与和监督，形成土地管理与生态保护修复的长效制度。

10.4　本章小结

本章是一个关于我国土地管理改革的开放式讨论，从国有住宅建设用地使用权到期、农村宅基地改革等社会热点问题出发，阐述其背后土地要素市场化改革和产权制度改革的重点问题、难点和未来可能的方向，为读者进行更加深入的思考和延续性的学习提供基础支撑，为土地管理相关行业工作人员提供借鉴和参考。

思考与练习题

1. 我国土地产权改革面临的主要问题有哪些？
2. 什么是"三块地"改革？
3. 集体经营性建设用地入市改革中需要注意哪些问题？
4. 宅基地用益物权发挥受到哪些限制？如何强化宅基地的用益物权？
5. 未来我国土地管理面临哪些新形势？土地管理的重点包含哪些？

参 考 文 献

[1]　王小映. 论农村集体经营性建设用地入市流转收益的分配[J]. 农村经济，2014(10)：3-7.

[2]　陈明. 农村集体经营性建设用地入市改革的评估与展望[J]. 农业经济问题，2018(4)：71-78.

[3]　赵建超. 对城市存量土地的思考[J]. 国土资源情报，2013(7)：41-45，18.

[4]　唐健. 城镇低效用地再开发政策分析[J]. 中国土地，2013(7)：41-43.

[5]　余永和. 农村宅基地退出试点改革：模式、困境与对策[J]. 求实，2019(4)：84-97，112.

[6]　中共中央，国务院. 关于构建更加完善的要素市场化配置体制机制的意见[Z]. 2020.

［7］ 舒宁. 北京大兴区国家集体经营性建设用地入市改革试点探索［J］. 规划师，2017(9)：40-45.

［8］ 向超，张新民. "三权分置"下农地流转权利体系化实现——以"内在体系调适"与"外在体系重构"为进路［J］. 农业经济问题，2019(9)：8-19.

［9］ 罗必良. 从产权界定到产权实施——中国农地经营制度变革的过去与未来［J］. 农业经济问题，2019(1)：17-31.